Panorama francop

Livre du professeur

Irène Hawkes
Coordination pédagogique: Jenny Ollerenshaw

Table des matières

Avant-propos

À qui s'adresse *Panorama francophone* ?

Panorama francophone a été conçu spécifiquement pour les élèves qui n'ont jamais fait de français auparavant. Ce cours vise à leur faire acquérir la langue nécessaire pour faire face à des situations pratiques dans la vie courante et à les sensibiliser aux cultures des différents pays francophones. À la fin des deux années d'études, l'élève devrait avoir acquis les compétences nécessaires pour se présenter aux épreuves de l'examen *ab initio* du Baccalauréat International ou pour poursuivre son apprentissage de la langue de façon plus autonome s'il le désire.

Panorama francophone se compose de deux volumes couvrant les deux années du cours de français *ab initio* et se conforme aux exigences du programme de langue *ab initio* de l'IB. Les manuels proposent des textes et des activités adaptés à l'âge et au niveau des élèves. Ces deux manuels peuvent être utilisés dans tous les contextes d'enseignement et dans tout type d'établissement scolaire national ou international.

Le professeur qui enseigne le français *ab initio* pour la première fois y trouvera le support nécessaire pour planifier son programme, ainsi que des conseils pour préparer ses élèves aux différentes épreuves de l'examen. D'autre part, le professeur expérimenté qui recherche du nouveau matériel y trouvera des ressources supplémentaires pour complémenter son enseignement.

Comment ce cours reflète-t-il l'esprit du programme du Baccalauréat International ?

Le but du Baccalauréat International est de préparer les élèves aux études supérieures mais aussi de former des citoyens du monde informés, instruits et responsables, à l'esprit ouvert et indépendant.

Panorama francophone est un manuel axé sur une approche résolument internationale. Il propose des textes authentiques issus d'une variété de pays francophones. Les thèmes abordés ont été choisis non seulement pour couvrir le programme du français *ab initio* mais aussi pour l'intérêt qu'ils peuvent susciter chez les jeunes et pour leur permettre de développer une véritable compréhension interculturelle.

Les activités sont conçues pour permettre à l'élève de développer progressivement ses compétences linguistiques tout en favorisant la réflexion personnelle, le développement de la pensée critique (notamment par les liens avec le programme de Théorie de la connaissance) et l'implication de l'élève dans son apprentissage.

Les élèves devraient être encouragés dès le début à faire preuve d'autonomie dans leur apprentissage de la langue. Ils peuvent élargir leur vocabulaire en cherchant dans le dictionnaire non seulement les mots d'un texte qu'ils étudient mais aussi d'autres mots sur le même sujet. Ils peuvent répertorier tous les mots nouveaux qu'ils apprennent dans un fichier électronique ou dans un petit carnet de vocabulaire où ils peuvent classifier le vocabulaire par thème, ce qui leur facilitera les révisions avant l'examen.

Tous les aspects grammaticaux figurant au programme de français *ab initio* du Baccalauréat International sont abordés dans les manuels de l'élève, mais ces manuels ne sont pas des livres de grammaire. Il est donc conseillé de les accompagner d'un livre de grammaire de votre choix, écrit dans la langue d'instruction du lycée, pour expliquer en détail les points mentionnés dans la rubrique *Grammaire en contexte.* Il est également recommandé de donner aux élèves des exercices de grammaire en plus de ceux qui figurent dans les manuels et cahiers d'exercices ; ceci leur permettra de consolider les points particulièrement difficiles.

Comment est organisé ce cours ?

Le programme du français *ab initio* repose sur trois domaines d'études : la langue, les textes et trois thèmes. Les trois thèmes sont : *Individu et société, Loisirs et travail, Environnements urbains et ruraux.*

Ces trois thèmes couvrent une vingtaine de sujets différents servant de base à l'apprentissage de la langue, à l'étude de différents types de textes et à la découverte de la culture francophone. Ils permettront aussi à l'élève de développer ses compétences réceptives, productives et interactives. Chaque chapitre de *Panorama francophone* se rapporte à un thème du programme et couvre un ou plusieurs sujets prescrits et un ou plusieurs éléments langagiers.

Panorama francophone comprend : deux livres de l'élève, deux livres du professeur, deux cahiers d'exercices, une série d'extraits audio et du matériel supplémentaire (dans le CD-ROM).

Les extraits audio font partie intégrante des exercices *Écoutez* du livre 1. Bien que l'examen de l'IB ne comporte pas d'exercices d'écoute, ceux-ci s'avèrent indispensables pour un apprentissage fructueux de la langue ; ils ont aussi l'avantage d'aider les élèves à acquérir une bonne prononciation.

Panorama francophone est organisé de la manière suivante :

14 chapitres (précédés d'un bref chapitre d'introduction) dans le livre 1

12 chapitres dans le livre 2.

Chaque chapitre comprend :

- des textes audio (livre 1) et écrits, simples et courts dans les premiers chapitres, suivis ensuite de textes authentiques plus longs et plus complexes, qui permettront à l'élève de développer ses compétences linguistiques et sa compréhension interculturelle.
- de nombreuses images pour illustrer certains points lexicaux, découvrir la culture des pays francophones ou s'entraîner à l'épreuve orale
- des activités de compréhension
- des activités orales
- des activités écrites
- des exercices de grammaire en contexte
- des activités de préparation aux épreuves orales et écrites
- des listes de vocabulaire, des conseils de prononciation et des renseignements culturels dans la rubrique *Point info*

La dernière page de chaque chapitre est consacrée à des révisions.

Icônes utilisées dans le livre de l'élève

Mise en route

Parlez

Écoutez

Lisez

Compréhension

Écrivez

Recherchez

Testez vos connaissances

Imaginez

Comment utiliser ce cours ?

Pour les élèves débutants qui n'ont jamais fait de français, il est préférable d'utiliser le premier volume en première année, puis le deuxième volume en deuxième année et de suivre les chapitres l'ordre du livre. Par contre, pour les élèves qui ont déjà une certaine connaissance de la langue française, le professeur est libre de concevoir et d'organiser son programme selon le niveau de sa classe et l'intérêt de ses élèves et peut utiliser le premier volume pour réviser ce que les élèves connaissent déjà.

Les cahiers d'exercices ont pour but de renforcer les connaissances acquises en classe et permettent aux élèves de les faire en devoirs à la maison ; il est donc conseillé que chaque élève ait son propre cahier d'exercices. Les cahiers d'exercices sont conçus de façon à ce que les élèves puissent y inscrire leurs réponses.

Que trouve-t-on dans le livre du professeur ?

Le livre du professeur contient :

- les corrigés de tous les exercices
- la transcription des enregistrements (livre 1)
- des conseils d'exploitation
- des suggestions d'activités supplémentaires
- des conseils pour les épreuves écrites (l'épreuve de compréhension écrite et l'épreuve de rédaction)
- des conseils pour le Travail écrit
- des conseils pour l'oral individuel

De plus le professeur trouvera dans le CD-ROM les documents suivants :

- un glossaire de tous les mots principaux qui apparaissent dans le livre de l'élève
- des fiches d'activités supplémentaires à imprimer à volonté et à utiliser en classe
- tous les enregistrements audio qui accompagnent les activités comportant la rubrique *Écoutez* dans le livre de l'élève 1

Nous souhaitons que les élèves prennent plaisir à apprendre la langue française et à découvrir la culture francophone. Nous espérons donc que *Panorama francophone* les aidera à mener à bien leurs études pour le Baccalauréat International et qu'ils auront le désir de continuer à apprendre la langue française de façon autonome.

Irène Hawkes, Danièle Bourdais, Sue Finnie, Jenny Ollerenshaw

Panorama francophone 1 et le cours de français *ab initio* du diplôme de l'IB

Chapitres de *Panorama francophone 1*, livre de l'élève

	Thèmes et sujets	Points lexicaux	Points grammaticaux
Chapitre d'introduction : Bienvenue en francophonie **page 5 (du livre de l'élève)**	**Environnements urbains et ruraux** Géographie physique	• Les pays francophones • Les symboles de la francophonie • L'alphabet	• Le masculin et le féminin • L'article défini et l'article indéfini : *le/la/les, un/une/des*
1 Je me présente page 11	**Individu et société** Relations Renseignements personnels	• Les salutations • Le nom, l'âge, la langue, la nationalité • La famille • Les animaux de compagnie • Les nombres 0–31 • Les mois de l'année, les dates, les anniversaires	• Les adjectifs : masculin / féminin • Les verbes *être* et *avoir* • Les verbes réguliers en *-er* • Les adjectifs possessifs • Le pluriel des noms
2 Tu es comment ? page 23	**Individu et société** Renseignements personnels, apparence et caractère	• Le corps, le portrait physique • La personnalité • Les vêtements • Les couleurs • Les goûts	• Les adjectifs : masculin / féminin • Les adjectifs : singulier / pluriel • La place des adjectifs • La négation : *ne... pas* • Les verbes réguliers en *-ir* • Le verbe *aimer*

	Thèmes et sujets	Points lexicaux	Points grammaticaux
3 La vie quotidienne page 35	**Individu et société** Habitudes quotidiennes **Environnements urbains et ruraux** Voisinage	• L'heure • Les jours de la semaine • La maison • La routine à la maison • Les nombres 32–69	• Les verbes irréguliers *aller, faire, prendre* • La négation *: ne... jamais* • Les questions • Le futur proche : *aller* + infinitif • Les verbes pronominaux • Le pronom *on*
4 Bon appétit ! page 47	**Individu et société** Achats Aliments et boissons **Environnements urbains et ruraux** Ville et services	• Les repas • Les courses • Les commerces et le marché • Au restaurant • Les recettes de cuisine • Les traditions culinaires • Les nombres 70–1 000	• L'article partitif : *du, de la, de l', des* • Le passé composé avec *avoir* • Le passé composé et la négation • Les participes passés irréguliers • La préposition *à* + l'article défini
5 En ville page 61	**Environnements urbains et ruraux** Ville et services Voisinage **Loisirs et travail** Transport	• La ville • Les services • Les directions • Les transports en commun	• Les prépositions • Les prépositions *à*/*en* + transport • Les participes passés irréguliers • L'impératif • Les adverbes d'intensité
6 Mon paradis sur terre page 73	**Loisirs et travail** Vacances **Environnements urbains et ruraux** Géographie physique Météo Voisinage	• Les pays et les régions • Les cartes • Le paysage • Le climat • Les prévisions météo • Les fêtes et coutumes • Les récits de voyage	• Le pronom *où* • Le comparatif des adjectifs • Les verbes impersonnels • Les adverbes en *-ment* • Le passé composé avec *être*

	Thèmes et sujets	Points lexicaux	Points grammaticaux
7 **Temps libre** **page 83**	**Loisirs et travail** Divertissements Médias Sport	• Les activités de loisirs • La télévision • La musique • Le sport	• Les pronoms relatifs *qui*, *que* • *Depuis* • Verbe + préposition • Les verbes pronominaux au passé composé • *C'était* + adjectif • Les connecteurs logiques
8 **Projets de vacances** **page 95**	**Loisirs et travail** Vacances Transport Divertissements **Environnements urbains et ruraux** Géographie physique Météo	• Les vacances • Les pays • Les transports • L'hébergement • Les activités	• Les prépositions • Le comparatif et le superlatif des adjectifs • Le futur simple • Le futur simple : verbes irréguliers
9 **Au lycée** **page 107**	**Individu et société** Enseignement **Loisirs et travail** Monde du travail	• La vie scolaire • Les matières • La journée et l'année scolaires • Les locaux et les équipements • Les activités périscolaires • Le règlement • Le personnel du lycée • Les nombres ordinaux	• Les pronoms relatifs *ce qui*, *ce que* • Le conditionnel • *Pouvoir* au présent de l'indicatif • Les questions
10 **Faites la fête !** **page 119**	**Loisirs et travail** Divertissements **Individu et société** Aliments et boissons **Environnements urbains et ruraux** Voisinage	• Les fêtes nationales • Les fêtes de famille • Les sorties et les invitations • Les recettes de cuisine • Les plats typiques	• Les pronoms disjoints • Le présent continu : *être en train de* + infinitif • *Devoir* et *vouloir* au présent de l'indicatif • *Devoir*, *pouvoir*, *vouloir* au conditionnel • Révision du passé composé et de l'impératif

	Thèmes et sujets	Points lexicaux	Points grammaticaux
11 La santé pour tous page 131	**Individu et société** Santé physique Aliments et boissons **Loisirs et travail** Monde du travail	• La santé • Le corps • Les maladies • Les métiers de la santé • La forme physique • Le régime alimentaire • Chez le médecin • Les accidents	• L'imparfait • Les expressions avec *avoir* • Le passé récent : *venir de* + infinitif • La négation : *ne... pas / jamais / rien / plus* • L'imparfait ou le passé composé ?
12 L'évolution du shopping page 143	**Individu et société** Achats **Loisirs et travail** Technologie **Environnements urbains et ruraux** Ville et services	• Les magasins divers • Faire des achats • Les fractions • Les achats en ligne	• Le pronom *y* • Les pronoms complément d'objet direct (COD) • L'infinitif à la place de l'impératif • Révision des pronoms relatifs *qui*, *que*, *où*, *ce qui*, *ce que* • Révision de l'imparfait et du futur simple
13 Nous, les jeunes page 153	**Individu et société** Relations	• Les jeunes dans la société • Les droits et les devoirs • Les amitiés • Les préjugés et les stéréotypes	• Les expressions avec *avoir* • Les verbes suivis d'un infinitif • Les pronoms complément d'objet indirect (COI) • La négation : *ne... personne*, *ne...que* • La conjonction *si*
14 Le français dans le monde page 165	**Environnements urbains et ruraux** Géographie physique Météo Questions mondiales **Individu et société** Renseignements personnels, apparence et caractère Habitudes quotidiennes	• L'historique de la francophonie • La vie quotidienne des jeunes francophones	• Le pronom *en* • Révision des temps des verbes • Révision des verbes *pouvoir, vouloir, devoir* (au présent, au futur simple et au conditionnel) • Révision des comparaisons

Thèmes et sujets prescrits dans le cours de français *ab initio* du diplôme de l'IB et traités dans les chapitres de *Panorama francophone 1*

Individu et société		**Loisirs et travail**		**Environnements urbains et ruraux**	
Achats	4, 12	Divertissements	7, 8, 10	Géographie physique	*Intro*, 6, 8, 14
Aliments et boissons	4, 10, 11	Médias	7	Météo	6, 8, 14
Apparence	2, 14	Monde du travail	9, 11	Préoccupations environnementales	*(Livre 2)*
Caractère	2, 14	Sport	7	Questions mondiales	*Intro*, 14
Enseignement	9	Technologie	12	Ville et services	4, 5, 12
Habitudes quotidiennes	3, 14	Transport	5, 8	Voisinage	3, 5, 6, 10
Relations	1, 13	Vacances	6, 8		
Renseignements personnels	1, 2, 14				
Santé physique	11				

Points grammaticaux prescrits dans le programme grammatical du cours de français *ab initio* du diplôme de l'IB

La section *Avant-propos*, page 3, explique la façon dont la grammaire est abordée ; le manuel permet aux professeurs d'introduire les règles de grammaire de façon structurée. En plus des chapitres mentionnés ci-dessous, les élèves auront aussi la possibilité de pratiquer et de consolider dans d'autres chapitres les points grammaticaux de la liste.

	Chapitres de *Panorama francophone 1*
Adjectifs	1, 2, 6, 8
Adverbes	5, 6
Connecteurs logiques	4, 7, 10, 14
Localisation dans l'espace	*Intro*, 3, 5, 6, 8
Localisation dans le temps	1, 3, 6, 7, 9, 10
Négation	2, 3, 4, 11, 13
Noms et articles	*Intro*, 1, 4
Nombres	1, 3, 4, 9, 12
Phrases	3, 9, 13
Prépositions et locutions prépositives	3, 5, 8
Pronoms	1, 3, 6, 7, 9, 10, 12, 13
Quantité	1, 2, 4, 10
Verbes	
• verbes pronominaux	3, 7
• verbes impersonnels	6
• locutions verbales	11, 13
• indicatif présent	1, 2, 3, 7, 9, 10
• futur simple	8
• passé composé	4, 6, 7, 11
• imparfait	7, 11
• futur proche	3
• présent continu	10
• passé récent	11
• impératif présent	5, 12
• infinitif présent	1, 2, 9, 10, 12, 13
• conditionnel présent	9, 10

Chapitre d'introduction : Bienvenue en francophonie

Thème et sujet	**Environnements urbains et ruraux** Géographie physique
Points lexicaux	Les pays francophones Les symboles de la francophonie L'alphabet
Points grammaticaux	Le masculin et le féminin L'article défini et l'article indéfini : *le/la/les, un/une/des*
Textes	Carte du monde francophone, carte de la France Quiz
Coin IB	Compréhension interculturelle : découvrir le monde francophone et noter quelques différences et similarités avec son propre pays

Dans ce chapitre d'introduction, les élèves découvriront quelques pays francophones qu'ils pourront comparer à leur propre pays et des symboles de la francophonie. Ils apprendront l'alphabet, et deux concepts-clés dans l'apprentissage de la langue française : les déterminants et le genre des noms.

Mise en route

Page 5

Expliquez aux élèves ce qu'est un pays francophone et demandez-leur ensuite s'ils connaissent ou s'ils ont déjà visité des pays francophones.

Ils regardent ensuite les photos et devinent de quel pays il s'agit dans chacune : Québec / Canada, Sénégal, Suisse, Maroc.

En utilisant la carte du monde francophone, indiquez-leur le nom du pays et où il se trouve.

Le monde en français.

1 Écoutez

Page 7

Les élèves écoutent 26 prénoms francophones : un prénom pour chaque lettre de l'alphabet. Ces prénoms ont été choisis parce qu'ils couvrent la plupart des sons utilisés dans la langue française. Faites écouter une première fois aux élèves la liste des prénoms en entier.

Audio

A comme Agnès

B comme Benoît

C comme César

D comme Déborah

E comme Eugénie

F comme Fleur

G comme Guillaume

H comme Hamid

I comme Idriss

J comme Julie

K comme Katia

L comme Louise

M comme Mathieu

N comme Natasha

O comme Omar

P comme Pélagie

Q comme Quentin

R comme Raphaële

S comme Simon

T comme Théo

U comme Ulysse

V comme Véronique

W comme Warda

X comme Xavier

Y comme Yannick

Z comme Zoé

Demandez aux élèves quels prénoms de la liste sont utilisés dans leur pays ou leur lycée, et quels prénoms ressemblent un peu à ceux utilisés dans leur pays ou leur lycée.

2 Écoutez et parlez Page 7

À la deuxième écoute, pausez l'enregistrement après chaque nom et demandez-leur de répéter le nom et la lettre pour les encourager non seulement à acquérir la bonne prononciation mais aussi à se familiariser avec la majorité des sons qui existent dans la langue française. Faites-leur ensuite répéter l'alphabet des prénoms en entier.

Vous pourriez aussi leur faire écouter et chanter une chanson sur l'alphabet, dont vous trouverez plusieurs exemples sur Internet.

3 Parlez Page 7

Les élèves lisent à voix haute le nom des pays francophones sur la carte ; vous pouvez aussi leur demander de les épeler pour les aider à mémoriser et mettre en pratique l'alphabet.

4 Lisez Page 7

Les élèves complètent les noms de pays avec les lettres qui manquent. Vous pouvez ensuite leur demander d'écrire les phrases et / ou de les lire à voix haute.

Réponse

1 l'île Maurice

2 la Guyane

3 le Québec

4 le Vietnam

5 le Burkina Faso

Faites-leur remarquer qu'il y a des pays masculins et des pays féminins. Ceux qui se terminent en -e sont généralement féminins et ceux qui ne se terminent pas en -e sont généralement masculins.

5 Parlez Page 7

Activités à deux. L'élève A choisit le nom d'un pays francophone et l'épelle, l'élève B doit deviner le nom du pays. Par exemple, l'élève A dit : *M-a-r...*et l'élève B dit : *Maroc !*

Vous pouvez aussi leur demander de faire l'activité suivante. L'élève A choisit une lettre et l'élève B doit dire un prénom qui commence par cette lettre et l'épeler. Par exemple, Élève A dit : *A comme...* et l'élève B dit : *A comme Anya A-n-y-a.*

C'est ça, la francophonie !

1 Testez vos connaissances Page 8

Les élèves associent les légendes aux photos correspondantes et indiquent aussi le nom du pays francophone. Le but de cette activité n'est pas de leur demander de mémoriser tout le vocabulaire qui y est utilisé mais de les exposer à une variété de mots francophones. Si vous demandez aux élèves de lire leurs réponses à haute voix, ils pourront en même temps mettre en pratique la lecture de l'alphabet.

Réponse

A 1 le château de Versailles / la France

B 2 les moules-frites, la Belgique

C 1 le rhum, les Antilles

D 1 les parfums, la France

E 2 le djembé, le Sénégal

F 2 l'actrice Marion Cotillard, la France

G 1 le coq, la France

H 2 le zydéco, la Louisiane

I 1 le baobab, le Sénégal

J 1 le surf, Tahiti

K 2 le Grand Prix de Formule 1, Monaco

L 2 le carnaval de Binche, la Belgique

Grammaire en contexte Page 9

Masculin et féminin

Expliquez que l'article défini *le* précède un nom masculin ; l'article défini *la* précède un nom féminin ; les articles *le* et *la* s'élident si le nom commence par une voyelle (ou un *h* muet) ; l'article défini *les* précède un nom masculin ou féminin au pluriel.

L'article indéfini *un* précède un nom masculin ; l'article indéfini *une* précède un nom féminin ; l'article indéfini *des* précède un nom masculin ou féminin au pluriel.

Encouragez les élèves dès le début à apprendre les noms avec leur article.

Les élèves peuvent ensuite faire les activités qui suivent.

1

Avec l'aide d'un dictionnaire, d'un planisphère ou d'Internet, demandez aux élèves de noter un certain nombre de pays francophones pour chaque continent. Par exemple :

l'Europe : la France, la Suisse

l'Afrique : le Maroc, l'Algérie

l'Océanie : la Nouvelle-Calédonie, la Polynésie

l'Asie : le Vietnam, le Laos

l'Amérique : le Québec, la Guyane

2

Divisez la classe en plusieurs équipes. Projetez ou mettez sur le tableau une carte des pays francophones, nommez un pays francophone et demandez à un élève d'une équipe de venir montrer aux autres où se trouve ce pays sur la carte et de nommer le continent où se trouve ce pays. Vous pouvez aussi lui demander d'épeler le nom du pays et de dire si celui-ci est masculin ou féminin. Pour chaque bonne réponse, l'équipe marque un point. L'équipe avec le plus grand nombre de points sera l'équipe gagnante. Les élèves peuvent aussi utiliser cette activité pour écrire le nom des pays francophones sur une carte vierge.

3

Les pays de A à Z. Demandez aux élèves de donner, oralement ou par écrit, un nom de pays avec son article pour chacune des lettres de l'alphabet : l'Algérie, la Belgique, Le Cameroun, etc.

La France métropolitaine.

1 Parlez

Page 10

Activité à deux, basée sur la carte de la page 10 : l'élève A dit le nom d'une ville de France et l'élève B dit le nom de la région où elle se trouve. Vérifiez que les élèves prononcent bien les mots. Pour rendre la tâche un peu plus difficile, demandez aux élèves d'épeler les noms de villes et de régions.

En vous référant aux cartes pages 6 et 10, expliquez en bref la France métropolitaine, ses régions, et les régions d'outre-mer.

Activité de groupe : invitez les élèves à réfléchir sur ce qu'ils viennent d'apprendre sur les pays francophones en les encourageant à discuter dans la langue d'instruction du lycée des différences et des similarités qu'ils ont remarquées entre ces pays et le leur.

Les élèves peuvent aussi faire des recherches sur les différents pays francophones et trouver le nom de leur capitale : pour la France c'est Paris, pour la Belgique, c'est Bruxelles, etc.

1 Je me présente

Thème et sujets	**Individu et société** Relations ; Renseignements personnels
Points lexicaux	Les salutations Le nom, l'âge, la langue, la nationalité La famille Les animaux de compagnie Les nombres 0–31 Les mois de l'année, les dates, les anniversaires
Point grammaticaux	Les adjectifs : masculin / féminin Le verbe *être* Le verbe *avoir* Les verbes réguliers en *-er* Les adjectifs possessifs Le pluriel des noms
Textes	**Réceptifs** Affiche, conversation, message, article, quiz, interview **Productifs** Conversation, message, blog, arbre généalogique, interview, réponses à un sondage
Coin IB	**Théorie de la connaissance** • Discussion sur le message « Le français est une chance » • Discussion sur la formation des nombres en français et les stratégies qu'on peut utiliser pour les mémoriser : est-ce que c'est la même chose dans la langue de l'élève ? • Discussion sur le genre des noms en français. Est-ce que c'est la même chose dans la langue de l'élève ? Pourquoi les noms ont-ils un genre ? Est-ce qu'il y a des langues avec plus de deux genres ou pas de genre ? • Discussion sur l'usage du langage soutenu et familier **Travail écrit** • Comparer les différentes façons de se saluer entre les différents pays **Examen oral individuel** • Se présenter et présenter sa famille **Épreuve de rédaction** • Écrire un blog qui résume une interview • Écrire le portrait de quelqu'un

Ce chapitre traite du thème *Individu et société* et couvre le vocabulaire sur les salutations, les informations personnelles, la famille, les animaux de compagnie, les mois de l'année, les dates, les anniversaires et les nombres de 0-31. Il couvre aussi les points grammaticaux suivants : le pluriel des noms, les adjectifs possessifs, et le présent des verbes *avoir* et *être* ainsi que les verbes réguliers en *-er*. Ce chapitre permet aussi la familiarisation avec le concept de langage soutenu et familier.

1 Mise en route

Page 11

Les élèves regardent l'affiche sur la journée internationale de la francophonie et essaient d'identifier les salutations en français.

Ensuite, donnez-leur la traduction du message « Le français, c'est une chance ». Ils peuvent discuter dans la langue d'instruction du lycée s'ils sont d'accord ou pas avec ce message et pourquoi.

Réponse

1 Bonjour, Salut, Bonsoir

Les élèves essaient ensuite d'identifier les autres langues illustrées par les salutations et qui sont parlées dans certains pays francophones. (*Guten Tag* – allemand, *Good morning* – anglais, *Al salaam a'alaykum* – arabe, *Xin chào* – vietnamien, *Jambo* – swahili)

Faites-leur remarquer que tous les noms de langue sont masculins.

Les élèves devinent le sens des mots utilisés sur l'affiche et disent s'il y a des mots qui ressemblent à ceux de leur langue. Ils peuvent aussi essayer de deviner de quel type de mot il s'agit (un nom, un verbe, etc.).

Premiers contacts pendant une conférence internationale de jeunes francophones.

1 Écoutez et lisez

Page 12

Le but des deux conversations qui suivent est de familiariser les élèves avec le vocabulaire dont ils ont besoin pour saluer quelqu'un et se présenter. Pour les élèves débutants, faites-leur d'abord écouter la première conversation en suivant le texte dans leur manuel, puis demandez-leur de répéter cette conversation avec un(e) autre élève. La deuxième conversation contient des adjectifs de nationalité et des noms de langue. Les élèves peuvent soit essayer d'en deviner le sens, soit en chercher la signification dans le glossaire ou un dictionnaire. Après avoir lu et écouté cette conversation, ils peuvent répondre à tour de rôle à ces mêmes questions que vous leur poserez. Une fois qu'ils ont bien compris le sens de cette conversation, ils peuvent l'adapter et la répéter avec un autre élève.

Audio

Conversation 1

Nathan	Bonjour ! Ça va ?
Léa	Salut ! Oui, ça va.
Nathan	Je m'appelle Nathan. Tu t'appelles comment ?
Léa	Je m'appelle Léa.

Conversation 2

Léa	Tu es de quelle nationalité ?
Nathan	Je suis canadien.
Léa	Moi, je suis belge. Tu parles quelles langues ?
Nathan	Je parle français et anglais.
Léa	Moi, je parle français et flamand. Salut, à bientôt !
Nathan	OK. À plus !

Les élèves identifient les phrases qu'on utilise pour dire son prénom, sa nationalité et sa langue.

Réponse

le prénom : je m'appelle

la nationalité : je suis

la langue : je parle

Vous pouvez vous référer à l'encadré *Vocabulaire* pour expliquer aux élèves que lorsqu'on salue quelqu'un de façon formelle, on utilise *bonjour* ou *bonsoir*, mais entre copains, on dit *salut*. Il en est de même pour les formules d'adieu À un copain, on dit *salut* ou à plus, mais à quelqu'un à qui on s'adresse de façon formelle, on dit *au revoir, bonne nuit, à bientôt, à plus tard.*

Il serait bon que, dès le début, lors de l'apprentissage de vocabulaire, les élèves mémorisent dans quel contexte les mots ou expressions sont utilisés, et qu'ils notent dans leur liste de vocabulaire à quel registre ils appartiennent.

Cahier d'exercices 1/1

Page 2

Cet exercice aidera les élèves à consolider les expressions qu'ils viennent d'apprendre.

Réponse

1 t'appelles, 2 m'appelle, 3 es, 4 suis, 5 parles, 6 parle

2 Parlez

Page 12

Les élèves lisent les conversations avec un(e) partenaire et ils les adaptent ensuite pour eux. Pour plus d'entraînement, ils peuvent changer plusieurs fois de partenaire.

Grammaire en contexte

Page 12

Les adjectifs : masculin / féminin

En français, les adjectifs s'accordent avec le nom masculin ou féminin. Le concept de genre masculin / féminin a été introduit dans le chapitre précédent ; il est renforcé et développé ici avec les adjectifs de nationalité. Donnez d'autres exemples, par exemple, *Nathan est canadien, Clémence est canadienne.*

Prononciation

Expliquez qu'en français, l'accent est sur la dernière syllabe. Les élèves peuvent lire à voix haute (ensemble ou à tour de rôle) les phrases qui se trouvent dans leur manuel.

3 Lisez et écrivez

Page 13

Cet exercice permet de consolider les noms de langue et de nationalité.

Réponse

1 tunisien, 2 québécoise, 3 français, 4 arabe, 5 français, 6 anglais

---

Une fois la tâche terminée, les élèves peuvent lire la conversation à voix haute avec un(e) partenaire. Ils peuvent aussi adapter la conversation et la répéter avec un(e) partenaire.

4 Écrivez et parlez

Page 13

Cet exercice permet de consolider ce que les élèves viennent d'apprendre.

Réponse

– Bonjour ! Ça va ?

– Salut ! Oui, ça va.

– Je m'appelle Faria. Tu t'appelles comment ?

– Je m'appelle Théo. Tu es de quelle nationalité ?

– Je suis tunisienne. Et toi ?

– Moi, je suis canadien / québécois. Tu parles quelles langues ?

– Je parle français et arabe. Et toi ?

– Moi, je parle français et anglais. Salut, à bientôt !

– OK, au revoir. À plus !

5 Lisez

Page 13

La correction de cet exercice peut se faire oralement pour permettre aux élèves de pratiquer la prononciation à voix haute et pour leur rappeler que l'accent est placé sur la dernière syllabe. Faites-leur aussi remarquer la différence de prononciation de la syllabe finale entre les adjectifs de nationalité féminins et masculins : *tunisien/tunisienne*, *français/française*.

Réponse

1 Idriss, 2 Clémence, 3 tunisienne, 4 canadien / québécois, 5 français et anglais, 6 français et arabe

Grammaire en contexte

Page 13

Le verbe *être*

Expliquez que le verbe *être* est un verbe irrégulier et qu'il est important de bien le connaître car il sert aussi à former d'autres temps.

Faites d'abord écouter la conjugaison du verbe (au présent de l'indicatif), puis demandez aux élèves de la répéter plusieurs fois à voix haute. Ensuite, vous pouvez dire un pronom et demander à un élève de vous donner la forme correcte du verbe, puis l'inverse : donnez la forme du verbe et demandez qu'on vous donne le pronom correct. Les élèves peuvent aussi faire cet exercice avec un(e) partenaire.

Cahier d'exercices 1/2

Page 2

Les mots croisés aideront les élèves à mémoriser la conjugaison du verbe *être* et à consolider les expressions qu'ils viennent d'apprendre. Ils peuvent ensuite aller plus loin et composer leur propre grille de mots croisés, en utilisant les informations qu'ils connaissent sur leurs camarades de classe, et l'échanger avec leur partenaire.

Réponse

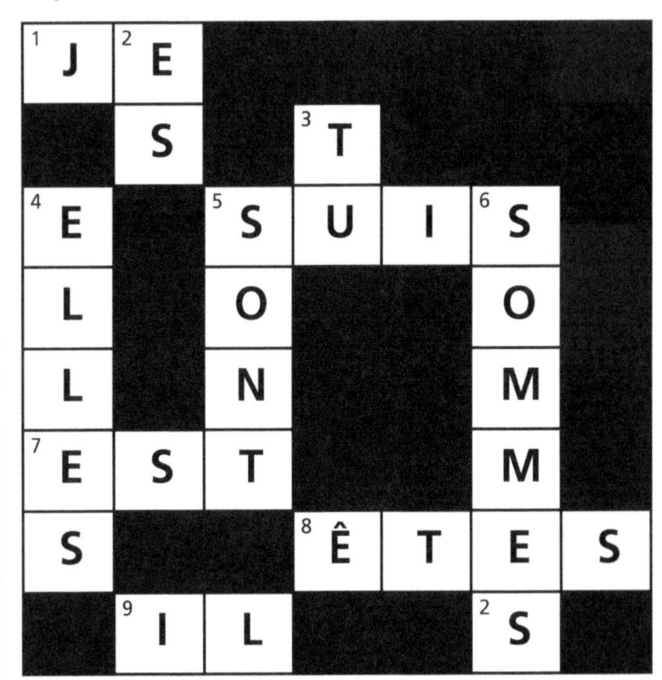

6 Compréhension

Page 13

Cet exercice permet de mettre en pratique ce qui vient d'être appris. Lorsque les phrases sont fausses, vous pouvez demander aux élèves de les corriger. Les élèves pourraient ensuite écrire des phrases vraies ou fausses sur leurs camarades de classe.

Réponse

1 **FAUX**. Elle est sénégalaise, 2 **FAUX**. Il s'appelle Pierre, 3 **FAUX**. Il parle français, 4 **VRAI**

7 Écrivez et parlez

Page 13

Les élèves imaginent qu'ils sont à une conférence et qu'ils doivent se présenter. Ils écrivent le script de cette présentation qu'ils peuvent ensuite lire à la classe. Ils peuvent aussi écrire la présentation d'un(e) camarade et présenter ensuite ce/cette camarade à la classe.

Les nombres de 0 à 31.

1 Mise en route

Page 14

Les élèves essaient d'abord d'identifier le modèle de formation des nombres de 11 à 16, de 17 à 19 et de 22 à 29, puis de deviner les nombres après 31.

Réponse

1 Tous les nombres en vert se terminent en *-ze*. Tous les nombres en orange se composent de deux mots et suivent le modèle *dix / vingt* + un chiffre de *deux* à *neuf*.

2 Écoutez et parlez

Page 14

Lisez les nombres et demandez ensuite aux élèves de les lire à leur tour ou de les répéter après vous. Pour vérifier la prononciation, ils peuvent écouter l'enregistrement.

Audio

un, deux, trois, quatre, cinq

six, sept, huit, neuf, dix

onze, douze, treize, quatorze, quinze

seize, dix-sept, dix-huit, dix-neuf, vingt

vingt et un, vingt-deux, vingt-trois, vingt-quatre, vingt-cinq

vingt-six, vingt-sept, vingt-huit, vingt-neuf, trente

trente et un

Vous pouvez ensuite recommencer en disant les nombres pairs et ils doivent dire les nombres impairs, ou vous dites les nombres impairs et ils disent les nombres pairs. Vous pouvez aussi écrire les nombres sur des cartes que vous leur montrez dans le désordre et ils doivent dire le nombre.

Essayez les activités suivantes pour aider les élèves à mémoriser les nombres.

- dicter des nombres dans le désordre et demander aux élèves d'écrire ceux qu'ils ont entendus
- chaque élève choisit un nombre qu'il écrit et qu'il garde secret et son/sa partenaire doit deviner le nombre. Limitez l'activité à trois minutes et l'élève qui a deviné le plus de nombres est le gagnant
- vous pouvez leur dicter des opérations et leur demander le résultat, par exemple : 2 + 2 = 4 (deux plus deux font quatre) ; 12 – 2 =10 (douze moins deux font dix)
- faire des cartes de loto avec les nombres (voir l'Appendice *Jeux* à la page 183).
- Pour plus d'activités, veuillez vous abonner à ***Text-Link™ 11-16 French.***

Cahier d'exercices 1/3

Page 3

Cet exercice permet aux élèves de mémoriser l'orthographe des nombres et aussi leur prononciation, car ils peuvent en effet lire ces sommes et leurs réponses à voix haute.

Réponse

1 deux + douze = quatorze, 2 vingt-huit + trois = trente et un, 3 dix-neuf – sept – quatre = huit, 4 vingt et un + neuf = trente, 5 onze + cinq = seize, 6 quinze + treize – vingt-deux = six

3 Parlez

Page 14

Cette activité aidera les élèves à mémoriser et utiliser les chiffres qu'ils viennent d'apprendre. Activité à deux : l'élève A dit les nombres pour traverser la grille et arriver à la destination qu'il a choisie et l'élève B suit les nombres avec son doigt pour trouver la destination. Les élèves peuvent ensuite créer leur propre grille avec d'autres destinations.

4 Lisez

Page 14

Cette section permet d'apprendre les mois de l'année. Dans l'encadré *Vocabulaire* à la page 14, les mois de l'année en rouge ont 31 jours, les mois en bleu ont 30 jours et le mois en vert (février) a 28 ou 29 jours.

En France. il est courant d'utiliser le dos de la main, comme l'illustre l'image, pour se rappeler du nombre de jours dans chaque mois. Les articulations représentent les mois de 31 jours et les creux entre les articulations représentent les mois de 30 jours et le mois de février.

5 Parlez

Page 14

Cette activité révise oralement les mois de l'année en utilisant les informations sur les personnes sportives à la page 14. Activité à deux : l'élève A dit la date d'anniversaire et l'élève B dit le nom de la personne.

6 Recherchez et parlez

Page 14

Les élèves trouvent l'anniversaire d'autres personnes célèbres et présentent ces personnalités à la classe. Ils peuvent aussi faire un poster pour la classe sur lequel figurent des personnalités célèbres avec leur date de naissance écrite en lettres.

Autres activités à deux possibles :

- l'élève A dit le nom d'un mois et l'élève B doit dire le nom du mois suivant ou du mois précédent ;
- l'élève A dit la première et la dernière lettre d'un mois et l'élève B doit dire le nom du mois ;
- l'élève A dit le numéro du mois et l'élève B doit dire le nom du mois (un = janvier, etc.)

Conversations à la conférence.

1 Lisez et écoutez

Page 15

Dans la conversation, les mots *aujourd'hui, joyeux anniversaire, quand, an* sont des mots nouveaux. Les élèves peuvent en deviner le sens d'après le contexte ou les chercher dans le glossaire ou un dictionnaire.

Audio

Faria	Aujourd'hui, c'est le 20 mars. C'est mon anniversaire !
Théo	Ah ? Bon anniversaire ! Tu as quel âge ?
Faria	J'ai dix-sept ans. Et toi ?
Théo	J'ai dix-huit ans.
Faria	C'est quand, ton anniversaire ?
Théo	Mon anniversaire, c'est le 31 juillet.

2 Compréhension

Page 15

Les élèves répondent aux questions sans faire de phrases complètes. Expliquez qu'en français le verbe *avoir* est utilisé pour dire l'âge. Cet exercice permet de travailler cette structure et de consolider la connaissance des dates.

Réponse

1 20 mars, **2** Faria, **3** 17 ans, **4** 31 juillet, **5** 18 ans

3 Parlez

Page 15

Activité à deux : les élèves adaptent la conversation pour eux.

4 Lisez et écrivez

Page 15

Avant de faire l'exercice, donnez aux élèves le sens des mots *mon* et *ton.* Cet exercice où ils doivent faire correspondre les débuts et les fins de phrases aide les élèves non seulement à renforcer ce qu'ils viennent d'apprendre, mais aussi à commencer à réfléchir sur les aspects grammaticaux des mots dans les phrases. Il n'est pas nécessaire ici de donner une explication grammaticale complète.

Activité à deux : les élèves peuvent d'abord discuter ensemble de la stratégie qu'ils vont employer pour trouver la bonne réponse, puis ils relient les débuts et les fins de phrases.

Réponse

1 **F**, 2 **C**, 3 **E**, 4 **A**, 5 **B**, 6 **D**

Grammaire en contexte

Page 15

Le verbe *avoir*

Expliquez aux élèves que le verbe *avoir* est irrégulier et qu'il est important de bien le connaître car il est beaucoup utilisé et sert aussi à former d'autres temps.

Voir l'Appendice *Jeux* (pages 183–184 du livre du professeur) pour des suggestions de jeux pour travailler les formes de cette conjugaison.

Cahier d'exercices 1/4

Page 3

Cet exercice apprend aux élèves à associer les pronoms avec les bonnes formes du verbe. Pour aller plus loin, vous pouvez demander aux élèves d'écrire des phrases similaires, d'enlever les pronoms et de demander à leur partenaire de faire l'exercice qu'ils viennent de créer.

Réponse

1 Tu, 2 Elles, 3 Je, je, 4 Vous, 5 Nous, nous, 6 Ils, 7 elle, Il

5 Lisez

Page 15

Les verbes *être* et *avoir* sont les plus utilisés dans la langue française. Il est donc important que les élèves connaissent bien ces verbes. Cet exercice donne aux élèves l'occasion d'utiliser ces deux verbes en même temps pour qu'ils apprennent à bien les différencier.

Pour consolider l'apprentissage de ces deux verbes, vous pouvez leur donner à faire d'autres exercices semblables ou vous pouvez leur demander de créer leurs propres phrases avec *être* et *avoir.*

Réponse

1 suis, 2 suis, 3 sont, 4 sommes, 5 ont, 6 ai, 7 est, 8 avons

Marie-Anne fait deux interviews à la conférence.

1 Lisez et écoutez

Page 16

Ces deux conversations permettent de comparer deux formes de langage : le langage familier utilisé quand on s'adresse à des amis ou à des jeunes et le langage soutenu qu'on utilise quand on s'adresse à une personne qu'on ne connaît pas. Le but est donc d'attirer l'attention des élèves non pas sur le contenu de la conversation mais sur le langage utilisé, en leur montrant ligne par ligne les différences entre les deux conversations dans les questions et les réponses. La façon de s'adresser à quelqu'un (*salut* / *super* dans un style familier et *bonjour* / *formidable* dans un style formel) et les pronoms utilisés (*tu* dans un style familier et *vous* dans un style formel) sont différents.

Les élèves écoutent la conversation et peuvent la lire à voix haute pour acquérir le bon accent et la bonne intonation.

Audio

Conversation 1

Marie-Anne	Salut ! Tu t'appelles comment ?
Karima	Salut ! Je m'appelle Karima.
Marie-Anne	Tu habites où, Karima ?
Karima	J'habite en France. Je suis française.
Marie-Anne	Tu parles quelles langues ?
Karima	Je parle français et arabe.
Marie-Anne	Quelle est ton opinion de la conférence ?
Karima	La conférence est super !

Conversation 2

Marie-Anne	Bonjour, monsieur. Vous vous appelez comment ?
Antoine	Bonjour. Je m'appelle Antoine Lafontaine.
Marie-Anne	Vous habitez où, Monsieur Lafontaine ?
Antoine	J'habite en Suisse. Je suis suisse.
Marie-Anne	Vous parlez quelles langues ?
Antoine	Je parle français, allemand et anglais.
Marie-Anne	Quelle est votre opinion de la conférence ?
Antoine	La conférence est formidable !

Réponse

– Salut. / Bonjour, monsieur.

– utilisation de *tu* / utilisation de *vous*

– super (plus familier) / formidable (plus soutenu)

Après avoir expliqué les différences en français entre le langage soutenu et le langage familier, en vous référant à l'encadré *Vocabulaire* page 16, une discussion dans la langue d'instruction du lycée peut s'ensuivre sur les différences entre langages familier et soutenu dans leur propre langue : utilise-t-on des formes de salutation et/ou des pronoms différents, comme dans la langue française ?

Grammaire en contexte

Page 16

Les verbes réguliers en *-er*

Expliquez la conjugaison au présent de l'indicatif des verbes réguliers en *-er*. Faites remarquer que le verbe *appeler* est différent des autres car on doit doubler le *l* lorsque la terminaison est un -*e* muet.

Cahier d'exercices 1/5

Page 3

Cet exercice permet de travailler la conjugaison des verbes en *-er*.

Voir l'Appendice *Jeux* (pages 183–184 du livre du professeur) pour des suggestions d'exercices et de jeux qui aideront les élèves à mémoriser ces verbes.

Réponse

1 parle, 2 habitent, 3 vous appelez, 4 parles, 5 habitons, 6 parle, habite

2 Écrivez

Page 16

Les élèves écrivent un résumé des deux interviews pour le blog de la conférence.

Réponse

Interview 1. Elle s'appelle Karima. Elle habite en France. Elle est française. Elle parle français et arabe. Elle dit : « La conférence, c'est super ! »

Interview 2. Il s'appelle Antoine Lafontaine. Il habite en Suisse. Il est suisse. Il parle français, allemand et anglais. Il dit : « La conférence est formidable ! »

3 Parlez

Page 16

Cette activité, qui demande aux élèves de créer une interview pour Djibril, semblable à celles de Karima et d'Antoine, leur permet de mettre en pratique oralement ce qu'ils viennent d'apprendre.

Réponse

– Salut ! Tu t'appelles comment ?

– Salut ! Je m'appelle Djibril (Diallo).

– Tu habites où, Djibril ?

– J'habite au Sénégal. Je suis sénégalais.

– Tu parles quelles langues ?

– Je parle français et arabe.

– Quelle est ton opinion de la conférence ?

– La conférence est super / formidable !

4 Testez vos connaissances

Page 17

Ce quiz a pour but de renforcer les différences entre le langage soutenu et le langage familier. Les mots suivants sont nouveaux : *polis, impolis, un magasin, vous dites, un café, un cadeau, s'il vous plaît.* Vous pouvez demander aux élèves de chercher ces mots dans le dictionnaire ou leur en donner la traduction dans la langue d'instruction du collège.

Réponse

1 **B** (Salut est réservé aux copains), 2 **A**, 3 **B**, 4 **B**, 5 **B** (faire la bise est très commun en France, et de plus en plus entre garçons), **B** (on ne fera la bise qu'à un adulte connu)

Point info

Page 17

Expliquez que les façons de se saluer ne sont pas toujours les mêmes dans tous les pays francophones. Expliquez aussi le sens des mots comme *parfois, minutes, facilement*, et que le mot *allô* ne s'utilise en France que pour répondre au téléphone. Faites aussi remarquer que le mot *une* est utilisé, lorsqu'on compte, devant le mot *bise* et non *un* parce que ce mot est féminin.

Après la lecture du texte, les élèves peuvent faire une recherche sur Internet sur les façons de se saluer dans d'autres pays francophones, puis avoir une discussion en classe dans la langue d'instruction sur ces différences culturelles.

Sylvain, un jeune Français, présente sa famille.

Présentez d'abord le vocabulaire se rapportant à la famille qui se trouve dans l'encadré *Vocabulaire*, pour familiariser les élèves avec les noms des différents membres de la famille. Une fois qu'ils ont bien compris le vocabulaire, demandez-leur de présenter les personnes sur l'arbre généalogique.

1 Écoutez

Page 18

Le but de cet exercice est de comprendre le vocabulaire nouveau et d'apprendre à l'écrire sans faute. Pour renforcer un peu plus ce vocabulaire, après l'exercice, vous pouvez leur poser des questions sur le texte (par exemple, Comment s'appelle son frère / sa mère ?) et sur eux (Comment s'appelle ta grand-mère / ton père ?).

Réponse

1 famille, 2 mère, 3 père, 4 frère, 5 sœur

Audio

Salut ! Je m'appelle Sylvain. Voici ma famille.

Ma mère s'appelle Hélène et mon père s'appelle Pierre.

J'ai un frère ; il s'appelle Antoine et une sœur ; elle s'appelle Claire.

2 Écoutez

Page 18

Les élèves écoutent le deuxième enregistrement et suivent en même temps l'arbre généalogique à la page

Audio

Jean-Marc, c'est mon oncle, c'est le frère de ma mère.

J'ai deux tantes, Sylvie et Sophie. Sylvie, c'est la sœur de mon père.

Sophie, c'est la femme de Patrick, le frère de mon père.

Patrick et Sophie ont deux enfants : ma cousine Zoé et mon cousin Kévin.

J'ai une grand-mère, Suzanne, et un grand-père, Georges.

Ma grand-mère Louise et mon grand-père Simon sont morts.

Et voilà, toute ma famille !

18.

Expliquez aux élèves la construction *le/la... de...*, pour exprimer la possession, par exemple, *la sœur de Sylvain, le frère de ma mère.*

Vous pouvez continuer l'activité en posant des questions, par exemple : *Comment s'appelle le frère de Sylvain / son frère ?*, ou en leur demandant de terminer des phrases, par exemple : *Julien est...*

3 Parlez

Page 18

Activité à deux : les élèves regardent l'arbre généalogique et jouent à *Qui suis-je ?*

L'élève A prend le rôle de l'une des personnes de l'arbre généalogique et dit une phrase qui permettra à l'élève B d'identifier qui il/elle est. Si l'élève B ne devine pas l'identité de l'élève A, celui-ci lui dit *Non, perdu !* et l'élève B propose un autre nom. Si l'élève B donne la bonne réponse, l'élève A dit *Oui, gagné !* Et c'est à l'élève A de deviner qui est l'élève B.

Dites aux élèves ce que signifient les mots *qui, gagné, perdu*.

4 Écrivez

Page 18

Les élèves inventent des phrases vrai /faux pour la classe ou pour leur groupe.

Grammaire en contexte

Page 19

Les adjectifs possessifs

En vous servant de l'*encadré Grammaire en contexte*, expliquez aux élèves l'usage et l'accord des adjectifs possessifs. L'adjectif possessif sert à indiquer à qui quelque chose ou quelqu'un appartient et il s'accorde en genre et en nombre avec le nom qui le suit. Donc pour choisir entre, par exemple, *mon/ma/mes* il faut déterminer le genre et le nombre du nom qui suit ; mais pour déterminer s'il faut utiliser, par exemple, *mon/ton/son…* il faut se référer au sujet du verbe. Si le sujet est *je* on choisira *mon* et pas *ton*, si le sujet est *il* on choisira *son* et pas *ton*.

5 Lisez et écoutez

Page 19

Les élèves lisent le texte et remplissent les blancs avec les adjectifs possessifs corrects. Ils écoutent ensuite l'enregistrement pour vérifier.

Audio

Sylvain	Tu habites avec qui ?
Clémence	J'habite avec mon père et ma mère.
Sylvain	Tu as des frères et sœurs ?
Clémence	Oui, j'ai un frère et une sœur. Ma sœur s'appelle Marion.
Sylvain	Et ton frère, il s'appelle comment ?
Clémence	Mon frère s'appelle Léo. Il a dix-neuf ans.
Sylvain	Tu as encore tes grands-parents ?
Clémence	Mes grands-mères, oui. Mes grands-pères sont morts.
Sylvain	Tu as des oncles et des tantes ?
Clémence	J'ai une tante. Elle habite à Montréal avec ses enfants.
Sylvain	Tu as combien de cousins et cousines ?
Clémence	J'ai deux cousins et une cousine. Et toi, parle-moi de ta famille…

Réponse

1 mon, 2 ma, 3 ma, 4 ton, 5 mon, 6 tes, 7 mes, 8 ses, 9 ta

Cahier d'exercices 1/6

Page 3

Cet exercice permet aux élèves de bien se familiariser avec les adjectifs possessifs et de consolider le vocabulaire de la famille. Il peut être suivi par une activité orale où le professeur nomme un membre de la famille et l'élève doit fournir une définition, par exemple, *La grand-mère ?* Réponse : *C'est la mère de mon père / ma mère.*

Réponse

1 C'est mon oncle. 2 C'est ma tante. 3 C'est ta grand-mère. 4 C'est ton cousin. 5 C'est son grand-père. 6 C'est sa cousine.

Cahier d'exercices 1/7

Page 4

Cet exercice permet aux élèves de continuer à mettre en pratique les adjectifs possessifs et le vocabulaire de la famille, en écrivant des phrases.

Réponse

1 Anne-Marie habite avec ses grands-parents. 2 Elle a un frère. 3 C'est sa grand-mère. 4 Il a 16 ans. 5 Il habite avec sa mère. 6 Elle habite à Paris.

6 Parlez

Page 19

Cette activité à deux, dans laquelle l'élève A pose des questions sur les textes aux pages 18–19 et l'élève B répond pour Sylvain, permet aux élèves de pratiquer oralement ce qu'ils viennent d'apprendre. Circulez dans la classe pour écouter les conversations et corriger les erreurs. Encouragez aussi les élèves à se corriger les uns les autres.

Grammaire en contexte Page 19

Le pluriel des noms

Expliquez la formation du pluriel des noms. Les élèves pourraient trouver intéressant de faire une comparaison avec la façon dont on forme le pluriel dans leur langue et de discuter de cela en classe.

Prononciation Page 19

Expliquez aux élèves que le *s* du pluriel ne se prononce pas, comme dans les mots *parents*, *frères*, *sœurs*, etc. et aussi les pronoms *ils*, *elles*.

Vous pourriez aussi leur dire que le *s*, dans *cousin* / *cousine* se prononce comme un *z* parce qu'il est placé entre deux voyelles. Pour obtenir le son *s* il faut doubler la lettre *s*, comme dans le mot *coussin*, qui a un autre sens.

7 Imaginez ! Page 19

Pour consolider le vocabulaire sur la famille et les adjectifs possessifs qu'ils viennent d'apprendre, les élèves créent leur arbre généalogique idéal et imaginaire, et écrivent environ 50 mots sur cet arbre généalogique. Puis ils vérifient si leurs adjectifs possessifs sont corrects.

Ils peuvent aussi faire des recherches sur une personne francophone célèbre, faire l'arbre généalogique de cette personne et écrire un autre paragraphe d'environ 50 mots.

Le thème de la conférence aujourd'hui, c'est les animaux de compagnie.

Les animaux de compagnie

1 Mise en route Page 20

Les élèves regardent les photos dans l'article de magazine et lisent plusieurs fois à voix haute le nom de chaque animal pour acquérir une bonne prononciation, en suivant l'exemple donné par leur professeur. Ensuite, ils disent si ceux-ci sont les animaux préférés dans leur pays, par exemple : *Parmi les animaux préférés dans mon pays il y a … / Les animaux préférés dans mon pays sont …* Expliquez-leur que le pluriel d'*animal* est irrégulier : on dit *des animaux*. Les mots *il y a* et *parmi* sont nouveaux ici.

2 Écoutez Page 20

Les élèves écoutent les conversations (basées sur les questions du sondage) une première fois et notent les animaux. Pour réviser l'alphabet et les nombres, les élèves écoutent une deuxième fois et notent le nom et l'âge des animaux.

Audio

Conversation 1

– Tu as un animal de compagnie ?

– Oui, j'ai un chat.

– Il s'appelle comment ?

– Il s'appelle Minou. M–i–n–o–u.

– Il a quel âge ?

– Il a deux ans.

– Merci !

Conversation 2

– Et toi, tu as un animal ?

– Oui, moi, j'ai deux animaux. J'ai un hamster et un chien.

– Tes animaux s'appellent comment ?

– Le hamster s'appelle Filou, f–i–l–o–u et le chien, c'est Chipie, c–h–i–p–i–e.

– Ils ont quel âge ?

– Le hamster a deux ans et le chien a trois ans.

– Merci !

Conversation 3

– Tu as des animaux à la maison ?

– Oui, j'ai un oiseau et deux poissons rouges.

– Ils s'appellent comment ?

– L'oiseau, c'est Lady Gaga et les poissons rouges, c'est Tim et Tom.

– Ils ont quel âge ?

– Lady Gaga a huit ans et les poissons ont un an.

– Merci !

Réponse

1 1 un chat, 2 un hamster et un chien, 3 un oiseau et deux poissons rouges

2 1 Minou – 2 ans, 2 Filou / Chipie – 2 ans et 3 ans, 3 Lady Gaga, Tim et Tom – 8 ans et 1 an

3 Parlez Page 20

Les élèves utilisent le vocabulaire dans l'encadré *Vocabulaire* pour répondre aux questions du sondage. S'ils n'ont pas d'animaux de compagnie chez eux, demandez-leur d'imaginer qu'ils en ont.

Les animaux au Togo

4 Lisez Page 21

Commencez par expliquer le titre de l'article. Dites aux élèves que le but de l'activité est de comprendre le sens général du texte en essayant de reconnaître le plus de mots possible. Encouragez-les donc à deviner le sens des mots et félicitez-les pour des réponses intelligentes même si elles ne sont pas exactes. Par exemple, sachant que le Togo est un pays africain, ils ne diront pas qu'il y a des pingouins ou des kangourous mais plutôt des lions, des éléphants, etc.

Réponse

1 C

2 de chiens, des chats, les rats, des perroquets, des perruches, des cobayes, des singes, des biches

Demandez aux élèves si ces animaux sont des animaux sauvages, des animaux en danger ou des animaux de compagnie. Vous pouvez aussi leur demander d'identifier les articles et les adjectifs possessifs.

5 Recherchez Page 21

Les élèves écrivent les équivalents des noms d'animaux dans leur langue puis vérifient dans le dictionnaire. Rappelez-leur de toujours noter et apprendre le genre des noms.

Encouragez-les à élargir leur vocabulaire en leur demandant de chercher dans le dictionnaire les noms de cinq autres animaux auxquels ils s'intéressent et de comparer cette liste avec celle d'autres camarades dans la classe pour trouver ceux qui s'intéressent aux mêmes animaux qu'eux. Vous pouvez aussi leur demander s'il existe des similarités entre les noms français et ceux dans leur langue. Ceci est une technique qui peut les aider à mémoriser des mots nouveaux.

6 Parlez Page 21

Dans le but de s'entraîner à écrire les mots qu'ils viennent d'apprendre, les élèves établissent deux listes pour leur pays : l'une avec le nom des animaux domestiques appropriés et l'autre avec le nom des animaux domestiques inappropriés. Puis ils discutent de cette liste en classe.

Cette activité pourrait être suivie d'une conversation à deux dans laquelle l'élève A essaie de deviner les animaux sur la liste de l'élève B en lui posant des questions. Par exemple, l'élève B dit : *Le singe est un animal domestique approprié dans ton pays.* L'élève A répond : *Oui, le singe est un animal domestique approprié dans mon pays / Non, le singe est un animal domestique inapproprié dans mon pays.* Cela leur fera aussi utiliser les adjectifs possessifs. Le même exercice peut être répété en changeant le nom du pays.

7 Lisez et parlez Page 21

Les élèves lisent les messages du forum et essaient de deviner le sens des mots nouveaux ou vous pouvez leur en donner le sens (par exemple : *des idées, un cochon, chatte, chatons, serpent, passeport*).

Après la lecture, les élèves inventent à deux des phrases « vrai / faux » sur le texte.

Avant de commencer l'activité, vous pouvez poser des questions de compréhension, par exemple : *Quelle est la nationalité de Lola ? (française) Qui a des chats ? (Khalida)*

8 Écrivez Page 21

Les élèves répondent à Lola sur le forum en suggérant des animaux appropriés.

Point info Page 21

Expliquez qu'en France, depuis le 3 juillet 2004, les animaux domestiques doivent avoir un passeport pour pouvoir voyager librement dans les pays de la communauté européenne. On l'obtient en allant chez le vétérinaire. Ce passeport atteste que l'animal est vacciné contre la rage et qu'il est identifié par une puce électronique. Demandez aux élèves si c'est la même chose dans leur pays et faites une discussion en classe à ce sujet.

Révisions

Voici l'interview d'une déléguée à la conférence internationale des jeunes Francophones.

1 Lisez Page 22

Les élèves lisent l'interview et répondent aux questions à choix multiple. Ils justifient leurs réponses avec des éléments du texte.

Réponse

1 **B** (elle dit « monsieur »), 2 **C** (J'ai dix-sept ans), 3 **B** (ma grand-mère Lucette), 4 **C** (mon beau-père Alain / mon père est mort), 5 **A** (Tu as de la famille en métropole ? Oui, il y a ma sœur…), 6 **B** (Non, je n'ai pas d'animal).

2 Parlez

Page 22

Les élèves décrivent les personnes sur la photo. Le membre de la famille de Marie qui manque sur la photo, c'est sa grand-mère, Lucette.

Ensuite, les élèves imaginent ce que les personnes sur la photo diraient sur leur famille, en inventant des détails supplémentaires. Par exemple, Alain (le beau-père de Marie) : *Voici ma famille. Sur la photo, il y a ma femme, Julie. Son anniversaire c'est le 15 mars, elle a 39 ans...*

3 Écrivez

Page 22

En utilisant tout ce qu'ils ont appris jusqu'ici, les élèves rédigent un portrait de Marie et de sa famille pour le blog de la conférence.

Cahier d'exercices 1/8

Page 4

Le but de cet exercice est de récapituler par écrit tout ce que les élèves ont appris dans ce chapitre. Les réponses sont personnelles.

2 Tu es comment ?

Thème et sujets	**Individu et société** Renseignements personnels, apparence et caractère
Points lexicaux	Le corps, le portrait physique La personnalité Les vêtements Les couleurs Les goûts
Points grammaticaux	Les adjectifs : masculin / féminin Les adjectifs : singulier / pluriel La place des adjectifs La négation : *ne… pas* Les verbes réguliers en *-ir* Le verbe *aimer*
Textes	**Réceptifs** Annonce, article de magazine, page de catalogue, quiz, messages sur forum, page sur réseau social **Productifs** Messages sur forum, page sur réseau social, liste de vêtements
Coin IB	**Théorie de la connaissance** • Discuter l'importance des costumes traditionnels : est-ce que les costumes traditionnels influencent la mode d'aujourd'hui ? **Travail écrit** • Comparer les costumes traditionnels du pays des élèves à ceux d'un pays francophone • Comparer la façon de s'habiller des jeunes dans le pays des élèves à celle d'un pays francophone **Créativité, Action, Service (CAS)** • Organiser un défilé de mode dans le lycée **Examen oral individuel** • Description de personnes **Épreuve de rédaction** • Décrire le physique, la personnalité et les goûts d'une personne

Ce chapitre traite du thème *Individu et société* et couvre le vocabulaire sur le corps, la personnalité, les vêtements, les couleurs et les goûts : tout cela dans le contexte de la célébrité et des stars (de cinéma, de bande dessinée, de football…). Le chapitre couvre aussi des points grammaticaux importants, y compris l'accord, la position des adjectifs, la forme négative avec *ne… pas*, la conjugaison au présent des verbes en *-ir* et les structures *aimer* + nom et *aimer* + verbe à l'infinitif. Ceci va permettre aux étudiants de décrire le physique et la personnalité d'une personne, ainsi que ses goûts.

1 Mise en route Page 23

Les élèves classent par ordre d'importance les quatre « qualités de star ». Pour aller plus loin, ils peuvent rechercher dans le dictionnaire d'autres mots (soit des noms, soit des adjectifs) qui définissent une star, par exemple : *Une star est une personne riche, célèbre, connue, belle, gentille, intelligente, généreuse, une personne avec du talent. C'est un acteur /une actrice, un chanteur /une chanteuse, un musicien /une musicienne, un mannequin, un champion /une championne.* Les élèves peuvent ensuite ajouter ces mots à leur premier classement et ainsi définir ce qu'est une star pour eux.

Expliquez que le mot *star* est toujours féminin, même quand il s'agit d'un homme.

2 Parlez Page 23

Les élèves regardent la photo d'Angelina Jolie et répondent aux questions – révisant donc le langage du chapitre 1.

Réponse

Elle s'appelle Angelina Jolie, elle a X ans (née en 4 juin 1975), elle est américaine.

Par groupes de deux, les élèves imaginent une interview avec Angelina Jolie.

Expliquez que *jolie* est un mot français et donnez-en la signification ; mentionnez aussi que la mère d'Angelina Jolie était d'origine canadienne-française et que son père est d'origine tchèque et allemande.

C'est ça, une star ?

1 Écoutez et lisez — Page 24

Les élèves écoutent l'enregistrement pour en saisir le sens général et font correspondre les quatre descriptions aux photos des stars. Puis ils écoutent l'enregistrement une seconde fois pour repérer tous les adjectifs et dire s'ils se rapportent au physique ou à la personnalité de la star.

Dites aux élèves de ne pas s'inquiéter s'ils ne comprennent pas tous les mots. Après avoir fait l'exercice, vous pouvez leur donner la transcription de l'enregistrement et leur demander de chercher dans le glossaire ou un dictionnaire les mots qu'ils ne connaissent pas.

Audio

1 C'est un acteur français. Il joue Obélix dans les films *Astérix et Obélix*. Il est très grand et très gros. Il est assez moche. Il est blond. Il est assez vieux.

2 C'est une chanteuse française d'origine algérienne. Elle est assez petite et assez grosse. Elle est brune. Elle porte des lunettes. Elle est assez vieille.

3 C'est un chanteur et acteur français d'origine algérienne. Il joue dans *Paris-Manhattan* et aussi dans le film *Les yeux jaunes des crocodiles*. Il est petit et mince. Il est assez beau. Il est brun. Il est assez jeune.

4 C'est une actrice française. Elle joue dans les films de *Harry Potter*. Elle est jeune et elle est très belle. Elle est assez grande et mince. Elle est blonde.

Réponse

1 1 **A** (Gérard Depardieu), 2 **D** (Juliette), 3 **B** (Patrick Bruel), 4 **C** (Clémence Poésy)

2 l'apparence physique : grand(e), gros(se), moche, blond(e), vieux/vieille, petit(e), brun(e), mince, beau/belle, jeune. Les autres adjectifs (français(e), algérienne) sont des adjectifs de nationalité. Aucun adjectif ne se rapporte à la personnalité des stars.

Les élèves peuvent ensuite faire des recherches sur ces quatre stars francophones.

Grammaire en contexte — Page 24

Les adjectifs : masculin / féminin

Expliquez que pour mettre un adjectif au féminin, on ajoute généralement un -e, sauf pour les adjectifs qui au masculin se terminent en -e. Ces adjectifs ne changent pas au féminin. Puis les élèves écoutent la prononciation et ils la pratiquent à deux (par exemple, l'élève A dit la forme masculine et l'élève B la forme féminine, puis ils inversent les rôles).

Demandez ensuite à deux élèves de se lever et à un troisième de les décrire, par exemple : *Paul est grand et Marie est grande*. Pour introduire les mots *assez* et *très*, demandez à quatre élèves de taille différente de se lever et à d'autres élèves de les décrire, par exemple : *Annie est très grande, Paul est grand, Marie est petite, Marc est assez petit*. Assurez-vous qu'ils prononcent bien la dernière syllabe si l'adjectif est au féminin.

2 Écoutez — Page 24

Avant de faire écouter les conversations, faites deviner (avec des gestes ou en leur présentant deux objets différents ou deux images différentes) la signification du mot *préféré*.

Audio

Conversation 1

– Décris ta star préférée.

– Euh... elle est grande, mince, blonde...

Conversation 2

– Et toi ? Décris ta star préférée.

– Il est grand et gros... blond... et moche !

– Il est jeune ?

– Non, il est vieux.

Conversation 3

– Décris ta star préférée.

– Brun, petit, jeune, beau...

– Il porte des lunettes ?

– Non.

Conversation 4

– Ma star préférée est brune... petite... grosse...

– Et elle porte des lunettes ?

– Oui.

– Aha, je sais qui c'est...

Réponse

1 Clémence, 2 Gérard Depardieu, 3 Patrick Bruel, 4 Juliette

3 Parlez

Page 24

Les élèves décrivent ensuite leur star préférée d'abord oralement, puis par écrit, en utilisant les mots dans l'encadré *Vocabulaire* et en prenant soin de bien accorder les adjectifs. Ils peuvent ensuite échanger leur description avec un(e) autre élève pour vérifier si des corrections sont nécessaires.

Prononciation

Page 24

Expliquez que le *t* à la fin de *petit*, le *s* à la fin de *gros* et le *d* à la fin de *blond* sont muets tandis que dans *petite, grosse* et *grande*, il se prononce parce qu'il est suivi d'une voyelle.

 Cahier d'exercices 2/1

Page 5

Cet exercice a pour but de mettre en pratique ce que les élèves viennent d'apprendre, notamment la différence entre les mots masculins et féminins, et il leur permet ensuite de commencer à faire des phrases avec ce vocabulaire nouveau.

Réponse

1

Nicole	Julien
petite très belle Elle a des lunettes. mince C'est une chanteuse… assez vieille belge brune	C'est un acteur… Il a 17 ans. mince blond belge assez beau grand

2

Il s'appelle Julien. C'est un acteur belge. Il est blond, grand, mince et il est assez beau. Il a 17 ans.

Elle s'appelle Nicole. C'est une chanteuse belge. Elle est assez vieille. Elle est petite, mince et très belle. Elle est brune. Elle a des lunettes.

4 Parlez

Page 25

Introduisez le vocabulaire des parties du visage dans l'encadré *Vocabulaire* ; faites répéter les mots aux élèves pour qu'ils apprennent à bien les prononcer, et en même temps dites-leur de mettre le doigt sur la partie du visage en question ; mettez ensuite le doigt sur une partie de votre visage et demandez-leur de dire ce que c'est.

Une fois qu'ils connaissent bien les mots, vous pouvez jouer à *Jacques a dit* (voir l'Appendice *Jeux* à la page 184 du livre du professeur).

Expliquez que *yeux* et *cheveux* sont des pluriels irréguliers.

Les élèves utilisent le vocabulaire nouveau en disant ce qu'ils regardent d'abord sur le visage d'une star : l'élément qui attire leur attention en premier.

Le vocabulaire d'autres parties du corps sera couvert dans le chapitre 11.

5 Parlez

Page 25

Introduisez le vocabulaire sur les styles de coiffure qui se trouve dans les légendes au-dessous des photos. Les élèves regardent les images et disent quel genre de coiffure ils préfèrent. Vous pouvez ensuite leur demander de trouver une photo d'une personne célèbre, de changer son apparence et de décrire cette personne.

Activité à deux : le portrait-robot. L'élève A décrit une personne et l'élève B doit dessiner cette personne.

Activité de classe : un élève décrit une autre personne de la classe et les autres doivent deviner de qui il s'agit. La personne qui devine correctement décrit une autre personne, et ainsi de suite.

Grammaire en contexte

Page 25

Les adjectifs : singulier / pluriel

Expliquez le pluriel des adjectifs. Le pluriel des adjectifs se forme en général en ajoutant un *-s* à la fin de l'adjectif au singulier, sauf si le mot au singulier se termine par un *-s* (par exemple : *deux gros chats*). Il y a quelques exceptions, comme les adjectifs en *-eau*, qui prennent un *-x* au pluriel et pas un *-s* (par exemple : *les beaux chats*).

Vous pouvez aussi mentionner que les noms qui se terminent en *-z* ne prennent pas de *-s* au pluriel.

6 Compréhension

Page 25

Cet exercice encourage les élèves à utiliser les adjectifs qu'ils viennent d'apprendre. Vous pouvez aussi leur demander d'écrire les phases correctes dans leur cahier.

Réponse

1 Juliette a les cheveux bruns, mi-longs et frisés.

2 Patrick Bruel a les cheveux courts, raides et noirs.

3 Gérard Depardieu a les cheveux blonds, courts et raides.

4 Clémence Poésy a les cheveux blonds, longs et raides.

Grammaire en contexte

Page 25

La place des adjectifs (1)

Expliquez qu'en règle générale, les adjectifs en français se placent après le nom qu'ils décrivent.

7 Parlez

Page 25

Activité à deux : l'élève A décrit une personne dans la classe et l'élève B doit deviner de qui il s'agit.

Ils peuvent essayer ensuite une version un peu plus complexe de cette activité où l'élève A fait semblant d'être une autre personne et l'élève B lui pose des questions pour deviner qui il/elle est. Par exemple, l'élève B dit : *Tu as les yeux comment* ? et l'élève A répond : *J'ai les yeux bleus*. L'élève B note les détails au fur et à mesure des réponses et doit deviner le nom de la personne que l'élève A fait semblant d'être, puis ils inversent les rôles.

Activité individuelle : les élèves écrivent la description d'une personne qu'ils/elles connaissent ou d'une personne célèbre.

Cahier d'exercices 2/2

Page 5

Dans cet exercice qui permet de consolider leurs nouvelles connaissances des adjectifs, les élèves doivent choisir la forme correcte.

Faites remarquer aux élèves que si le nom féminin commence par une voyelle ou un *h* muet, pour des raisons de phonétique, on utilise l'adjectif possessif *mon*, *ton*, *son* au lieu *de ma*, *ta*, *sa*. Donc, on dit *mon actrice préférée*, ou, par exemple, *mon amie*, *ton héroïne*.

Réponse

Mon acteur préféré, c'est Gérard Depardieu. Il est français. Il est grand et gros. Il a des cheveux blonds, courts et raides. Ses yeux sont bleus.

Mon actrice préférée, c'est Clémence Poésy. Elle est grande et mince. Elle est blonde avec des cheveux bouclés et elle a les yeux bleus. Elle est très jolie.

C'est vous, la star !

Agence de Casting Recherche doublures de stars

1 Lisez et parlez

Page 26

Les élèves lisent d'abord les descriptions. Expliquez le mot *doublure,* puis les élèves choisissent la bonne doublure pour chaque star et discutent leur choix en groupe.

Réponse

Asif et Julie

Voir les Fiches d'activités supplémentaires Chapitre 2, page 26 (1)

Pour tester un peu plus la compréhension de ce texte, vous pouvez poser aux élèves les questions suivantes :

1 Comment sont les cheveux de Lucas ? Ils sont courts, raides et blonds.

2 Comment est le nez de Maxime ? Il est grand.

3 Comment est Asif ? Il est petit et mince.

4 Comment sont les oreilles d'Emma ? Elles sont petites.

5 Comment sont les yeux de Julie ? Ils sont marron.

6 Comment est la bouche de Coralie ? Elle est grande.

7 Qui n'est pas mince ? Maxime.

8 Qui a les cheveux roux ? Coralie.

9 Qui a une petite bouche ? Maxime.

10 Qui a les cheveux longs ? Julie

Vous pouvez aussi leur demander de trouver parmi les phrases suivantes les cinq qui sont correctes selon le texte.

Voir les Fiches d'activités supplémentaires Chapitre 2, page 26 (2)

A Lucas a une petite bouche et de grandes oreilles.

B Maxime a les cheveux bruns.

C Asif est assez grand et mince.

D Emma a les cheveux blonds et bouclés.

E Julie est jolie.

F Coralie a les yeux verts.

G Asif a les cheveux bruns et courts.

H Lucas est petit et gros

I Maxime n'a pas de grandes oreilles.

J Emma n'est pas grande.

Réponse

B, D, F, G, J.

2 Lisez Page 26

Sans regarder la page 24, les élèves répondent, de mémoire, oui ou non aux questions à la page 26. Ils vérifient leurs réponses en regardant la page 24. Cet exercice, sous forme de défi de mémoire, permet aux élèves de vérifier s'ils ont bien assimilé le vocabulaire qu'ils viennent d'apprendre.

Réponse

1 non, 2 oui, 3 non, 4 oui, 5 non, 6 oui

Grammaire en contexte Page 26

La place des adjectifs (2)

Après la lecture des textes, faites remarquer aux élèves que certains adjectifs ne suivent pas la règle : *grand, gros, petit, beau, jeune, vieux, joli* se placent en effet avant le nom. Expliquez que l'adjectif *marron* est toujours invariable et qu'on l'utilise pour les yeux : on l'utilise rarement pour la couleur des cheveux ou de la peau. Pour décrire la couleur des cheveux ou de la peau, on utilise l'adjectif *brun*. (Il n'est pas nécessaire ici d'expliquer l'utilisation de *de*/*des* dans les exemples.)

3 Recherchez et écrivez Page 26

Les élèves écrivent une description des quatre stars francophones à la page 24. Rappelez-leur de vérifier la position et l'accord des adjectifs.

4 Recherchez et écrivez Page 26

Les élèves font des recherches sur une autre star francophone puis écrivent une description de cette star. Ils peuvent ensuite lire leur description au reste de la classe.

Cahier d'exercices 2/3 Page 5

Dans cet exercice, les élèves pourront mettre en pratique l'accord des adjectifs. Encouragez-les à utiliser *assez* et *très*.

5 Imaginez Page 26

Les élèves reproduisent la fiche à la page 26 et la complètent avec leur description. Ils peuvent ensuite lire leur description à la classe. Ceux qui travaillent plus rapidement que les autres peuvent remplir une autre fiche pour quelqu'un qu'ils connaissent, par exemple : leur père, leur frère. Rappelez aux élèves de faire bien attention à la position et à l'accord des adjectifs et d'utiliser *assez* et *très*.

Futures stars de bande dessinée ?

1 Mise en route Page 27

Les élèves regardent les images, puis un(e) élève décrit le physique d'un des personnages et la classe doit deviner de qui il s'agit.

2 Écoutez et lisez Page 27

Les élèves écoutent et lisent les textes puis notent les adjectifs de personnalité (indiqués en gras dans le texte audio ci-dessous), dont ils essaient de deviner le sens d'après le contexte ; ils peuvent ensuite vérifier s'ils ont bien deviné en regardant dans le glossaire ou le dictionnaire.

Audio

Drack est **intelligent**. Il est très **courageux**. Il est assez **têtu** mais il est **sympathique**.

Vampierrick est l'ami de Drack. Il n'est pas très **intelligent** mais il est **gentil**. Il est **timide** et **romantique**. Il est assez **paresseux** et très **gourmand**.

Professeur Danger est très **intelligent** et très **sérieux**. Il est très **travailleur**. Il est **calme**, assez **autoritaire** (surtout avec Vampierrick) mais il est **généreux**.

Madame Lenoir n'est pas très **gentille** : elle est très **autoritaire**. Elle est **intelligente** et très **organisée**.

Vampirette est **autoritaire** mais **compréhensive** et **tolérante**. Elle est assez **capricieuse**.

Bella est **sociable**, assez **superficielle** mais elle n'est pas égoïste. Pour Vampierrick, c'est la femme idéale !

3 Écrivez — Page 27

Les élèves font ensuite une liste des adjectifs positifs et une liste des adjectifs négatifs. Faites leur remarquer que la décision peut être subjective et que, selon le contexte, un adjectif peut être soit négatif, soit positif. Le fait de catégoriser le vocabulaire devrait les aider à le mémoriser.

Réponse possible

adjectifs positifs	adjectifs négatifs
intelligent(e)	têtu(e)
timide	timide
courageux/courageuse	paresseux/paresseuse
sympathique	gourmand(e)
autoritaire	autoritaire
gentil(le)	capricieux/capricieuse
romantique	superficiel(le)
sérieux/sérieuse	égoïste
calme	
généreux/généreuse	
organisé(e)	
compréhensif/compréhensive	
tolérant(e)	
sociable	

Grammaire en contexte — Page 27

La négation : *ne... pas*

En utilisant les exemples dans l'encadré *Grammaire en contexte*, expliquez la forme négative avec un verbe au présent de l'indicatif. Faites remarquer que *ne* s'élide devant une voyelle. Écrivez ensuite au tableau une liste de phrases qui sont fausses sur des personnes célèbres et les élèves doivent les corriger en utilisant *ne... pas*, par exemple :

Gérard Depardieu est petit.⊠ Gérard Depardieu n'est pas petit.

4 Écrivez — Page 27

Les élèves trouvent trois exemples de phrases négatives dans les descriptions des personnages dans la bande dessinée.

Réponse

Il (Vampierrick) n'est pas très intelligent ; Madame Lenoir n'est pas très gentille ; elle (Bella) n'est pas égoïste.

5 Parlez — Page 27

Activité à deux : les élèves font des phrases « vrai / faux » sur les six personnages des textes.

Cahier d'exercices 2/4 — Page 6

Cet exercice permet aux élèves de mettre en pratique la forme négative et de mettre des adjectifs au féminin.

Réponse

Je m'appelle Julie. Je ne suis pas grande et je ne suis pas grosse. Je ne suis pas belle. Je n'ai pas les yeux bleus et mes cheveux ne sont pas longs et bruns. Je ne suis pas timide et je ne suis pas très travailleuse. Je ne suis pas compréhensive et je ne suis pas généreuse.

6 Écrivez — Page 28

Les élèves écrivent un portrait de leur personnage de BD préféré. Dites-leur d'inclure au moins deux phrases négatives. Rappelez-leur aussi de vérifier l'accord des adjectifs.

7 Recherchez — Page 28

Les élèves font des recherches sur des personnages de bandes dessinées francophones célèbres (Astérix, Tintin, Adèle Blanc-Sec, Lucky Luke, les Schtroumpfs, le Marsipulami, Gaston Lagaffe, Spirou, Boule et Bill, Titeuf, etc.) et ils répondent aux questions.

Point info — Page 28

En France, la bande dessinée (souvent abrégée *BD)* est très populaire. Il y a des BD pour tous les âges, aussi bien les enfants, que les adolescents ou les adultes. Tous les ans, depuis 1974, il y a un festival de la BD en France, à Angoulême.

Les stars : des modèles à suivre ?

Lilian Thuram : un bon modèle pour les jeunes ?

1 Lisez Page 28

Les élèves lisent le texte une première fois pour essayer d'en comprendre l'essentiel, puis ils partagent avec le reste de la classe dans la langue d'instruction du lycée ce qu'ils ont compris. À la deuxième lecture, ils notent les mots qu'ils ne connaissent pas et s'ils n'en devinent pas le sens, ils peuvent les chercher dans le glossaire ou le dictionnaire et peuvent ensuite comparer leurs notes avec celles d'autres élèves.

Donnez-leur la signification de *il est né, il va habiter* sans explication grammaticale.

Ils font ensuite l'exercice à la page 28.

Réponse

1 Il est travailleur. 2 Il n'est pas superficiel. 3 Il n'est pas prétentieux. 4 Il est sérieux. 5 Il n'est pas timide. 6 Il est très tolérant.

Les élèves peuvent rechercher d'autres adjectifs qu'on peut utiliser quand on décrit une personne et faire deux listes, l'une avec les adjectifs positifs et l'une autre avec les adjectifs négatifs ; ils peuvent aussi composer des phrases avec ces adjectifs. Pour cette activité, ils incluent aussi les adjectifs de l'encadré *Vocabulaire*.

Voici des idées d'activités à deux qui aideront les élèves à mémoriser les adjectifs.

1 L'élève A dit, par exemple : *Vous connaissez une personne gentille et généreuse* ? L'élève B répond, par exemple : *Oui, ma mère*. Encouragez-les à utiliser tous les adjectifs de l'encadré *Vocabulaire*.

2 L'élève A dit, par exemple : *Annie* (une personne de la classe ou que les deux élèves connaissent) *est intelligente et travailleuse*. L'élève B répond par exemple : *Oui, Annie est intelligente et travailleuse* ou *Annie est intelligente mais elle n'est pas travailleuse / mais elle est paresseuse.*

3 En regardant l'encadré *Vocabulaire*, l'élève A épelle lentement un adjectif et l'élève B essaie de deviner l'adjectif avant que l'élève A n'ait terminé de l'épeler.

4 L'élève A donne la première lettre et la dernière lettre de l'adjectif à la forme masculine et l'élève B doit deviner l'adjectif.

Cahier d'exercices 2/5 Page 6

Cet exercice aide les élèves à mémoriser les adjectifs de personnalité et à travailler l'accord au féminin.

Réponse

1 intelligent, timide, organisé, sérieux, généreux, travailleur, compréhensif, égoïste

2 intelligente, timide, organisée, sérieuse, généreuse, travailleuse, compréhensive, égoïste

2 Parlez Page 28

Cet exercice permet de travailler en même temps la forme négative, la forme interrogative et d'utiliser les adjectifs. Le jeu *Ni oui ni non* est expliqué dans l'Appendice *Jeux* du livre 1 du professeur à la page 185.

Prononciation Page 28

Expliquez que la voix monte lorsqu'on pose une simple question et qu'elle descend quand on répond.

Rappelez (voir chapitre 1 page 16) que *tu* est une forme d'adresse familière, informelle, qu'on utilise quand on parle à un copain, une personne qu'on connaît bien, qui nous est proche ; cette forme est aussi utilisée dans les magazines pour adolescents. Dans un registre soutenu on doit utiliser *vous*.

3 Écrivez Page 28

Les élèves rédigent d'abord une description du physique et de la personnalité de leur star idéale. Ils doivent utiliser les conjonctions de coordination *mais* et *et* comme dans l'encadré.

Ils peuvent ensuite écrire leur autoportrait en 50 mots.

Activité à deux : L'élève A lit son autoportrait à l'élève B, qui va ensuite essayer, de mémoire, de répéter ce qu'a dit l'élève A. Par exemple, l'élève A lit : *Je m'appelle Marc. Je suis grand mais je ne suis pas gros. J'ai les yeux bleus et les cheveux blonds.* L'élève B dit : *Tu es Marc, tu es grand et tu n'es pas gros. Tu as les yeux bleus et les cheveux blonds.* Cette activité peut aussi se faire en petit groupe et chaque membre du groupe doit se rappeler un détail sur l'élève A.

Cahier d'exercices 2/6 Page 6

Cet exercice permet aux élèves de consolider ce qu'ils ont appris jusqu'ici dans ce chapitre ainsi que de réviser les adjectifs possessifs et le vocabulaire de la famille étudiés dans le chapitre précédent. Les réponses sont personnelles.

Un look de star ?

Que choisir à moins de 30 euros ?

Introduisez d'abord le vocabulaire sur les vêtements et les couleurs (en utilisant par exemple des images ou des objets réels, ou simplement les photos à la page 29). Demandez aux élèves de répéter les mots plusieurs fois pour qu'ils se familiarisent avec la prononciation. Faites-leur remarquer que *marron* et *orange* sont invariables.

1 Écoutez

Page 29

Les élèves écoutent les conversations et notent quels vêtements les jeunes choisissent. (Soulignez qu'ils ont une limite de 30 euros à dépenser.)

Audio

Conversation 1

– Alors, Bénédicte, tu choisis quels vêtements ?

– Je choisis la robe rouge…

– La robe rouge ?

– Oui ! Et la veste noire.

– Ah oui ! Super !

Conversation 2

– Et toi, César ? Tu choisis quels vêtements ?

– Je choisis le short bleu, le t-shirt blanc et les sandales marron.

– OK !

Conversation 3

– Tu choisis quels vêtements, Natasha ?

– Moi, je choisis la jupe rose… elle est belle, non ?…. et les bottes violettes.

– Ouah !

Conversation 4

– Tu choisis quels vêtements, toi, Hamid ?

– Je choisis le pantalon vert… et la chemise blanche et verte… et les baskets bleues et orange ! Ah non, c'est trop cher !

Conversation 5

– Tu choisis quels vêtements, Véronique ?

– Les chaussures sont belles… oui, je choisis les chaussures blanches.

– Ah bon ?

– Et le manteau gris… c'est parfait pour l'hiver.

Conversation 6

– Tu choisis quels vêtements, Matthieu ?

– Euh… hmmm… je choisis le jean bleu…

– Et… ?

– Et le pull vert et blanc.

– Oui, pas mal.

Réponse

1 **D**, 2 **C**, **G**, **M**, 3 **E**, **N**, 4 **B**, **F**, **K**, 5 **L**, **J**, 6 **A**, **H**

2 Parlez

Page 29

Activité à deux : l'élève A nomme les vêtements sur les images qu'ils viennent de voir à la page 29 et l'élève B dit la couleur de mémoire.

3 Écrivez

Page 29

Avec l'aide d'un dictionnaire, les élèves trouvent d'autres noms de vêtements et ils les catégorisent en trois listes.

Grammaire en contexte

Page 29

Les verbes réguliers en *-ir*

Expliquez la conjugaison des verbes en *-ir* au présent. Faites quelques-uns des jeux suggérés aux pages 183-184 du livre du professeur. Les élèves peuvent aussi essayer de faire des phrases, par exemple : *je choisis la jupe noire, elle choisit le pull rouge*.

Activité à deux : Le jeu de la bataille navale. Créez une grille comme celle à la page 32, photocopiez-la et distribuez-la à chaque élève. Vous pouvez aussi avoir accès à cette grille dans les fiches d'activités supplémentaires fournies pour l'imprimer. Chaque élève place secrètement six croix sur la grille. Le but du jeu est de deviner où son adversaire a placé ses croix.

À tour de rôle, les élèves A et B essaient de deviner l'emplacement des croix de leur adversaire en faisant des phrases, par exemple, l'élève A dit : *tu choisis la robe rouge* et si c'est la bonne réponse, l'élève B dira *touché* et l'élève A mettra une croix de couleur différente dans la case appropriée sur sa grille ; si la réponse est mauvaise, l'élève B dira *raté* et l'élève A mettra un rond dans la case appropriée sur sa grille. Le gagnant est le premier à deviner tous les emplacements de son adversaire.

 *Voir les Fiches d'activités supplémentaires Chapitre 2, page 29*

	je choisis	tu choisis	il choisit	elle choisit	nous choisissons	vous choisissez	ils choisissent	elles choisissent
le jean bleu								
le pantalon vert								
la robe rouge								
la jupe rose								
la veste noire								
les chaussures blanches								
les bottes marron								
le manteau gris								
les baskets bleues								

Cahier d'exercices 2/7 Page 7

Cet exercice a pour but de consolider le vocabulaire des vêtements et d'encourager les élèves à faire des phrases avec ces mots. Après avoir fait cet exercice, les élèves pourraient trouver des images de personnes dans un magazine, un catalogue de mode ou sur Internet et écrire un paragraphe sur chaque image pour décrire ce que porte la personne.

Réponse

1 Simon : la chemise, la veste, le pantalon, les chaussures. Magali : le t-shirt, la jupe, les baskets.

2 Réponse personnelle

4 Lisez Page 30

Les élèves lisent les descriptions et choisissent la bonne personne parmi les photos.

Réponse

1 **D**, 2 **A**

5 Écrivez et parlez Page 30

Activité à deux : les élèves choisissent deux autres personnes sur l'image à décrire. Ils échangent ensuite leurs textes, lisent ceux de leur partenaire et retrouvent quelles personnes leur camarade a décrites.

6 Écrivez Page 30

Encouragez les élèves à élargir leur vocabulaire sur les vêtements en leur demandant de chercher dans le dictionnaire le nom des vêtements qu'ils porteraient dans différentes circonstances, par exemple au lycée, à la maison, à une fête de famille, en discothèque, au bureau, etc. Ils écrivent ensuite des phrases.

7 Écoutez et lisez Page 30

Avant de faire écouter l'enregistrement sur le défilé de mode, introduisez le vocabulaire nouveau. Après avoir écouté l'enregistrement, les élèves complètent les blancs du texte audio. Attirez leur attention sur les adjectifs qui suivent les blancs numérotés 1–5 et qui s'accordent avec le nom du vêtement que représente chaque blanc.

Audio

Voici Lou et Quentin. Ils sont français. Aujourd'hui, Lou porte une robe grise, des sandales grises, un collier et des boucles d'oreilles. Quentin porte une chemise blanche, un pantalon noir, des chaussures noires, des bretelles rouges et un nœud papillon.

Voici Adama et Lissah. Elles sont sénégalaises. Aujourd'hui, elles portent des robes sénégalaises. Adama porte une robe bleue, jaune et verte. Lissah porte une robe orange, rouge et marron.

Réponse

1 robe, 2 sandales, 3 chemise, 4 pantalon, 5 chaussures, 6 jaune, 7 verte, 8 orange, 9 marron

8 Imaginez

Page 30

Les élèves inventent et décrivent leur costume pour un défilé de mode; vous pouvez ensuite leur demander de décrire les costumes traditionnels de leur pays. Ils pourraient aussi choisir un pays francophone et faire des recherches sur les costumes traditionnels de ce pays, puis les comparer à ceux de leur pays.

Dans le cadre de leurs activités pour CAS (Créativité, Action, Service), ils pourraient organiser un défilé de mode dans le lycée et écrire ensuite un reportage.

Tu as les passions et la personnalité d'une star ?

Jeu-test : Star discrète ou bling-bling ?

1 Lisez

Page 31

1 Expliquez le vocabulaire nouveau dans le texte du jeu-test ou demandez aux élèves de chercher les mots qu'ils ne connaissent pas dans le glossaire ou le dictionnaire. Expliquez-leur que le mot *personne* est toujours féminin, même lorsqu'il se rapporte à un homme ou un garçon. Les élèves font ensuite correspondre les images aux questions du jeu-test.

Réponse

A 4, **B** 8, **C** 5, **D** 1, **E** 2, **F** 3

2 Les élèves trouvent alors les phrases négatives dans les réponses.

2 Parlez

Page 31

Activité à deux : les élèves font le jeu-test. L'élève A pose les questions du jeu-test et l'élève B répond, puis ils inversent les rôles.

Les élèves regardent ensuite les réponses en bas de la page et peuvent essayer d'identifier des stars correspondant aux descriptions des réponses.

3 Lisez et écrivez

Page 32

Les élèves lisent les messages du forum, puis recopient et complètent la grille.

Réponse

	☺	☹
Alima	le sport, la mode, lire, la littérature	le football, la lutte, le cinéma
Samuel	le hockey sur glace, les films d'action	le football européen, la mode

4 Parlez

Page 32

Activité à deux : l'élève A regarde sa grille et dit ce qu'Alima aime / n'aime pas... en ajoutant une erreur, puis l'élève B écoute et doit retrouver l'erreur. Ils changent de rôles pour Samuel.

5 Écrivez

Page 32

Les élèves copient la grille et complètent la colonne 1 selon leurs goûts. Ils doivent inclure l'article. Pour s'aider ils peuvent utiliser les mots dans l'encadré *Vocabulaire*. Ils continueront à compléter cette grille dans l'activité 6.

6 Parlez

Page 32

Les élèves circulent ensuite dans la classe et posent des questions à leurs camarades pour trouver ceux qui aiment ou n'aiment pas les mêmes choses qu'eux. Ils notent le nom de ces personnes dans la colonne 2 de leur grille. L'activité est terminée lorsque chaque élève a rempli toute la colonne 2. Chacun présente ensuite ses résultats oralement à la classe.

Grammaire en contexte

Page 32

Le verbe *aimer*

Expliquez que les verbes *aimer, adorer, détester* sont suivis soit d'un nom, soit d'un verbe à l'infinitif. Vous pouvez ensuite demander aux élèves si la même structure est utilisée dans leur propre langue.

7 Écrivez Page 32

Les élèves répondent à Nico sur le forum pour dire ce qu'ils aiment et n'aiment pas.

Cahier d'exercices 2/8 Page 7

Cet exercice permet de réviser le vocabulaire et les structures appris dans ce chapitre.

Réponse

	Enzo	1	2	3	4
TV	✓		✓	✗	✗
	✓	✗	✓		
	✗				✗
	✓			✓	✓
	✓	✓			
@	✗	✗	✗		
	✗				

Enzo est numéro 2.

De futures stars.

Star Rock

1 Compréhension Page 33

Les élèves regardent les photos et lisent les textes. Ils imaginent qu'ils sont Zoé, Déborah ou Romain et répondent oralement aux questions.

2 Écrivez Page 33

Les élèves écrivent un paragraphe pour Aurélie et Simon. Pour cela, ils utilisent les notes en dessous des photos et les transforment en prenant comme modèle les paragraphes sur Zoé, Déborah et Romain.

3 Imaginez Page 33

Les élèves imaginent qu'ils sont une star de la chanson ou du cinéma et écrivent leur description, comme pour leur page Facebook. Ensuite, ils peuvent aussi écrire un paragraphe sur une personne qu'ils connaissent, par exemple leur meilleur(e) ami(e).

Révisions

Voici les stars de « Jours de Gloire », une nouvelle série télévisée.

1 Imaginez Page 34

Cette activité permet de réviser tout le vocabulaire couvert dans ce chapitre (portrait physique, personnalité, vêtements, couleurs, exprimer ses goûts, adjectifs…) et de décrire pour la première fois un stimulus visuel. Les élèves auront l'opportunité au cours des chapitres qui suivent de développer leurs compétences pour décrire un stimulus visuel.

Les élèves regardent la photo à la page 34, décrivent les stars de cette série fictive et imaginent leur personnalité. Ils répondent ensuite pour chaque personne aux questions à la page 34.

3 La vie quotidienne

Thèmes et sujets	**Individu et société** Habitudes quotidiennes **Environnements urbains et ruraux** Voisinage
Points lexicaux	L'heure Les jours de la semaine La maison La routine à la maison Les nombres 32–69
Points grammaticaux	Les verbes irréguliers *aller, faire, prendre* La négation *: ne... jamais* Les questions Le futur proche : *aller* + infinitif Les verbes pronominaux Le pronom *on*
Textes	**Réceptifs** Questionnaire, journal intime, emploi du temps **Productifs** Description d'une maison, questionnaire / e-mail sur les tâches ménagères, message sur Twitter, page de journal intime
Coin IB	**Théorie de la connaissance** • Pourquoi y a-t-il différentes façons de dire l'heure ? Est-ce nécessaire ? **Travail écrit** • Comparer sa maison ou sa routine quotidienne à celle d'une personne dans un pays francophone • Comparer les tâches ménagères faites par les jeunes, les hommes ou les femmes de son pays à celles faites par les jeunes, les hommes ou les femmes dans un pays francophone **CAS** • Service dans la communauté, par exemple aider une personne âgée à faire des tâches ménagères **Examen oral individuel** • Décrire l'intérieur et l'extérieur d'une maison/un appartement et avoir une discussion sur les tâches ménagères **Épreuve de rédaction** • Faire la description de sa maison • Écrire un e-mail sur les tâches quotidiennes faites dans sa maison • Décrire sa journée typique • Écrire un e-mail pour parler de ce qu'on fait pendant la semaine et le week-end

Ce chapitre traite des thèmes *Individu et société* et *Environnements urbains et ruraux* et il couvre le vocabulaire de la maison et des activités quotidiennes, ainsi que les nombres de 32 à 69, dans le contexte de visites par des jeunes Français chez des jeunes qui habitent d'autres pays francophones. Le chapitre présente aussi quelques points grammaticaux : les verbes irréguliers *aller, prendre* et *faire*, les verbes pronominaux au présent, le futur proche, la forme négative avec *ne... jamais* et des adverbes de temps et de séquence. Les élèves apprendront aussi les jours de la semaine, les différentes façons de dire l'heure, et comment poser des questions en utilisant *est-ce que*. Ceci permettra aux élèves de décrire leur maison et leur routine quotidienne, celles d'autres personnes, ainsi que de demander et donner l'heure.

1 Mise en route Page 35

Révisez d'abord les nombres appris jusqu'ici et expliquez que pour indiquer l'heure, on utilise la phrase *il est* + le nombre + *heure(s)*. Les élèves regardent ensuite la photo et trouvent les réveils qui correspondent aux heures données.

2 Parlez Page 35

Activité à deux : l'élève A dit l'heure sur d'autres réveils de l'image et l'élève B montre le réveil du doigt, puis ils inversent les rôles.

L'association Jeunes Reporters organise des webinaires sur la vie quotidienne dans les pays francophones.

Expliquez que le mot *webinaire* vient de l'association de deux mots : *web* + *séminaire* et qu'il est utilisé pour désigner une réunion interactive qui se fait par l'intermédiaire d'Internet.

1 Parlez Page 36

Pour se familiariser avec la carte des fuseaux horaires, l'élève A choisit une ville sur la carte et dit, par exemple, *je suis à Paris* ; l'élève B dit l'heure (*il est une heure*), puis ils inversent les rôles. Cette activité peut être rendue un peu plus difficile si l'élève A doit ajouter le nom du pays (*je suis à Paris, en France*), ce qui permet de réviser en même temps les noms de pays.

Expliquez aux élèves que pour les horaires d'avion, de train, de bus, de séances de cinéma / théâtre, ou d'ouverture et de fermeture de commerces, les Français utilisent le système horaire sur 24 heures comme sur cette carte. C'est la même chose pour un emploi du temps.

Pour ces activités, indiquez aux élèves que les horaires des exercices et de la carte suivent l'heure légale d'hiver. Leurs réponses doivent donc suivre les fuseaux horaires de la carte.

2 Écrivez Page 36

Informez les élèves que le symbole utilisé pour séparer les heures, minutes et secondes est souvent celui des deux-points (spécifié dans la norme ISO 8601 de représentation de la date et de l'heure). En France et au Québec, la lettre *h* peut également être utilisée si l'horaire se limite aux heures et aux minutes (par exemple, 18h45).

Cet exercice permet aux élèves d'apprendre à dire l'heure en écrivant quelques phrases simples. Ils peuvent ensuite en déduire si les jeunes dans chacune des villes mentionnées accepteront ou pas d'assister au webinaire.

Réponse

Genève – 11h00

Dakar – 10h00

Montréal – 5h00

Pointe-à-Pitre – 6h00

Saint-Denis – 14h00

Nouméa – 21h00

Pour les personnes de Montréal et de Pointe-à-Pitre, c'est trop tôt et pour les personnes de Nouméa, c'est un peu trop tard.

3 Écoutez Page 36

Les élèves apprennent les noms des jours de la semaine : demandez-leur d'abord de répéter les noms après vous. Puis, après leur avoir appris les mots *aujourd'hui, demain, hier,* vous dites le nom d'un jour de la semaine et ils doivent vous donner à tour de rôle soit le jour qui précède, soit celui qui suit, soit les deux. Par exemple, vous dites : *mardi* et l'élève dit : *aujourd'hui c'est mardi, demain c'est mercredi, hier c'est lundi.* Vous pouvez leur apprendre *avant-hier* et *après-demain* et recommencer le même exercice. Signalez que les noms des jours de la semaine ne s'écrivent jamais avec une majuscule.

Révisez aussi les mois de l'année et les dates (page 14 du livre de l'élève). Les élèves recopient et complètent ensuite la grille en écoutant l'enregistrement.

Une fois la grille complétée, ils peuvent discuter en groupe de ce qu'impliquent ces horaires pour les gens qui voudraient participer au webinaire dans différentes parties du monde.

Audio

Le webinaire numéro 1, c'est samedi 30 septembre à onze heures, heure de Paris.

Le webinaire numéro 2, c'est lundi 13 novembre à neuf heures, heure de Paris.

Le webinaire numéro 3, c'est mercredi 23 janvier à quatorze heures, heure de Paris.

Le webinaire numéro 4, c'est jeudi 7 mars à vingt heures, heure de Paris.

Le webinaire numéro 5, c'est mardi 30 avril à onze heures, heure de Paris.

Réponse

	webinaire 1	webinaire 2	webinaire 3	webinaire 4	webinaire 5
jour	samedi	lundi	mercredi	jeudi	mardi
date	30 septembre	13 novembre	23 janvier	7 mars	30 avril
heure	11h	9h	14h	20h	11h

Cahier d'exercices 3/1

Page 8

Cet exercice a pour but de consolider l'apprentissage des jours de la semaine.

Réponse

1 1 samedi, 2 mardi, 3 dimanche, 4 vendredi, 5 mercredi

2 Lundi et jeudi ne figurent pas ici.

Pour consolider l'heure, jouez au loto (voir l'Appendice *Jeux* à la page 183 du livre du professeur) en remplaçant les nombres sur les cartes par des heures : au lieu d'annoncer des nombres, vous annoncez l'heure qu'il est.

Des jeunes reporters vont faire des reportages pour les webinaires dans différents pays francophones. Ils sont à l'aéroport.

Avant de faire la première activité, il serait bon de réviser les noms des pays francophones. Demandez aux élèves, en regardant le tableau des départs, de nommer les pays où se trouvent ces villes, et de dire lesquels sont ou ne sont pas francophones.

1 Lisez et écoutez

Page 37

Utilisez ces deux conversations et l'encadré *Grammaire en contexte* pour introduire les formes du verbe *aller* au présent. Expliquez que le verbe *aller* est un verbe irrégulier et qu'il est important de bien le connaître car, comme *être* et *avoir*, il sert aussi à former d'autres temps.

Faites écouter aux élèves la conjugaison du verbe et demandez-leur de la répéter plusieurs fois à voix haute. Vous pouvez aussi faire l'un des jeux suggérés dans l'Appendice *Jeux* du livre du professeur, pages 183-184.

Ils réécoutent ensuite les conversations et les complètent en notant la forme correcte du verbe *aller*.

Audio

Conversation 1

César	Salut Manon ! Moi, je vais à Montréal. Tu vas où ?
Manon	Je vais à Genève.
César	Et Julie ? Elle va où ?
Manon	Julie et Simon vont à Pointe-à-Pitre. Super, non ?
César	Ton avion est à quelle heure ?
Manon	À 11h52.
César	Bon voyage !

Conversation 2

Sophie	Yann ! Yann ! Salut !
Yann	Sophie… salut ! Tu vas où ?
Sophie	Je suis avec Zoé. Nous allons à Yaoundé. Et tu es avec Ali, non ?
Yann	Oui.
Sophie	Vous allez où ?
Yann	On va en Afrique aussi. Nous allons à Dakar. Notre avion est à 12h25.

Réponse

Conversation 1

1 vas, 2 vais, 3 va, 4 vont

Conversation 2

5 vas, 6 allons, 7 allez, 8 va, 9 allons

Familiarisez les élèves avec les nombres de 32 à 69. Lisez-les d'abord à voix haute et demandez ensuite aux élèves de les lire à leur tour ou de les répéter après vous. Demandez-leur de lire à voix haute les heures de départ ainsi que le numéro des portes sur le panneau de départ.

Vous pouvez également compter de 1 à 69 en n'utilisant que les nombres pairs, et les élèves doivent compter les nombres impairs, ou vice versa. Vous pouvez aussi écrire des nombres sur des cartes que vous leur montrez dans le désordre pour leur faire dire ces nombres, ou jouer au loto. (Voir Appendice *Jeux* à la page 183 du livre du professeur).

Grammaire en contexte

Page 37

Le verbe *aller*

Expliquez aux élèves que le verbe *aller* est un verbe irrégulier qui est beaucoup utilisé en français et qu'il est donc important de bien apprendre à le conjuguer. Pour les aider à mémoriser la conjugaison, vous pouvez faire l'un des jeux suggérés dans l'Appendice *Jeux* du livre du professeur pages 183-184.

Cahier d'exercices 3/2

Page 8

Cet exercice a pour but d'aider les élèves à mémoriser les nombres qu'ils viennent d'apprendre.

Réponse

1 quarante, 2 cinquante, 3 quarante-deux, 4 cinquante-neuf, 5 trente, 6 soixante

2 Écoutez

Page 37

Les élèves écoutent l'enregistrement en regardant le panneau des départs et notent la première lettre des destinations des reporters. (Noter la première lettre sera plus facile à ce stade que d'écrire le nom de la ville en entier.) Pausez l'enregistrement après chaque personne.

Audio

1 Mon avion est à quatorze heures dix.

2 Mon avion est à treize heures cinq.

3 Moi, mon avion est à onze heures quarante-six.

4 Et moi, mon avion est à douze heures quinze.

5 Mon avion est à onze heures cinquante-deux.

6 Mon avion est à douze heures vingt-cinq.

Réponse

1 **P** (Pointe-à-Pitre), 2 **Y** (Yaoundé), 3 **B** (Bruxelles), 4 **M** (Montréal), 5 **G** (Genève), 6 **D** (Dakar)

3 Parlez

Page 37

Activité à deux : en se servant du panneau des départs, l'élève A demande à quelle heure un avion part pour une certaine destination et l'élève B répond. Puis ils inversent les rôles.

Expliquez les deux façons de dire l'heure (par exemple : *il est deux heures / il est quatorze heures*) et dans quels contextes elles sont utilisées. Comparez ces façons de dire l'heure avec les façons de dire l'heure dans la langue d'instruction du lycée. (Faites remarquer que l'expression *zéro heure* se dit uniquement dans le contexte d'horaires.) Posez ensuite des questions orales : *À quelle heure commence l'école ?, À quelle heure commence le cours de français ?, À quelle heure finit l'école /le cours de maths ? etc.*

Pour plus d'entraînement, vous pouvez utiliser une vraie horloge ou une horloge sur un tableau interactif et demander aux élèves de dire l'heure qu'il est de deux façons différentes : il est cinq heures / il est dix-sept heures, etc.

Cahier d'exercices 3/3

Page 8

Cette activité et celle qui suit ont pour but d'aider les élèves à apprendre à dire l'heure en français.

Réponse

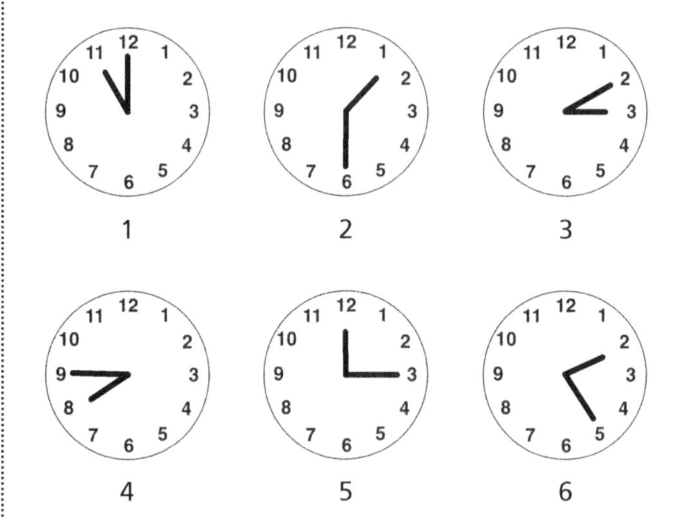

Cahier d'exercices 3/4

Page 9

Réponse

1 Il est quatre heures / seize heures. 2 Il est dix heures quinze / dix heures et quart / vingt-deux heures quinze. 3 Il est neuf heures cinq / vingt et une heures cinq. 4 Il est six heures moins dix / dix-sept heures cinquante. 5 Il est midi vingt / douze heures vingt / zéro heure vingt. 6 Il est huit heures trente / huit heures et demie / vingt heures trente.

Les jeunes reporters arrivent à leur destination. Manon est chez Luc. Luc habite dans une maison, près de Genève.

Familiarisez les élèves avec le vocabulaire de la maison et faites-leur répéter plusieurs fois les mots pour leur apprendre à bien les prononcer. Vous pouvez faire des fiches avec des photos ou des dessins des différentes parties d'une maison et à tour de rôle, présentez-leur une fiche et demandez-leur d'identifier la partie de la maison.

1 Écoutez

Page 38

Les élèves écoutent l'enregistrement en regardant le plan de la maison de Luc. Ils notent les numéros qui correspondent aux parties de la maison dans l'ordre de la visite.

Audio

Luc	Bonjour, Manon. Je me présente : je suis Luc. Ça va ?
Manon	Bonjour, Luc. Oui, ça va, merci.
Luc	Bienvenue chez moi!
Manon	Merci ! Tu habites dans une grande maison !
Luc	Oui ! Viens, on va visiter... Au rez-de-chaussée, il y a le hall d'entrée, la cuisine, la salle à manger, le salon et le bureau. Au premier étage, il y a quatre chambres : la chambre de mes parents, la chambre de ma sœur, ma chambre et la chambre d'amis. Il y a aussi la salle de bains et les WC.
Manon	En effet, c'est grand !
Luc	Et à l'extérieur, il y a le balcon et le jardin. Voilà !
Manon	C'est très beau chez toi !

Réponse

1, 4, 3, 2, 7, 6, 6, 6, 6, 5, 8, 9, 10

2 Recherchez

Page 38

En préparation des activités qui vont suivre, les élèves recherchent dans le dictionnaire les mots pour d'autres parties de la maison ou de l'appartement : *la piscine, la salle de cinéma, le grenier, la cave, la terrasse, la salle de gym, l'ascenseur (m), le couloir,* etc.

3 Écrivez et parlez

Page 38

Les élèves dessinent le plan de leur maison ou de leur appartement (vrai ou imaginaire) et décrivent ce plan à un(e) camarade.

Cahier d'exercices 3/5

Page 9

Cet exercice aidera les élèves à mémoriser l'orthographe du vocabulaire de la maison.

Réponse

1 1 l'entrée, 2 la cuisine, 3 la salle à manger, 4 le salon, 5 la salle de bains, 6 la chambre, 7 le bureau, 8 les toilettes, 9 le balcon, 10 le jardin

2

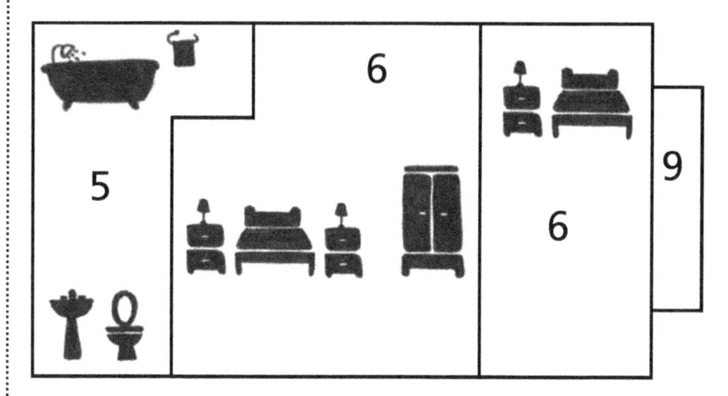

4 Lisez

Page 39

Révisez l'accord et la place des adjectifs (chapitre 2) et demandez aux élèves d'identifier les nouveaux adjectifs dans le texte de Manon. Rappelez-leur de faire bien attention à l'accord des adjectifs, car cela peut les aider à choisir le mot correct pour remplir les blancs.

Réponse

1 maison, 2 vieux / joli, 3 vieux / joli, 4 confortables, 5 rez-de-chaussée, 6 moderne, 7 salon, 8 belle, 9 il y a, 10 grandes, 11 salle de bains, 12 petit

5 Parlez

Page 39

Expliquez la signification de *chez moi* et *chez Luc*. Les élèves disent ensuite à tour de rôle ce qui est semblable ou différent chez eux. Vous pouvez enfin leur demander d'écrire ces phrases.

Des jeunes reporters vont chez Aline et chez Samuel.

1 Lisez

Page 39

Les élèves lisent les notes de Julie et regardent les stimuli visuels à la page 39 pour dire où est Julie.

Réponse

Pointe-à-Pitre

2 Compréhension

Page 39

Cet exercice demande une compréhension plus approfondie du texte ; avant de le commencer, indiquez aux élèves la signification des mots *dans* et *devant*.

Réponse

1 **FAUX** (Aline habite dans un appartement assez vieux.)

2 **FAUX** (Il n'y a pas de garage.)

3 **VRAI**

4 **FAUX** (La cuisine est dans la véranda.)

5 **FAUX** (Il n'y a pas de balcon.)

3 Écrivez

Page 39

En se servant du texte qu'ils viennent de lire comme modèle, de la photo et du plan, les élèves écrivent une description de la maison de Samuel à Montréal.

Réponse possible

Chez Samuel, c'est un appartement assez moderne. À l'extérieur, il y a un petit jardin. Au rez-de-chaussée de l'appartement, il y a une grande entrée, un bureau et un petit garage. Au premier étage, il y a une cuisine très moderne, un grand salon et une salle à manger avec un balcon. Au deuxième étage, il y a deux grandes chambres avec un balcon, une belle salle de bains et des toilettes.

4 Imaginez

Page 39

Les élèves écrivent la description de leur maison de vacances idéale, ou s'ils préfèrent, la maison de leur star préférée ou la maison de leur rêve. Cet exercice leur permet d'utiliser de façon créative le vocabulaire qu'ils viennent d'apprendre.

Les jeunes reporters proposent un questionnaire pour un reportage sur les tâches ménagères.

Familiarisez d'abord les élèves avec le nouveau vocabulaire sur les tâches ménagères et les expressions temporelles *tous les jours, de temps en temps, jamais.*

1 Écoutez

Page 40

Les élèves écoutent l'enregistrement, dans lequel Luc répond au questionnaire sur les tâches ménagères. Ils notent ses réponses en choisissant l'expression temporelle correcte : (A = tous les jours, B = de temps en temps, C = jamais).

Audio

Manon	Alors Luc, qu'est-ce que tu fais pour aider à la maison ?
Luc	Euh... je... euh...
Manon	Est-ce que tu fais la cuisine ?
Luc	Euh oui, je fais la cuisine de temps en temps avec mon frère.
Manon	Et est-ce que tu fais les courses ?
Luc	Oui, je fais les courses de temps en temps avec mon père.
Manon	Tu fais le ménage ?
Luc	Ah non, je ne fais jamais le ménage. Beurk ! Mon père fait le ménage avec ma mère.
Manon	Est-ce que tu fais la lessive ?
Luc	Euh... non... je ne fais jamais la lessive.
Manon	Alors, le repassage, tu fais le repassage ?
Luc	Non, je ne fais jamais le repassage. C'est dangereux !
Manon	Hmm ! Est-ce que tu fais la vaisselle ?
Luc	Ah oui, je fais la vaisselle tous les jours avec ma sœur.
Manon	Et tu ranges ta chambre ?
Luc	Oui, je range ma chambre ... de temps en temps !
Manon	Et tu fais ton lit aussi ?
Luc	Bien sûr, je fais mon lit tous les jours !
Manon	Et finalement, est-ce que tu fais le jardin ?
Luc	Euh... oui, je fais du jardinage de temps en temps pour aider mon père.
Manon	D'accord, eh bien, merci Luc.

Réponse

1 **B**, 2 **B**, 3 **C**, 4 **C**, 5 **C**, 6 **A**, 7 **B**, 8 **A**, 9 **B**

Comme exercice supplémentaire, faites réécouter l'enregistrement et demandez aux élèves de faire la liste des différents membres de la famille de Luc et de dire ce qu'il fait avec chacun d'entre eux.

Réponse

Avec son frère, il fait la cuisine.

Avec son père, il fait les courses et le jardinage.

Avec sa mère, il fait le ménage.

Avec sa sœur, il fait la vaisselle.

2 Écrivez — Page 40

Les élèves répondent au questionnaire par écrit ; vous pouvez aussi leur demander d'indiquer avec qui ils font chaque activité.

 Cahier d'exercices 3/6 — Page 9

Cet exercice permet aux élèves d'écrire des phrases sur les tâches ménagères. La conjugaison du verbe *faire* se trouve à la page 41 du manuel.

Réponse

1 Idriss fait les courses et il fait le ménage.
2 Natacha fait le jardin et elle fait la lessive.
3 Ludo fait la vaisselle et il range sa chambre.
4 Emma fait son lit et elle fait le repassage.

Grammaire en contexte — Page 40

La négation : *ne… jamais*

Révisez *ne* + verbe + *pas* (vu au chapitre 2) et expliquez qu'il y a d'autres expressions négatives comme *ne* + verbe + *jamais.* (Le chapitre 11 couvrira *ne… pas / jamais / rien / plus* et le chapitre 13 couvrira *ne personne / que.*)

3 Parlez — Page 40

Les élèves posent à leur(s) camarade(s) des questions sur les tâches ménagères ; ils notent leurs réponses et leur donnent des points. Ils peuvent ensuite travailler un peu plus le vocabulaire en faisant les activités qui suivent.

Activité à deux ou en groupe : les élèves écrivent sur différentes cartes le nom des tâches ménagères, puis les retournent sur la table. Un élève choisit une carte et mime la tâche indiquée, tandis que les autres essaient de deviner la tâche qu'il fait. Par exemple : *tu fais la vaisselle* ; l'élève qui donne la bonne réponse prend une autre carte et mime à son tour l'activité.

Activité écrite : Les élèves écrivent des phrases sur deux tâches ménagères qu'ils font tous les jours, deux activités qu'ils font de temps en temps et deux activités qu'ils ne font jamais. Ils peuvent aussi écrire des phrases indiquant dans quelle partie de la maison ils font ces tâches ménagères, par exemple : *je fais la vaisselle tous les jours dans la cuisine*.

Grammaire en contexte — Page 40

Les questions

Expliquez que l'une des nombreuses façons de poser des questions en français est d'ajouter *est-ce que* devant une phrase si on s'attend à une réponse oui/non ; ou *qu'est-ce que* si on cherche à obtenir un ou plusieurs renseignements.

Cahier d'exercices 3/7 — Page 10

Dans cet exercice, les élèves révisent le vocabulaire qu'ils viennent d'apprendre et s'entraînent à poser des questions.

Réponse

1 Est-ce que, 2 Qu'est-ce que, 3 Qu'est-ce qu', 4 Est-ce qu', 5 Est-ce que, 6 Qu'est-ce que, 7 Qu'est-ce qu'

Les jeunes reporters Yann et Ali sont au Sénégal. Ils écrivent un e-mail sur la vie quotidienne chez Fatima.

Indiquez aux élèves que le mot *courriel* est aussi utilisé à la place du mot *e-mail*. Les mots *mail* ou *mél* sont utilisés également.

1 Lisez — Page 41

Avant de lire le texte, faites un remue-méninges sur le vocabulaire de la famille et de la maison. Donnez aussi aux élèves la signification des mots nouveaux comme *un village, les enfants, non plus, le marché, dur* ou demandez-leur de chercher ces mots dans le glossaire ou un dictionnaire.

Réponse

1 son père, sa mère, sa sœur, ses frères
2 samedi, dimanche
3 la cuisine, la salle à manger, la chambre, la salle de bains
4 elle range, elle fait le ménage, elle fait la cuisine, elle fait les courses, elle fait la lessive, elle aide au jardin

Les élèves peuvent se mettre à la place de Fatima et réécrire le texte à la première personne du singulier.

2 Écrivez et parlez Page 41

Les élèves écrivent six phrases « vrai / faux » qu'ils passent ensuite à un(e) camarade qui doit corriger les phrases fausses. Cet exercice permet de consolider la compréhension du texte et de pratiquer la construction de phrases basées sur le texte soit oralement soit à l'écrit.

Ils peuvent ensuite discuter dans la langue d'instruction des tâches ménagères qu'ils font chez eux et de celles que Fatima doit faire. Ils peuvent aussi donner en français leur opinion sur ces tâches ménagères, par exemple : *Je fais la cuisine de temps en temps parce que c'est amusant / intéressant, Je ne fais jamais la lessive parce que c'est trop dur, Je fais la vaisselle tous les jours mais c'est ennuyeux.*

Grammaire en contexte Page 41

Le verbe *faire*

Familiarisez les élèves avec la conjugaison du verbe *faire* au présent. Les élèves relèvent les différentes formes du verbe *faire* dans le texte qu'ils viennent de lire. Expliquez-leur que c'est un autre verbe irrégulier souvent utilisé et dont il faut bien apprendre la conjugaison. Pour les aider à mémoriser la conjugaison, vous pouvez faire l'un des jeux suggérés aux pages 183-184 du livre 1 du professeur.

Les jeunes reporters font des recherches sur les tâches ménagères en France.

Les hommes et les tâches ménagères

1 Lisez Page 41

Cet exercice permet aux élèves de travailler la conjugaison du verbe *faire*.

Réponse

1 font, 2 faites, 3 fais, 4 faisons, 5 font, 6 fait, 7 fait

2 Compréhension Page 41

Ces questions permettent de tester la compréhension du texte.

Réponse

1 les femmes, 2 un sur huit, 3 passer l'aspirateur, faire la vaisselle, 4 faire le ménage dans la salle de bains ou les toilettes

Les élèves peuvent ensuite discuter de si c'est la même chose dans leur pays et réécrire le texte en l'adaptant à leur pays. Ils peuvent aussi rechercher dans le dictionnaire les mots pour d'autres tâches ménagères : *laver les carreaux / les vitres, laver la voiture, vider les poubelles*, etc.

3 Écrivez et parlez Page 41

Ce sondage permet aux élèves de mettre en pratique tout ce qu'ils ont appris jusqu'ici dans ce chapitre. Ils peuvent ensuite écrire un résumé des informations qu'ils ont trouvées et tirer des conclusions.

4 Écrivez Page 41

Dans cet exercice, les élèves consolident l'apprentissage du verbe *faire* et le vocabulaire appris en composant un e-mail pour le webinaire, indiquant qui fait quelles tâches ménagères à la maison et en donnant aussi leur opinion.

C'est le 1er janvier, le jour des bonnes résolutions en France !

Il est de coutume en France, le jour de l'an, de prendre de bonnes résolutions pour l'année à venir. Les gens disent généralement qu'ils vont abandonner leurs mauvaises habitudes et adopter une bonne / meilleure attitude. Ce thème va donc permettre aux élèves de pratiquer le futur proche.

1 Écoutez Page 42

Dans cet exercice, les élèves vont réviser les tâches ménagères et les activités de loisirs tout en se familiarisant avec le futur proche. Expliquez-leur qu'ils vont entendre les résolutions que dix personnes ont prises pour la nouvelle année ; dites-leur de recopier le nom des dix activités et de les cocher au fur et à mesure qu'ils les entendent pour trouver plus facilement les trois activités qui ne sont pas mentionnées. Indiquez aussi la signification de *plus souvent* et *moins souvent*.

Audio

1 Je vais faire la vaisselle.
2 Je vais faire du sport tous les jours.
3 Je vais faire le repassage de temps en temps.
4 Je vais faire la cuisine plus souvent.
5 Je vais regarder la télé moins souvent.
6 Je vais jouer aux jeux vidéo moins souvent.
7 Je vais aller sur ma page perso moins souvent.
8 Je vais faire les courses pour aider ma mère.
9 Je vais ranger ma chambre plus souvent.
10 Je vais écouter de la musique plus souvent.

Réponse

Lecture, jardinage, lessive

2 Parlez

Page 42

Le but du jeu *la traversée* est de traverser la grille en une ligne continue non interrompue en indiquant les résolutions pour chaque image. Ce jeu peut se jouer à deux personnes ou en deux équipes. Un élève ou une équipe part de la droite, l'autre part de la gauche. À tour de rôle, chaque élève ou équipe choisit un hexagone et doit dire une phrase correcte se rapportant à l'image dans cet hexagone. Pour avancer dans l'hexagone suivant, cette phrase doit être correcte. À chaque fois, le nouvel hexagone choisi doit toucher le précédent de façon à faire une ligne continue. Découpez aussi dans du papier de couleur des petits pions que les élèves utilisent pour couvrir les hexagones chaque fois qu'ils ont dit une phrase correcte.

Grammaire en contexte

Page 42

Le futur proche : *aller* + infinitif

Demandez aux élèves ce qu'ils ont remarqué sur les formes verbales dans l'enregistrement pour essayer de leur faire deviner la formation du futur proche (ou futur immédiat) ; puis expliquez qu'un verbe au futur proche est toujours précédé du verbe *aller* au présent et qu'à la forme négative, *ne* se place devant le verbe *aller* et *pas* après. Il n'est pas nécessaire à ce stade de leur apprendre la conjugaison à toutes les personnes car les élèves la découvriront au fur et à mesure des exercices.

3 Écrivez et parlez

Page 42

Activité à deux permettant de mettre en pratique le futur proche dans laquelle l'élève B doit deviner les résolutions choisies par l'élève A.

Les élèves A et B écrivent six résolutions, puis ils essaient à tour de rôle de deviner les résolutions de l'autre. Ils inversent ensuite les rôles et notent les résolutions communes. Pour finir, ils présentent ces résolutions communes en utilisant la forme *nous*.

4 Lisez et écrivez

Page 42

Après avoir lu le message sur Twitter, les élèves écrivent leur propre message (ces messages ne doivent pas contenir plus de 140 caractères = lettres + espaces) sur une feuille de papier, puis échangent leurs feuilles et lisent les messages des autres.

Ils peuvent ensuite réécrire leur message dans leur cahier, ainsi que celui des autres élèves, par exemple : *je vais..., Paul, tu vas / il va ..., Marie, tu vas / elle va..., Julie et moi, nous allons..., Jean et Pierre, vous allez / ils vont..., Anita et Julie, vous allez / elles vont...*

Luc décrit sa journée type en Suisse.

1 Écoutez et lisez

Page 43

Les élèves lisent et écoutent l'enregistrement. Ils peuvent ensuite le lire tout haut à tour de rôle. Notez qu'en Suisse les horaires scolaires varient selon les cantons ; ceux du texte sont basés sur une école à Sion dans le canton du Valais.

Audio

Luc Il est 7h00. Je me lève. Je regarde mon portable.

Il est 7h15. Je vais dans la salle de bains. Je fais ma toilette.

Il est 7h30. Je prends mon petit déjeuner.

Il est 7h45. Je vais au lycée en bus.

À 8h05, je vais en cours. J'aime le français et le sport.

À 12h20, je déjeune à la cantine. Après, je joue au tennis.

À 14h00, je retourne en cours.

Il est 17h30. Je rentre à la maison.

Il est 17h50. Je fais mes devoirs.

À 20h00, c'est l'heure du dîner. Je mange dans la cuisine avec ma famille.

À 20h45, je regarde la télé ou je vais sur Internet.

Il est 23h00. Je me couche. Bonne nuit !

Activité à deux : l'élève A dit l'heure qu'il est et l'élève B dit ce que Luc fait à cette heure-là, par exemple : *Il est 7h00. Il se lève / Il regarde son portable*. L'élève B peut aussi répondre comme s'il était Luc : *Je me lève / Je regarde mon portable*.

2 Écrivez

Page 43

Encouragez les élèves à répondre en écrivant des phrases complètes.

Réponse

1 Je me lève à 7h00.
2 Je prends mon petit déjeuner à 7h30.
3 Je vais au lycée à 7h45.
4 Je vais en cours à 8h05.
5 À midi, je vais à la cantine.
6 Je rentre à la maison à 17h30.
7 Je fais mes devoirs à 17h50.
8 Le soir, je mange à 20h00.
9 Le soir, je regarde la télé ou je vais sur Internet.
10 Je me couche à 23h00.

Grammaire en contexte

Page 43

Le verbe *prendre*

Familiarisez les élèves avec la conjugaison du verbe *prendre* au présent. Soulignez que c'est un verbe irrégulier souvent utilisé dont il faut bien connaître la conjugaison. Pour les aider à mémoriser les formes conjuguées du verbe vous pouvez faire l'un des jeux suggérés aux pages 183-184 du livre du professeur.

Vous pouvez leur demander de s'exercer avec d'autres verbes qui se conjuguent comme prendre : *apprendre*, *comprendre*, *surprendre*, *reprendre*. Expliquez-leur que ces verbes se composent d'un préfixe (*ap-*, *com-*, *sur-*, *re-*) + *prendre* et que, s'ils savent conjuguer prendre, ils n'auront aucun problème à conjuguer ces autres verbes.

3 Parlez

Page 43

Activité à deux : l'élève A pose les mêmes questions à l'élève B et ils inversent ensuite les rôles.

Sophie fait un reportage sur la vie de Rosine, au Cameroun.

La vie quotidienne de Rosine

1 Compréhension

Page 44

Avant de répondre aux questions, les élèves lisent le texte et cherchent dans le glossaire ou le dictionnaire les mots qu'ils ne connaissent pas ou dont ils ont oublié le sens. Vous pouvez aussi leur demander de relever les connecteurs logiques : *d'abord, ensuite, après, finalement*.

Réponse

1 D'abord, elle fait le ménage.
2 Elle fait sa toilette.
3 Elle se repose.
4 Elle fait la cuisine avec sa mère.
5 Elle se couche.

2 Lisez et parlez

Page 44

Activités à deux :

1 L'élève A dit une heure et l'élève B dit ce que fait Rosine à cette heure-là sans regarder le texte. Deux points peuvent être attribués si l'élève donne la bonne réponse à la première tentative, un point si l'élève donne la bonne réponse à la deuxième tentative.
2 L'élève A dit des phrases fausses sur Rosine et l'élève B doit les corriger, par exemple : *Rosine se lève à 6h00 du matin – Non, elle se lève à 5h30.*

Vous pouvez aussi demander aux élèves de réécrire le texte à la première personne du pluriel – *nous* (pour Rosine et ses sœurs) – et à la troisième personne du pluriel – *elles* (pour les sœurs de Rosine).

Grammaire en contexte

Page 44

Les verbes pronominaux

Expliquez la conjugaison au présent des verbes pronominaux et la forme négative de ces verbes. Signalez l'importance du second pronom car si celui-ci manque, le verbe pourra avoir un autre sens. Pour les aider à comprendre et à mémoriser la conjugaison, vous pouvez ensuite leur demander de conjuguer d'autres verbes pronominaux comme *se laver, se lever, s'habiller*.

3 Parlez

Page 44

Les élèves comparent la journée de Luc et celle de Rosine.

Réponse possible

Luc fait sa toilette à 7h15 et Rosine à 6h20.

Luc va au lycée en bus. Rosine va à l'école à pied.

Luc va en cours à 8h05 et Rosine à 7h20.

Luc déjeune à 12h20 et retourne en cours à 14h00. Rosine déjeune à 12h et retourne en cours à 12h30.

Luc rentre à la maison à 17h30. Rosine quitte l'école à 15h30 et arrive à la maison à 16h30.

Luc fait ses devoirs à 17h50 et Rosine à 20h00.

Luc dîne à 20h00 et Rosine à 19h00.

Le soir, Luc regarde la télé ou va sur Internet et Rosine fait ses devoirs.

Luc se couche à 23h00 et Rosine à 21h30.

Ensuite, les élèves comparent leur journée avec celle de Rosine ou celle de Luc. Encouragez les élèves à utiliser également la forme négative, par exemple : *Rosine fait la cuisine mais moi je ne fais pas la cuisine*.

4 Écrivez

Page 44

Les élèves mettent en pratique tout ce qu'ils ont appris en écrivant un compte-rendu de leur journée type.

Cahier d'exercices 3/8

Page 10

Cet exercice permet aux élèves de travailler davantage le futur proche.

Réponse

1 Je vais me lever à 10 heures.

2 Je vais prendre mon petit déjeuner.

3 Mes parents vont prendre le métro pour aller au bureau.

4 Je vais faire mes devoirs dans ma chambre.

5 L'après-midi, mon frère va faire les courses.

6 Le soir, nous allons regarder un film à la télé.

7 On va se coucher à 23 heures.

Pour le dernier webinaire, Manon prépare une fiche-info : une journée à Paris.

1 Lisez et recherchez

Page 45

Après avoir lu le texte, les élèves recherchent les mots nouveaux dans le glossaire ou un dictionnaire (*lycéens, ouvriers, employés, magasins, élèves, pause-déjeuner, sandwich, fermer*). Le texte introduit, dans ce contexte de la vie quotidienne à Paris, le concept du pronom personnel *on* utilisé dans le sens des « gens en général ».

2 Lisez

Page 45

Les élèves utilisent les verbes dans l'encadré pour compléter les phrases incomplètes du texte. Cet exercice permet aux élèves de revoir les différentes formes verbales apprises jusqu'ici.

Réponse

1 se lève, 2 prend, 3 vont, 4 vont, 5 font, 6 prennent, 7 font, 8 regarde, 9 va, 10 se couche

Grammaire en contexte

Page 45

Le pronom *on*

Expliquez que la forme verbale après le pronom *on* est toujours à la troisième personne du singulier même s'il remplace un nom pluriel et que ce pronom peut quelquefois signifier comme ici *des gens, les gens en général* ; il peut également signifier *nous* et les élèves en verront des exemples dans le chapitre suivant, à la page 49, par exemple.

3 Lisez

Page 45

Demandez aux élèves de trouver ce pronom dans la fiche-info qu'ils viennent de compléter.

Réponse

on se lève, on prend, on regarde, on va, on se couche

4 Écrivez

Page 45

Après avoir lu la fiche-info, les élèves recopient et remplissent la grille. Cet exercice leur permet d'utiliser *on* et le vocabulaire couvert dans ce chapitre, de réviser l'heure et de comparer leur vie quotidienne à la vie quotidienne à Paris, afin de préparer ainsi l'activité suivante.

Réponse

		à Paris	dans mon pays
1	On se lève à quelle heure?	6h30–8h00	
2	On va en cours à quelle heure ?	8h00	
3	À quelle heure est-ce que les employés arrivent dans les magasins et les bureaux ?	8h30–9h30	
4	On fait une pause-déjeuner à quelle heure ?	12h00–14h00	
5	Les magasins ferment à quelle heure ?	19h00	
6	Le soir, on mange à quelle heure ?	20h00	

5 Écrivez

Page 45

Les élèves écrivent une comparaison entre la vie quotidienne à Paris et la leur et peuvent la présenter ensuite au reste de la classe.

Vous pouvez également leur demander de discuter dans la langue d'instruction les raisons de ces différences, ou ce qui les étonne chez les Parisiens et ce qui surprendrait les Parisiens s'ils venaient vivre dans leur pays.

Prononciation

Page 45

Expliquez que la terminaison *-ent* ne se prononce pas dans le cas des verbes conjugués à la troisième personne du pluriel.

Révisions

Lisa a 18 ans. Elle est québécoise et elle est fille au pair en France, chez les Dumas.

Expliquez aux élèves ce qu'est une personne au pair.

1 Lisez

Page 46

Les élèves regardent l'image, étudient l'emploi du temps et disent quelles phrases sont vraies.

Réponse

VRAI : 3, 4, 5

2 Écrivez

Page 46

Les élèves écrivent les réponses aux questions, en formant des phrases complètes.

Réponse

1 Non, elle fait la cuisine le mercredi.

2 Elle se couche à 23h30.

3 Elle se lève à 8h00. Elle prend son petit déjeuner. À 9h00, elle va à l'école avec Arthur / emmène Arthur à l'école. À 10h00, elle va à un cours de français. À 13h00, elle déjeune. À 14h00, elle fait le ménage. À 17h00, elle va chercher Arthur à l'école. À 18h00, elle aide Arthur à faire ses devoirs. À 19h00, elle dîne avec la famille. A 20 h00, elle regarde la télé ou elle va sur Internet. À 23h30, elle se couche.

4 Mercredi, elle va se lever à 8h00. Elle va prendre son petit déjeuner. À 9h00, elle va aller à la piscine avec Arthur. À 11h00, elle va aider Arthur à faire ses devoirs. À 13h00, elle va faire la cuisine et déjeuner avec Arthur. À 14h00, elle va aller au parc avec Arthur. À 16h00, elle va faire les courses avec M. Dumas. À 19h00, elle va dîner avec la famille. À 20h00, elle va regarder la télé, lire ou aller sur Internet. Elle va se coucher à 23h30.

5 Lisa est libre le samedi matin et le samedi après-midi. Elle est libre le dimanche.

6 M. Dumas fait les courses avec Lisa.

L'emploi du temps de Lisa peut aussi être utilisé pour faire des activités orales. Pour encourager les élèves à faire des phrases, ils peuvent se mettre à la place de Lisa et dire à tour de rôle ce qu'elle fait chaque jour, par exemple : *Le lundi, je me lève à 8h00, puis je prends mon petit déjeuner.* Pour samedi et dimanche, ils peuvent imaginer ce qu'elle fait pendant son temps libre. Ils peuvent aussi imaginer ce que Lisa aime et n'aime pas faire et pourquoi, par exemple : *J'aime le cours de français parce que c'est intéressant* ou *Je n'aime pas faire la lessive parce que c'est dur.*

Autre activité à deux : l'élève A dit une phrase sur Lisa et l'élève B doit dire si c'est vrai ou faux. Si c'est faux il doit corriger la phrase, par exemple : *Le lundi, à midi, Lisa prend son déjeuner. Faux, le lundi, à midi, Lisa a un cours de français.*

3 Écrivez

Page 46

Les élèves imaginent qu'ils sont Lisa et écrivent une réponse à l'e-mail de sa mère.

Encouragez-les à utiliser le plus possible tout ce qu'ils ont appris dans ce chapitre, y compris les activités quotidiennes en semaine et le week-end, l'heure à laquelle ils les font ainsi que leurs opinions sur chacune de ces activités.

4 Bon appétit !

Thèmes et sujets	**Individu et société** Achats, Aliments et boissons **Environnements urbains et ruraux** Ville et services
Points lexicaux	Les repas Les courses Les commerces et le marché Au restaurant Les recettes de cuisine Les traditions culinaires Les nombres 70–1 000
Points grammaticaux	L'article partitif : *du*, *de la*, *de l'*, *des* Le passé composé avec *avoir* Le passé composé et la négation Les participes passés irréguliers La préposition *à* + l'article défini
Textes	**Réceptifs** Liste d'ingrédients, publicités, promotions, conversations au marché et au restaurant, menu, petites annonces **Productifs** Liste de courses et d'ingrédients, menu, conversations dans un commerce et dans un restaurant
Coin IB	**Théorie de la connaissance** • L'évolution des langues – pour ou contre ? • La restauration rapide – un bien ou un mal ? **Travail écrit** • Comparer les habitudes alimentaires ou les commerces d'un pays francophone avec ceux du pays de l'élève **CAS** • Organiser une Semaine du Goût au lycée et la création d'affiches pour cet événement **Examen oral individuel** • Répondre à des questions sur ses habitudes alimentaires • Décrire un repas de fête ou une scène dans un magasin ou un restaurant **Épreuve de rédaction** • Écrire un menu ou une publicité pour un restaurant ou une offre spéciale dans un magasin

Ce chapitre a trait aux thèmes *Individu et société* et *Environnements urbains et ruraux* et couvre le vocabulaire sur les repas ainsi que les courses. Les élèves apprendront à exprimer leurs goûts alimentaires ainsi que le langage transactionnel pour faire des courses ou commander un repas au restaurant.

Pour la moitié du chapitre, le langage est présenté dans le contexte de la Semaine du Goût, une initiative du journaliste gastronomique Jean-Luc Petitrenaud qui a pour but de promouvoir l'éducation du goût et l'expertise des chefs tout en valorisant le patrimoine alimentaire français. Cet événement, qui a vu le jour en 1990, a lieu chaque année en octobre. Durant cette semaine-là, il y a des leçons de goût dans les écoles, des ateliers de goût dans les villes et des tables de goût dans les restaurants.

Vous pouvez demander aux élèves de faire des recherches sur Internet pour voir si cet événement existe dans d'autres pays ou d'aller sur Facebook où il y a un site consacré à La Semaine du Goût.

Le chapitre introduit aussi des points grammaticaux importants, tels que l'article partitif, le passé composé avec *avoir*, et les formes contractées de l'article défini après la préposition *à*. Il présente également le connecteur logique *parce que* (voir chapitre 7), que les élèves vont trouver essentiel pour justifier leurs choix et leurs opinions.

1 Mise en route

Page 47

Les élèves regardent l'image, disent de quoi il s'agit, et discutent ensuite dans la langue d'instruction du lycée ce que cette image représente et ce qu'est la Semaine du Goût.

Réponse

C une affiche

2 Recherchez

Page 47

Les élèves identifient les aliments sur l'affiche et cherchent les mots dans le dictionnaire ou le glossaire. Demandez-leur aussi de noter le genre de chaque mot. Ils disent ensuite si on mange cet aliment dans leur pays.

Réponse

ananas (m), champignon (m), prune (f), biscuit (m), poire (f), pomme (f), abricot (m), pain (m), fromage (m), pâtes (f), myrtille (f), viande (f), poisson (m), crabe (m), moule (f), poivron (m), tomate (f), brocoli (m)

Quand les élèves auront trouvé tous les noms des aliments sur l'affiche, faites-leur répéter ces mots après vous pour qu'ils acquièrent la bonne prononciation. Ils peuvent ensuite travailler à deux. L'élève A choisit un aliment dont il donne la première lettre et l'élève B trouve le nom de l'aliment. Par exemple, l'élève A dit : *La première lettre est P.* L'élève B répond : *C'est la pomme ?*

Pour permettre aux élèves de réviser également les couleurs, l'élève A choisit un aliment dont il dit la couleur et l'élève B dit le nom de cet aliment. Par exemple, l'élève A dit : *C'est vert.* L'élève B répond : *C'est la pomme ?* L'élève A rétorque : *Non.* L'élève B essaie une autre réponse : *C'est les brocolis ?*

Pour aller plus loin, les élèves pourraient chercher dans le dictionnaire le nom de cinq autres aliments qui ne figurent pas sur l'affiche et qu'ils y ajouteraient si cet événement avait lieu dans leur lycée. Ils partagent ensuite leur liste avec les élèves de la classe.

Pendant la Semaine du Goût, on discute des aliments qu'on aime manger.

Aidez les élèves à comprendre le sens des mots dans l'encadré *Vocabulaire* en leur donnant des indices (par exemple : *le riz c'est blanc, la salade c'est vert*), puis en leur demandant de chercher dans le dictionnaire ou le glossaire le sens de ceux qu'ils n'ont pas devinés.

1 Lisez

Page 48

Lisez les textes aux élèves, qui essaient de deviner le sens des mots *dessert, spécialité, délicieux, beurk, frites, pâtes, spaghetti.* Les élèves font correspondre les aliments mentionnés dans les textes aux images. Ils peuvent aussi noter les aliments mentionnés qui ne sont pas illustrés dans les photos. Ils peuvent ensuite faire une deuxième lecture du texte à voix haute pour consolider leur prononciation.

Réponse

Sam : **F**, **G**, **B**, **C**, **I**, Malika : **A**, **D**, **F**, Hugo : **E**

2 Compréhension

Page 48

Cet exercice facilite la compréhension des bulles et introduit les expressions *j'aime, j'adore, je n'aime pas, je déteste*.

Réponse

1 **FAUX** (Il aime les légumes mais il n'aime pas les fruits.)

2 **VRAI**

3 **FAUX** (Elle aime le poulet et la viande)

4 **FAUX** (Il déteste le poisson)

5 **FAUX** (Il aime les gâteaux)

Voir les Fiches d'activités supplémentaires Chapitre 4, page 48

Pour exploiter le texte un peu plus, vous pouvez poser d'autres questions, par exemple :

1 Qui aime les hamburgers ? (Sam)

2 Qui n'aime pas les hamburgers ? (Malika)

3 Qui aime la viande ? (Malika)

4 Qui n'aime pas le poisson ? (Hugo)

5 Qui n'aime pas les fruits ? (Sam)

6 Quelle est la spécialité belge ? (les moules-frites)

7 Quelle est la spécialité algérienne ? (le couscous)

8 Est-ce que tu aimes le couscous ? (réponse personnelle)

9 Est-ce que tu aimes les hamburgers ? (réponse personnelle)

10 Est-ce que tu aimes les frites ? (réponse personnelle)

Les élèves peuvent aussi écrire chacun cinq phrases sur les textes (différentes de celles de l'exercice) qu'ils échangent avec leur partenaire qui doit indiquer si ces phrases sont vraies ou fausses.

3 Recherchez

Page 48

Le but de cet exercice est d'élargir le vocabulaire des élèves et de les encourager à devenir autonomes dans leur apprentissage de la langue.

Les élèves ont trois minutes pour trouver d'autres noms d'aliments. Ils peuvent utiliser le dictionnaire pour cette activité.

4 Écrivez et parlez

Page 48

Après avoir appris des noms d'aliments, les élèves vont les utiliser pour exprimer leurs goûts et leurs préférences. Les élèves recopient d'abord les noms d'aliments dans deux colonnes, les aliments qu'ils aiment et ce qu'ils n'aiment pas ; puis ils discutent de leurs goûts avec leur partenaire.

Pour consolider l'apprentissage des noms d'aliments figurant aux pages 47 et 48, ils peuvent les classer dans différentes catégories, par exemple : fruits / légumes / viandes, ou les aliments qu'ils aiment et les aliments qu'ils n'aiment pas. Ils peuvent travailler à deux : l'élève A dessine un aliment et l'élève B donne le nom de l'aliment ; ou vous pouvez leur montrer des images d'aliments et ils doivent former une phrase orale ou écrite pour dire s'ils aiment ou s'ils n'aiment pas cet aliment. Par exemple, si l'image représente des moules, ils doivent dire ou écrire *j'aime les moules / je n'aime pas les moules.*

Ils peuvent aussi faire une liste des aliments qu'ils ont appris et ensuite circuler dans la classe pour demander à leurs camarades quels aliments ils aiment (par exemple : *Tu aimes les pommes ?*) ; ils cochent le nom sur la liste chaque fois que la réponse est affirmative et établissent ainsi quels aliments sont les plus populaires dans la classe.

Prononciation

Page 48

Expliquez que le *-s* à la fin d'un mot ne se prononce pas, sauf si le mot qui suit commence par une voyelle. Il faut alors faire ce qu'on appelle la liaison et dans ce cas, le *-s* se prononce comme un *-z*. Par exemple, dans *les oranges* le *-s* à la fin de *les* se prononce comme un *-z*, mais celui à fin de *oranges* ne se prononce pas. D'autres exemples : *des abricots, des épinards, des œufs.*

Demandez aux élèves de souligner dans leur liste d'aliments tous ceux qui commencent par une voyelle et pour lesquels cette règle s'appliquera.

Cahier d'exercices 4/1

Page 11

Cet exercice a pour but de consolider l'apprentissage du vocabulaire que les élèves viennent d'apprendre.

Réponse

H	A	M	B	U	R	G	E	R
F	S	J	E	P	D	Â	É	V
R	A	T	E	O	S	T	T	I
U	L	É	G	U	M	E	S	A
I	A	E	L	L	E	A	S	N
T	D	É	P	E	I	U	N	D
S	E	A	R	T	R	I	Z	E
M	O	U	L	E	S	D	S	!

Le message d'Alex est : *Je déteste les épinards* !

Re : Qu'est-ce que tu manges normalement, au dîner ?

5 Lisez

Page 49

Lisez une première fois les trois messages aux élèves, qui essaient d'associer chacun des messages à l'image correspondante. Lors d'une deuxième lecture, ils déduisent d'après le contexte et les images les mots qu'ils ne connaissent pas, comme, par exemple : *normalement, dîner, pommes de terre, pain, eau, déjeuner, jamais, soda, sauce, omelette, lait, petit déjeuner*, puis ils cherchent dans le glossaire ou le dictionnaire le sens des mots qu'ils n'ont pas trouvés.

Réponse

Sam : **C**, Claire : **A**, Aziz : **B**

Pour plus de pratique, vous pouvez demander aux élèves de décrire en détail le contenu de chaque assiette sur les images ainsi que le contenu de leur assiette au déjeuner et au dîner.

À deux, ils peuvent aussi faire l'activité suivante : l'élève A décrit une assiette sur l'image en ajoutant une ou deux choses qui n'y figurent pas et l'élève B doit écouter attentivement pour trouver le ou les intrus. Par exemple, l'élève A dit : *Sur l'assiette de Claire, il y a du poisson, des œufs, du riz et des frites* et l'élève B répond : *Les intrus sont les œufs et le riz* ou *Il n'y a pas de riz et d'œufs.*

Grammaire en contexte

Page 49

L'article partitif *du, de la, des*

Expliquez que, dans ce contexte, l'article défini est utilisé dans un sens général, par exemple : *j'aime le pain* ; tandis que l'article partitif est utilisé pour indiquer une partie de l'ensemble et se place devant des noms de choses qu'on ne peut pas compter, par exemple : *Pour le petit déjeuner, je mange du pain avec du beurre.*

Expliquez aussi qu'après un verbe à la forme négative, on utilise *de / d'* et pas l'article partitif entier *du / de la / de l' /des*.

Demandez ensuite aux élèves de relever tous les articles partitifs dans les textes ainsi que les phrases négatives. Posez des questions sur le texte auxquelles les élèves devront répondre de façon négative. Par exemple :

1. Est-ce que Sam boit du soda au dîner ? (Non, il ne boit pas de soda ; il boit de l'eau.)
2. Est-ce que Sam mange des frites tous les jours ? (Non, il ne mange pas de frites tous les jours ; il mange du pain.)
3. Est-ce que Claire mange du poulet avec du riz ? (Non, elle ne mange pas de poulet avec du riz, elle mange du poulet avec des frites.)
4. Est-ce que Claire boit normalement du lait ? (Non, normalement, elle ne boit pas de lait ; elle boit du soda.)
5. Est-ce qu'Aziz mange des frites le soir ? (Non, il ne mange pas de frites le soir ; il mange du riz.)
6. Est-ce qu'Aziz boit de l'eau le matin ? (Non, il ne boit pas d'eau le matin ; il boit du lait.)

Cahier d'exercices 4/2

Page 11

Cet exercice permet aux élèves de travailler les articles partitifs.

Réponse

du pain, du lait, de la viande, du poisson, des pommes de terre, des légumes, de l'eau, du riz, de la salade, du soda.

Cahier d'exercices 4/3

Page 11

Cet exercice permet aux élèves d'utiliser les articles partitifs dans des phrases négatives.

Réponse

1. Non, je ne mange pas de légumes.
2. Non, elle ne boit pas d'eau.
3. Non, nous ne mangeons pas de viande.
4. Non, je ne mange pas de riz tous les jours.
5. Non, on ne fait pas de frites.

6 Lisez et écrivez

Page 49

Cet exercice aide les élèves à consolider le vocabulaire sur les boissons et les aliments qu'ils viennent d'apprendre. Les élèves peuvent ensuite noter ces mots dans leur carnet de vocabulaire ou sur un fichier électronique. Rappelez-leur qu'il est aussi important d'apprendre le genre des noms. Demandez-leur d'identifier les noms de repas mentionnés dans les textes et qui paraissent aussi dans l'encadré *Vocabulaire* au bas de la page (le petit déjeuner, le déjeuner, le dîner).

Réponse

Aliments (m) : viande (f), pommes de terre (f), légumes verts (m), pain (m), poisson (m), poulet (m), frites (f), riz (m), légumes (m), sauce (f), œufs (m)

Boissons (f) : eau (f), soda (m), lait (m)

Endroits dans la maison (f) : salle à manger (f), cuisine (f), véranda (f)

7 Écoutez

Page 49

Cet exercice donne la description de la quatrième photo (D) sous forme d'exercice audio, et permet de vérifier si les élèves ont mémorisé le vocabulaire qu'ils viennent d'apprendre.

Audio

Marion	Ali, qu'est-ce que tu bois le soir, au dîner ?
Ali	Normalement, le soir au dîner, je bois de l'eau ou du lait.
Marion	Qu'est-ce que tu manges ?
Ali	Je mange de la salade avec du poisson. Je ne mange jamais de viande. Et toi ? Qu'est-ce que tu manges, Marion ?
Marion	Je mange souvent un hamburger ou une omelette avec de la salade.
Ali	Qu'est-ce que tu bois ?
Marion	Je bois du lait tous les jours.

Réponse

Marion

Des questions orales consolideront le vocabulaire nouveau ainsi que les deux formes interrogatives (*Qu'est-ce que… ?*, *Est-ce que…* ?) apprises au chapitre précédent. Par exemple :

- Qu'est-ce qu'Ali boit le soir ? (Il boit de l'eau ou du lait.)
- Est-ce qu'Ali boit un soda au dîner ? (Non, il ne boit pas de soda ; il boit du lait ou de l'eau.)
- Qu'est-ce qu'Ali mange le soir ? (Il mange de la salade avec du poisson.)
- Est-ce qu'Ali mange de la viande au dîner ? (Non, il ne mange jamais de viande.)
- Qu'est-ce que Marion mange le soir ? (Elle mange un hamburger ou une omelette avec de la salade.)
- Est-ce que Marion mange du poisson au dîner ? (Non, elle ne mange pas de poisson ; elle mange un hamburger ou une omelette avec de la salade.)
- Qu'est-ce que Marion boit le soir ? (Elle boit du lait.)
- Est-ce que Marion boit de l'eau au dîner ? (Non, elle ne boit pas d'eau ; elle boit du lait)
- Quel légume est-ce que Marion et Ali mangent ? (Ils mangent de la salade.)
- Quelle boisson est-ce que Marion et Ali boivent ? (Ils boivent du lait.)

Vous pouvez demander aux élèves d'écrire de mémoire une phrase sur Ali et une phrase sur Marion, par exemple : *Le soir au dîner, Ali mange de la salade avec du poisson. Marion boit du lait tous les jours.* Demandez-leur aussi de deviner ce qu'Ali et Marion mangent et boivent pour le déjeuner.

8 Parlez

Page 49

Activité à deux : les élèves mettent en pratique le vocabulaire qu'ils ont appris en interviewant leur partenaire sur ce qu'il/elle mange aux différents repas de la journée. Demandez-leur de prendre des notes et, après l'interview, d'écrire quelques phrases sur les habitudes alimentaires de leur partenaire qu'ils peuvent ensuite lire à la classe.

Cahier d'exercices 4/4

Page 12

Cet exercice, qui demande une réponse personnelle, encourage les élèves à écrire des phrases en utilisant tout le vocabulaire qu'ils viennent d'apprendre. Demandez-leur d'exprimer aussi quelques opinions et d'utiliser des indicateurs temporels (par exemple : *tous les jours, le soir, le matin*.).

La Semaine du Goût, c'est pour apprendre à manger et à boire équilibré.

1 Mise en route

Page 50

Avant de faire cet exercice, les élèves essaient d'identifier les aliments sur les images et cherchent dans le dictionnaire ou le glossaire les mots qu'ils ne connaissent pas. Demandez-leur quels aliments de l'image ils mangent ou ne mangent pas, de dire ou écrire une liste des aliments qu'ils consomment à chaque repas.

2 Écoutez et lisez

Page 50

Cet exercice permet d'élargir le vocabulaire des élèves et de les familiariser avec le passé composé. Ils écoutent et lisent les deux interviews. Comme ils ont appris le mot *hier* au chapitre 3, après avoir relevé toutes les formes verbales, ils devraient pouvoir deviner à quel temps sont ces verbes et déduire la formation de ce temps.

Audio

Interviewer	Mathieu, qu'est-ce que tu as mangé hier ?
Mathieu	Hier, au petit déjeuner, j'ai mangé du pain avec de la confiture et j'ai bu un café noir. À midi, j'ai acheté un sandwich au fromage. Après, j'ai mangé une glace et j'ai bu un coca. L'après-midi, au goûter, j'ai mangé un gâteau et j'ai bu un jus de fruits. Le soir, j'ai mangé de la viande avec des légumes, un gâteau au chocolat et j'ai bu de la limonade.

Audio

Interviewer	Samia, qu'est-ce que tu as mangé hier ?
Samia	Hier, au petit déjeuner, j'ai mangé des céréales et une banane dans du yaourt et j'ai bu du lait. À midi, à la cantine, j'ai choisi une salade de légumes avec du pain et une pomme. J'ai bu de l'eau. Pour le goûter, j'ai acheté un makroud (un gâteau tunisien) et j'ai bu du thé. Le soir, au dîner, j'ai mangé un tagine de poisson : c'est du poisson avec des légumes et des pommes de terre. J'ai mangé une glace et j'ai bu de l'eau.

Le makroud est une pâtisserie tunisienne aux dattes (les ingrédients sont : de la semoule de blé, de la farine, du beurre, de l'eau, de l'eau de fleur d'oranger, des dattes et de la cannelle).

Le tagine, qui s'écrit aussi *tajine*, est un plat traditionnel du Maghreb et désigne également le plat creux en terre cuite surmonté d'un couvercle en forme de cône utilisé pour cuire ce plat. *Le tagine* est une sorte de ragoût cuit à l'étouffée, qui se compose d'un mélange de viande, de volaille ou de poisson, de légumes ou de fruits et d'épices.

Grammaire en contexte Page 50

Le passé composé avec *avoir*

Lorsque les élèves ont relevé toutes les formes verbales dans les deux interviews, faites-leur remarquer qu'elles se composent de deux éléments : le verbe *avoir* conjugué au présent (et qu'on appelle « auxiliaire » ici parce qu'il est utilisé pour former un autre temps) et le participe passé du verbe, qui pour les verbes en *-er* se termine en *-é*. Expliquez que le verbe *boire* est un verbe irrégulier et que son participe passé est *bu*.

Expliquez ensuite la formation du passé composé pour les autres verbes réguliers et que le participe passé du verbe se forme en remplaçant la terminaison de l'infinitif (forme non conjuguée du verbe qui est donnée dans le dictionnaire) par la terminaison appropriée du participe passé (*-é* pour les verbes en *-er*, *-i* pour les verbes en *-ir* et *-u* pour les verbes en *-re*). Le passé composé est utilisé pour exprimer une action qui s'est passée dans le passé (*hier, hier soir, hier matin*...).

Vous pouvez demander aux élèves de conjuguer d'autres verbes au passé composé (par exemple : *aimer, regarder, finir, attendre*). Vous pouvez aussi leur donner une phrase courte au présent et leur demander de la répéter en mettant le verbe au passé composé (par exemple : *Vous mangez du pain → Vous avez mangé du pain ; Il habite en France → Il a habité en France*).

3 Lisez et parlez Page 51

Donnez aux élèves le sens des mots *plus* et *le / la / les plus*. Le comparatif et le superlatif seront couverts en détail dans les chapitres 6 et 8. Après avoir relu le texte, les élèves comparent les repas de Mathieu et Samia.

4 Écrivez Page 50

Les élèves écrivent ce qu'ils ont mangé hier à chaque repas. Demandez-leur d'indiquer aussi l'heure à laquelle ils ont pris leurs repas. Cet exercice permet aux élèves de travailler par écrit le passé composé et le vocabulaire de la nourriture et des boissons.

5 Parlez Page 50

Cet exercice permet de consolider le travail que les élèves viennent de faire à l'écrit.

Activité à deux : l'élève A pose des questions sur ce que l'élève B a mangé et l'élève B répond, puis ils inversent les rôles.

Cahier d'exercices 4/5 Page 12

1. Cet exercice permet aux élèves de continuer à travailler le passé composé. Ils doivent associer chaque sujet à la forme correcte du verbe ; expliquez-leur que la forme verbale pour *Pierre et Céline* est la troisième personne du pluriel, pour *Lisa et toi*, la deuxième personne du pluriel, pour *mon frère*, la troisième personne du singulier et pour *Léa et moi*, la première personne du pluriel.
2. Les élèves peuvent ensuite écrire d'autres phrases du même type.

Pendant la Semaine du Goût, on découvre des aliments insolites.

Grammaire en contexte Page 51

Le passé composé et la négation

Expliquez aux élèves qu'au passé composé, on met *ne / n'* devant l'auxiliaire et *pas / jamais* après l'auxiliaire pour la forme négative.

Pour mettre cette nouvelle règle en pratique, vous pouvez leur demander à tour de rôle de redire à la forme négative la phrase que vous leur dites à forme affirmative, par exemple : *J'ai mangé du pain au petit déjeuner → Je n'ai pas mangé de pain au petit déjeuner* ou vous pouvez leur poser des questions et leur demander de répondre à la forme négative. Par exemple : *Tu as mangé du pain au petit déjeuner ? → Non, je n'ai pas mangé de pain au petit déjeuner.* Rappelez-leur aussi que l'article partitif devient *de /d'* après un verbe à la forme négative.

1 Parlez
Page 51

Les élèves répètent après vous le nom des aliments sur les images pour acquérir la bonne prononciation. Puis ils mettent en pratique ce vocabulaire nouveau et la forme négative du passé composé en travaillant à deux.

2 Écoutez et lisez
Page 51

Faites d'abord écouter tout l'enregistrement pour une compréhension globale de la conversation. Puis à la seconde écoute, pausez l'enregistrement après chaque réponse pour donner le temps aux élèves de choisir la bonne réponse.

Audio

Julien	Tu as déjà mangé du lapin, Alex ?
Alex	Oui, j'ai déjà mangé du lapin.
Julien	Et des escargots ?
Alex	Oui, j'ai mangé des escargots au restaurant.
Julien	Tu as mangé des insectes ?
Alex	Oui, j'ai déjà goûté des insectes. J'ai bien aimé !
Julien	Tu as mangé de l'autruche ?
Alex	Je n'ai jamais mangé d'autruche mais pourquoi pas ?
Julien	Tu as mangé de la langouste ?
Alex	Ah oui ! J'ai déjà goûté de la langouste et c'est délicieux.
Julien	Et pour finir, tu as déjà bu du sirop d'ortie ?
Alex	Oui, j'ai goûté du sirop d'ortie mais je n'ai pas aimé.

Réponse

1 **A**, 2, **B**, 3 **B**, 4 **A**, 5 **A**, 6 **B**
Il aime bien les aliments insolites, sauf le sirop d'ortie.

3 Parlez
Page 51

Activité à deux : en utilisant les noms des images, les élèves se posent des questions pour deviner ce que leur partenaire a mangé comme aliments insolites. Cet exercice permet de travailler oralement le passé composé à la forme affirmative, interrogative et négative.

4 Recherchez et parlez
Page 51

Pour aller plus loin, les élèves cherchent dans le dictionnaire d'autres aliments insolites ou des aliments qu'on mange dans d'autres cultures et pas dans la leur, puis ils continuent leur interrogatoire avec ces autres mots. Encouragez-les à donner aussi une opinion, par exemple : *j'ai aimé, c'est délicieux, c'est dégoûtant…*

Point info
Page 51

Les élèves peuvent ensuite avoir une discussion dans la langue d'instruction du lycée sur les stéréotypes alimentaires : par exemple, on dit que les Français mangent des escargots et des cuisses de grenouille, ce qui n'est pas vraiment le cas dans la vie de tous les jours. Ils peuvent aussi discuter des différences alimentaires culturelles : par exemple, on mange des insectes dans certains pays et pas d'autres.

Pendant la Semaine du Goût, il y a des concours de spécialités locales. Des jeunes Français ont préparé une spécialité de leur région.

1 Lisez
Page 52

Gwen et Estebe présentent leurs spécialités de Bretagne et du pays Basque. Ce texte permet aux élèves d'enrichir leur vocabulaire et d'apprendre le passé composé de *faire* et *mettre*. Après avoir lu le texte à voix haute, ils font correspondre les photos aux personnes dans le texte et cherchent dans le glossaire ou le dictionnaire les mots qu'ils ne connaissent pas. (Expliquez que l'adjectif *basquaise* s'écrit toujours à la forme féminine avec un *-e* à la fin ; il existe aussi l'adjectif *basque* mais *basquaise* s'utilise dans le contexte culinaire.) Demandez-leur aussi de relever les verbes au passé composé.

Réponse

1 Gwen **D**, Estebe **A**

2 Lisez

Page 52

Maintenant, Elsa et Enzo présentent oralement des spécialités d'Alsace Lorraine et de Provence. Avant de faire l'exercice, vous pourriez faire une révision du vocabulaire alimentaire appris jusqu'ici et donner le sens des mots nouveaux qu'ils entendront (*les ingrédients, la pâte, le beurre, mélanger, la crème fraîche, des œufs, des olives*). Le but de cet exercice est de permettre aux élèves de reconnaître et noter les mots-clés et non pas de tout comprendre.

Après l'exercice, vous pourriez donner le texte de l'enregistrement aux élèves et l'approfondir en leur posant des questions.

Audio

Elsa Bonjour. Je m'appelle Elsa Becker, je suis de Lorraine et j'ai fait une quiche lorraine parce que c'est une spécialité de ma région.

D'abord, j'ai fait la pâte avec de la farine, du beurre et un œuf. Ensuite, j'ai mélangé des œufs, du lait, de la crème fraîche et des lardons. J'ai mis tout ça sur la pâte. Mmm... c'est délicieux, surtout avec une salade.

Enzo Salut. Je m'appelle Enzo Robino. Je suis de Provence et j'ai fait une spécialité provençale, la salade niçoise, parce que c'est excellent et que j'adore le poisson !

J'ai mélangé du thon avec des légumes : des tomates, des poivrons, des haricots verts et de la salade. J'ai mis des œufs durs et des olives noires parce que j'adore ça. Et voilà !

Réponse

1 Elsa est de Lorraine, Enzo est de Provence.

2 Pour la quiche lorraine (photo **B**), les ingrédients sont : de la farine, du beurre, un œuf, des œufs, du lait, de la crème fraîche et des lardons. Pour la salade niçoise (photo **C**), les ingrédients sont : du thon, des légumes (des tomates, des poivrons, des haricots verts, de la salade) des œufs durs et des olives noires.

3 Parlez

Page 52

1 Les élèves discutent leurs préférences en classe et donnent une raison. Encouragez-les à utiliser le connecteur logique *parce que* pour introduire leurs raisons, dans cette activité et l'activité 4 qui suit.

2 Ils votent pour savoir quelle est la spécialité la plus populaire. Cet exercice permet de mettre en pratique le passé composé qu'ils ont appris au début du chapitre et de faire des phrases longues en utilisant la conjonction *parce que*.

Grammaire en contexte

Page 52

Les participes passés irréguliers

Expliquez aux élèves que le participe passé du verbe *faire* est *fait*, celui du verbe *mettre* est *mis* et celui du verbe *prendre* est *pris*. Attirez leur attention sur le fait que ce sont des verbes irréguliers et qu'ils doivent donc les apprendre.

Cahier d'exercices 4/6

Page 12

Cet exercice permet de consolider l'utilisation du passé composé à la forme affirmative et à la forme négative, en utilisant des verbes irréguliers (*boire*, *faire*, *mettre*).

Réponse

J'ai fait un gâteau de riz. / Je n'ai jamais fait de gâteau de riz.

J'ai bu du thé vert. / Je n'ai jamais bu de thé vert.

J'ai mis du sucre dans les pâtes. / Je n'ai jamais mis de sucre dans les pâtes.

J'ai choisi un plat végétarien. / Je n'ai jamais choisi de plat végétarien.

4 Écrivez

Page 52

Les élèves font des recherches sur une spécialité de leur pays ou celle d'un pays francophone et, en suivant comme modèle les textes en haut de la page, ils écrivent une présentation sur cette spécialité.

Pendant la Semaine du Goût, on essaie de nouvelles recettes.

Les nombres

Familiarisez d'abord les élèves avec les nombres de 60 à 1 000+ en leur expliquant comment ils sont formés. Faites-leur répéter ces nombres pour qu'ils acquièrent la bonne prononciation.

Pour davantage d'activités qui aideront les élèves à mémoriser les nombres, voir l'Appendice *Jeux* dans le livre 1 du professeur, page 183.

1 Parlez Page 53

Assurez-vous que les élèves connaissent le sens des mots *départ, une entrée, un plat principal, un dessert* avant de faire le jeu.

Activité à deux : l'élève A lit sur la grille une série de nombres en ligne horizontale, verticale ou diagonale continue ; l'élève B doit deviner si l'élève A a choisi une entrée, un plat principal ou un dessert. Par exemple : 80, 60, 100, 78, 92, 250, 780, 71, 81, 97, 91, 77, 85, 72, 99, 75 = le plat principal.

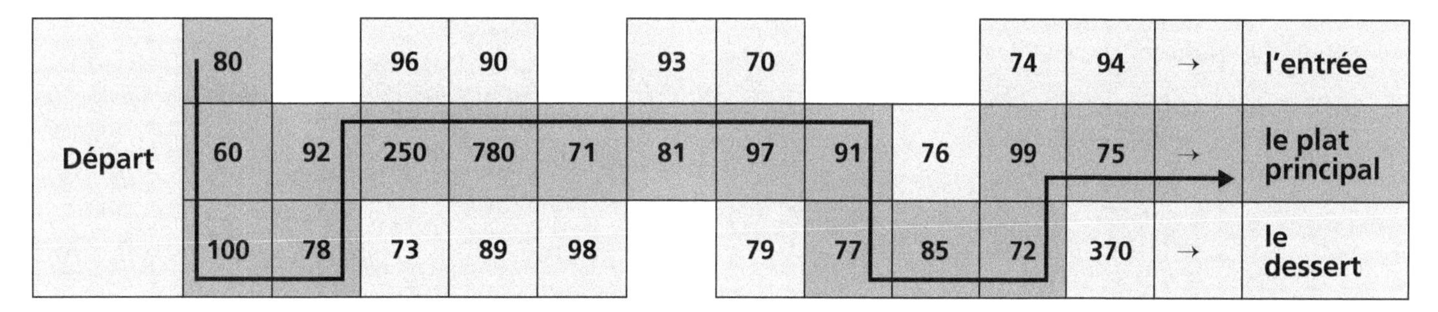

	80		96	90		93	70			74	94	→	l'entrée
Départ	60	92	250	780	71	81	97	91	76	99	75	→	le plat principal
	100	78	73	89	98		79	77	85	72	370	→	le dessert

Pour consolider l'apprentissage des nombres, vous pouvez aussi faire les activités suggérées dans l'Appendice *Jeux*, page 183, mais avec d'autres nombres.

Cahier d'exercices 4/7 Page 13

Expliquez aux élèves que, dans cet exercice, on leur demande simplement d'écrire chaque nombre avec des chiffres, et ensuite de deviner la réponse.

Réponse

1 88 / 94, **2** 75 / 110, **3** 22 100 / 15 300, **4** 372 / 600, **5** 76 / 90

2 Compréhension Page 53

Les élèves révisent les mots déjà vus et en apprennent de nouveaux pour pouvoir lire et comprendre des recettes.

Réponse

1 l'entrée c'est le taboulé (ce plat peut aussi être un plat principal) ; le plat principal c'est le bœuf bourguignon ; le dessert c'est le clafoutis

2 une viande – bœuf (m), quatre légumes – concombre (m), carottes (f), oignons (m), champignons (m), trois fruits – tomates (f), citron (m), cerises (f), quatre boissons – jus de citron (m), vin rouge (m), eau (f), lait (m)

3 Écoutez

Page 53

Arthur décrit les trois plats qu'il va faire pour la Semaine du Goût, et les élèves notent les quantités des ingrédients. L'exercice leur permet de consolider les nombres et le vocabulaire alimentaire qu'ils viennent d'apprendre. Faites remarquer aux élèves que dans les listes, la voix monte après chaque élément de la liste, et redescend pour le dernier élément.

Audio

Arthur L'entrée, c'est un taboulé.

Pour ça, Il faut : 675g de semoule de couscous, 500g de tomates, 450g de concombre, 80g de menthe, 20cl d'huile d'olive, 7cl d'eau, 15cl de jus de citron, un peu de sel et du poivre.

Le plat principal, c'est du bœuf bourguignon.

Pour ça, il faut : 800g de viande de bœuf, 65cl de vin rouge, 350g de carottes, 250g d'oignons, 50g de margarine, 250g de champignons, 80g de farine, et bien sûr, de l'ail et du persil.

Le dessert, c'est un clafoutis aux cerises.

Pour ça, il faut : 500g de cerises, 20cl de lait, 12cl de crème fraîche, 50g de beurre, 60g de farine, 75g de sucre, 3 œufs et aussi 5g de levure.

Réponse

Le taboulé

675g de semoule de couscous

500g de tomates

450g de concombre

80g de menthe

20cl d'huile d'olive

7cl d'eau

15cl de jus de citron

Le clafoutis aux cerises

500g de cerises

20cl de lait

12cl de crème fraîche

50g de beurre

60g de farine

75g de sucre

3 œufs

5g de levure

Le bœuf bourguignon

800g de bœuf

65cl de vin rouge

350g de carottes

250g d'oignons

50g de margarine

250g de champignons

80g de farine

4 Recherchez et écrivez

Page 53

Les élèves ont des recherches sur un plat régional ou francophone qu'ils aimeraient préparer pour la Semaine du Goût et écrivent la liste des ingrédients dont ils auront besoin. Les élèves peuvent ainsi utiliser de façon créative les nombres et les ingrédients vus dans l'exercice précédent.

5 Parlez

Page 53

Les élèves présentent leur plat au reste de la classe.

On fait les courses.

1 Mise en route

Page 54

En conversation avec la classe, commencez à faire ensemble la liste des aliments sur les photos. Puis les élèves continuent leur liste et comparent pour voir qui a la liste la plus longue. Familiarisez les élèves avec le vocabulaire nouveau correspondant aux aliments sur les photos, en leur faisant répéter les mots pour qu'ils s'habituent à la prononciation.

À tour de rôle, ils peuvent lire un aliment de leur liste et les autres barrent ce mot dans la leur s'ils l'ont écrit ; si cette activité est présentée comme une compétition, celui qui a écrit le plus de mots est le gagnant.

2 Écoutez

Page 54

Cet exercice permet de familiariser les élèves avec les différents lieux où l'on achète des aliments et de consolider le passé composé.

Audio

Interviewer	Qu'est-ce que vous avez acheté ?
Client(e) 1	J'ai acheté du pain à la boulangerie.
Interviewer	Qu'est-ce que vous avez acheté ?
Client(e) 2	J'ai acheté du fromage et des œufs à la crèmerie.
Interviewer	Qu'est-ce que vous avez acheté ?
Client(e) 3	J'ai acheté des fruits et des légumes au marché.
Interviewer	Qu'est-ce que vous avez acheté à la pâtisserie?
Client(e) 4	Eh bien, j'ai acheté des gâteaux.
Interviewer	Vous avez acheté du poisson ?
Client(e) 5	Oui, j'ai acheté du poisson à la poissonnerie
Interviewer	Qu'est-ce que vous avez acheté ?
Client(e) 6	J'ai acheté de la viande à la boucherie.
Interviewer	Qu'est-ce que vous avez acheté à l'épicerie?
Client(e) 7	J'ai acheté des pâtes et de la confiture.
Interviewer	Qu'est-ce que vous avez acheté ?
Client(e) 8	J'ai acheté du jambon à la charcuterie.

Réponse

A le marché, **B** la poissonnerie, **C** pâtisserie, **D** la crèmerie, **E** la boulangerie, **F** la boucherie, **G** la charcuterie, **H** l'épicerie

Cahier d'exercices 4/8

Page 13

Cet exercice permet aux élèves de consolider le vocabulaire nouveau.

Réponse

1 les légumes, le soda (ne sont pas des commerces)

2 le café, le fromage (ne sont pas des légumes)

3 la crêpe, la cantine (ne sont pas des commerces)

4 le poisson, la quiche (ne sont pas de la viande)

5 le pain, le marché (ne sont pas des boissons)

6 la farine, le fromage (ne sont pas des fruits)

3 Parlez

Page 54

Cet exercice permet de mettre en pratique à l'oral les expressions que les élèves ont entendues dans l'enregistrement. Activité de classe : l'élève A dit la première phrase : *Hier au marché, j'ai acheté du pain à la boulangerie*, l'élève B la répète et y ajoute sa phrase, puis l'élève C répète la phrase de l'élève B et y ajoute la sienne, et ainsi de suite. Cette activité peut aussi se faire à deux.

Grammaire en contexte

Page 54

La préposition *à* + l'article défini

Expliquez que lorsque la préposition *à* est utilisée devant l'endroit où l'on se rend, elle se contracte si elle est suivie de l'article défini *le*, c'est-à-dire qu'elle devient *au* si le nom de cet endroit est masculin (exemple : *au marché* et non pas à le marché). De la même façon, à suivi de l'article défini *les* devient *aux*.

Mentionnez aussi que si l'on se rend chez une personne, on doit utiliser la préposition *chez* (par exemple, *chez le boulanger*).

4 Parlez

Page 54

Les élèves discutent en classe des commerces, marches, etc., qui existent dans leur localité et des endroits où ils préfèrent faire leurs courses. Ils peuvent aussi faire des recherches sur un pays francophone et comparer leurs commerces à ceux du pays francophone, par exemple : les heures de fermeture et d'ouverture, les jours d'ouverture, les produits vendus, les endroits où ils sont situés.

Les quantités.

1 Écrivez Page 55

Familiarisez d'abord les élèves avec le vocabulaire nouveau en leur faisant répéter les mots pour qu'ils s'habituent à la prononciation, puis en leur donnant le sens de ces mots ou en leur demandant de les chercher dans le dictionnaire ou le glossaire.

Les élèves écrivent une liste de courses en reliant les quantités dans l'encadré *Vocabulaire* aux aliments sur les images. Ceci aidera les élèves à comprendre et à mémoriser les mots.

Réponse

250 grammes de cerises / de jambon

un kilo de pommes / de cerises

un litre de lait

une bouteille d'Orangina

des tranches de jambon

un morceau de viande

un pot de confiture

une boîte de champignons

un paquet de pâtes

2 Écoutez et lisez Page 55

Les élèves écoutent l'enregistrement et devinent d'après le contexte la signification des mots nouveaux, qu'ils peuvent ensuite vérifier dans le dictionnaire. Puis, pour montrer qu'ils ont bien compris la conversation et pour en extraire des expressions utiles, ils répondent aux questions.

Audio

Commerçant	Bonjour, madame. Vous désirez ?
Cliente	Bonjour. Je voudrais un kilo de pommes, s'il vous plaît.
Commerçant	Et avec ça ?
Cliente	250 grammes de cerises, s'il vous plaît.
Commerçant	Ah désolé, je n'ai pas de cerises.
Cliente	Alors, je vais prendre des abricots.
Commerçant	C'est tout ?
Cliente	Oui, c'est tout. Ça fait combien ?
Commerçant	Ça fait 11,75 euros, s'il vous plaît.
Cliente	Voilà. Merci. Au revoir!
Commerçant	Au revoir. Bonne journée !

Réponse

1 le marché
2 un kilo de pommes, des abricots
3 je voudrais… , ... s'il vous plaît, je vais prendre…
4 Ça fait combien ?

3 Lisez et parlez Page 55

Les élèves complètent d'abord la conversation avec les mots de l'encadré, puis ils pratiquent la conversation avec un(e) autre élève.

Réponse

1 désirez, 2 voudrais, 3 s'il vous plaît, 4 désolé, 5 avez, 6 prendre, 7 combien, 8 Ça fait, 9 merci. 10 Bonne journée.

4 Écrivez et parlez Page 55

Expliquez aux élèves qu'*une boulangerie*, *une boucherie*, etc. sont des noms de commerces et *un boulanger*, *un boucher*, etc. sont des noms de commerçants.

En regardant la photo et les bulles, les élèves choisissent un commerce, écrivent les réponses aux questions du commerçant, puis jouent leur conversation avec un(e) autre élève.

5 Parlez Page 55

En utilisant la liste des courses qu'ils ont écrite pour l'activité 1 en haut de la page 55, les élèves imaginent des conversations à l'épicerie.

Pour pratiquer les nombres, dites-leur de créer des conversations au marché et de marchander avec les prix. Par exemple : Ça fait combien? Ça fait 85 euros. *C'est trop. 75 euros. Non, 82 euros…*

Cahier d'exercices 4/9 Page 13

Cet exercice permet de consolider par écrit les dialogues que les élèves viennent de pratiquer.

Réponse

1 Je voudrais un paquet de chips, s'il vous plaît.
2 Vous avez une boîte de champignons ?
3 Alors, je vais prendre un morceau de gâteau.
4 Je n'ai pas de pot de confiture.
5 Une bouteille de vin, s'il vous plaît !
6 Je voudrais un kilo d'abricots, s'il vous plaît.
7 Ça fait combien, le paquet de pâtes et le litre de lait ?

Les offres spéciales au supermarché.

1 Lisez et recherchez Page 56

Les élèves se familiarisent avec le contenu de l'annonce publicitaire. Ils identifient sur l'annonce les mots-clés et en trouvent le sens en regardant dans le dictionnaire ou le glossaire.

2 Compréhension Page 56

Les élèves répondent ensuite aux questions, ce qui les aidera à bien comprendre ces publicités.

Réponse

1 eau, fromage (Camembert), salade, tomates farcies, poisson, vin

2 le kilo (kg), le gramme (g), le litre (l), le centilitre (cl), le pack, la barquette, le sachet, la pièce, l'unité, la bouteille

3 la salade, les tomates farcies

4 [1] packs d'eau minérale, [2] poissons, [3] vin

3 Parlez Page 56

Exercice oral à deux ou en groupe. L'annonce publicitaire permet aussi aux élèves de réviser et de mettre en pratique oralement le vocabulaire sur les aliments, les quantités et les chiffres élevés.

Réponse

1 2,94 euros, **2** 250g, **3** 800g, **4** 5,50 euros, remise de 1,65 euros, **5** 8,89 euros

Expliquez aux élèves qu'en français, on utilise une virgule pour indiquer les nombres décimaux. Quand on donne le prix d'un article, on dit le mot *euro(s)* à la place de la virgule. Par exemple, *9,90€* se dit *neuf euros quatre-vingt-dix*.

Les élèves peuvent continuer à exploiter l'annonce publicitaire en formulant d'autres questions qu'ils posent à leur partenaire ou à la classe. Vous pouvez aussi leur demander d'écrire une publicité pour un produit de leur choix.

Pendant la Semaine du Goût, on va manger au restaurant.

Pendant la Semaine du Goût, certains restaurants offrent des repas pas chers pour encourager les gens à aller au restaurant, ainsi que les jeunes et les enfants à goûter quelque chose qu'ils n'ont jamais mangé auparavant.

Les restaurants mentionnés sur cette page sont situés dans différents arrondissements de Paris et le nombre entre parenthèses qui figure après le nom de la rue indique le numéro de l'arrondissement.

1 Lisez Page 57

Avant de demander aux élèves de répondre aux questions, familiarisez-les avec les abréviations utilisées dans les annonces (voir l'encadré *Vocabulaire*).

Réponse

1 Brasserie Mollard, 2 non, il est fermé à 18h45, il ouvre le soir, à 19h00, 3 oui, 4 non, les plats sont à partir de 8,60 euros, 5 Bouillon Chartier, 6 Brasserie Mollard.

Vous pouvez poser d'autres questions (par exemple, sur les heures ou les jours d'ouverture et de fermeture, les numéros de téléphone et les adresses). Vous pouvez aussi demander aux élèves de préparer des questions qu'ils posent à leur partenaire ou à la classe. Ils peuvent aussi écrire une annonce pour un restaurant de leur localité ou la cantine du lycée.

2 Parlez Page 57

Activité à deux : les élèves mettent en pratique leur connaissance des nombres en utilisant les numéros de téléphone sur les annonces.

Expliquez aux élèves qu'en France, les numéros des téléphones fixes se composent toujours de cinq paires de chiffres. Tous les numéros de téléphone fixe dans la région parisienne commencent par 01. Les préfixes 06 ou 07 sont utilisés pour les portables.

Vous pouvez donner plus d'entraînement aux élèves en écrivant des numéros de téléphone au tableau et en leur demandant de les lire. Ou encore, vous pouvez leur dicter des numéros de téléphone, que vous écrirez ensuite au tableau.

Vous pouvez aussi leur demander de rechercher les indicatifs téléphoniques de différents pays francophones ou régions de France afin de réviser les noms de pays et de régions.

3 Parlez Page 57

Activité à deux : jeu de rôle. En suivant le modèle donné, un élève joue le rôle de l'employé d'un restaurant de fast-food et l'autre celui du consommateur qui commande les aliments/boissons figurant sur les images.

4 Parlez Page 57

Activité de classe : une discussion sur le fast-food dans le pays des élèves et sur les avantages et les inconvénients de la restauration rapide.

Point info

Page 57

Expliquez aux élèves que la langue française a évolué (et continue à évoluer) et que de nombreux mots étrangers y sont acceptés (par exemple *le fast-food* et *la pizza*), malgré la résistance de l'Académie française, une institution qui s'occupe de mettre à jour le Dictionnaire de la langue française. Les élèves peuvent avoir une discussion dans la langue d'instruction du lycée sur l'évolution des langues : est-ce que dans leur langue, il existe aussi des mots provenant d'une autre langue ? Est-ce que l'on devrait laisser les langues se développer de façon naturelle ou est-ce que ce développement devrait être contrôlé ?

Un repas au restaurant.

1 Mise en route

Page 58

Les élèves regardent le menu et, pour commencer à se familiariser avec les plats, cherchent celui qui correspond à la question.

Réponse

Le coq au vin

Vous pouvez poser d'autres questions similaires pour les aider à comprendre le vocabulaire nouveau. Par exemple :

Vous choisissez une entrée froide : qu'est-ce que vous allez demander ? (La salade de crudités)

Vous choisissez du poisson : qu'est-ce que vous allez demander ? (Le filet de saumon)

Vous choisissez du gâteau / une pâtisserie pour le dessert : qu'est-ce que vous allez demander ? (La tarte aux pommes)

Vous choisissez quelque chose de très froid pour le dessert : qu'est-ce que vous allez demander ? (La coupe de glace / le sorbet)

Vous adorez le chocolat : qu'est-ce que vous allez demander en dessert? (La mousse au chocolat.)

2 Lisez et écoutez

Page 58

Après avoir recopié la fiche du serveur à la page 58, les élèves écoutent et lisent la conversation, puis ils « prennent la commande » et remplissent la fiche du serveur. Cet exercice présente aux élèves les expressions-clés pour pouvoir commander dans un restaurant.

Audio

Cliente	Monsieur, s'il vous plaît !
Serveur	Oui. Vous avez choisi ?
Cliente	Deux menus à vingt-deux euros, s'il vous plaît.
Serveur	Qu'est-ce que vous allez prendre comme entrée ?
Cliente	Nous allons prendre une soupe à l'oignon et une assiette d'escargots.
Serveur	Très bien. Et comme plat principal ?
Cliente	C'est quoi, la blanquette de veau ?
Serveur	C'est de la viande de veau, cuite avec des champignons, des oignons, des carottes, de la crème et du vin blanc.
Cliente	D'accord, je vais prendre ça. Et mon ammi va prendre le coq au vin.
Serveur	Et comme dessert ?
Cliente	Une tarte aux pommes et une mousse au chocolat, s'il vous plaît.
Serveur	Vous voulez quelque chose à boire ?
Cliente	Une carafe d'eau, s'il vous plaît.

Réponse

LES ENTRÉES	
La soupe	**1**
La salade	
Les escargots	**1**
LES PLATS	
La blanquette de veau	**1**
Le coq au vin	**1**
Le saumon	
LES DESSERTS	
La mousse	**1**
La tarte	**1**
Glaces/sorbets	

3 Lisez
Page 58

Les élèves repèrent dans la conversation les expressions utilisées pour attirer l'attention, commander et demander une explication.

Réponse

1 Monsieur, s'il vous plait !

2 nous allons prendre, je vais prendre, mon ami va prendre, … s'il vous plaît

3 C'est quoi, …?

4 Lisez et parlez
Page 58

Activité à deux : les élèves jouent la conversation qu'ils viennent de lire et d'entendre.

5 Écrivez et parlez
Page 58

Les élèves réécrivent et jouent la conversation en l'adaptant.

6 Imaginez
Page 58

Les élèves mettent en pratique de façon créative ce qu'ils viennent d'apprendre en écrivant un menu pour un restaurant international et en inventant ensuite une conversation basée sur ce menu. Cette activité leur permet aussi de rechercher de nouveaux mots de vocabulaire.

7 Écoutez et lisez
Page 58

Faites écouter aux élèves l'enregistrement, puis demandez-leur d'identifier s'il s'agit du début ou de la fin d'un repas. Ils réécoutent la conversation et complètent la conversation avec les mots de l'encadré.

Donnez-leur le sens de *c'était.* (*C'était* + adjectif sera couvert dans le chapitre 7 et l'imparfait sera couvert en détail dans le chapitre 11.)

Audio

Serveur	Vous avez fini?
Cliente	Oui, c'était très bon. L'addition, s'il vous plaît.
Serveur	Voilà, madame, 57 euros, s'il vous plaît.
Cliente	Merci. Ah, il y a une erreur : deux fois 22, ça fait 44 euros, plus 3 euros de supplément pour les escargots. Donc, ça fait 47 euros au total.
Serveur	Ah oui, excusez-moi. Je vais changer ça tout de suite.

Réponse

1 à la fin

2 1 fini, 2 l'addition, 3 Voilà, 4 erreur, 5 fait, 6 excusez-moi

8 Parlez
Page 58

Les élèves jouent la conversation avec un(e) partenaire. Ils peuvent aussi jouer une conversation similaire qu'ils inventent.

Un repas que j'ai aimé et un repas que j'ai détesté.

Dans cette section, les élèves apprendront à identifier et à exprimer des opinions positives et négatives sur ce qu'ils ont bu ou mangé.

1 Lisez
Page 59

Les élèves lisent les bulles et essaient de déduire d'après le contexte le sens des nouveaux mots de vocabulaire, par exemple : *nouilles, épices, horrible, mouton, nems, crabe, crevettes, soja, papier de riz, baguettes.* Ils identifient ensuite les opinions positives et négatives.

Réponse

Opinion positive : Paul, Léo, Amina

Opinion négative : Lisa

Pour qu'ils révisent les temps, demandez aux élèves de relever tous les verbes au passé composé. Vous pouvez aussi leur demander de réécrire le texte à une autre personne : le premier paragraphe à la deuxième personne du singulier, le troisième paragraphe à la troisième personne du singulier, le quatrième paragraphe à la première personne du pluriel. Pour réviser le présent, ils peuvent également lire le texte à voix haute en mettant les verbes au présent.

2 Compréhension
Page 59

Les élèves associent une bulle à chaque photo pour montrer qu'ils ont compris le texte des bulles.

Réponse

A Amina, **B** Paul.

3 Parlez Page 59

Discussion en classe sur les restaurants d'origine étrangère et ce qu'on peut y manger. Ceci permet de réviser les adjectifs de nationalité et le vocabulaire alimentaire appris jusqu'ici, ainsi que la forme négative, la forme affirmative et le passé composé.

Vous pouvez aussi leur poser des questions et leur demander de répondre en formant des phrases complètes. Par exemple : *Est-ce qu'il y a un restaurant français à côté du lycée ? Non, il n'y a pas de restaurant français à côté du lycée. Est-ce que vous avez mangé des escargots à la cantine du lycée ? Non, je n'ai jamais mangé d'escargots à la cantine du lycée.*

4 Écrivez Page 59

Demandez aux élèves de répondre en formant des phrases complètes. Vous pouvez ajouter d'autres questions en changeant le nom des aliments, des boissons ou des restaurants. Expliquez aussi qu'à la forme négative, on utilise *ne* + verbe + *jamais* (et non pas *ne* + verbe + *pas déjà*).

5 Écrivez Page 59

Les élèves décrivent un repas (l'entrée, le plat principal, le dessert, les boissons) qu'ils ont aimé ou un repas qu'ils ont détesté. Les élèves qui travaillent plus vite peuvent faire les deux. Cet exercice permet aux élèves d'utiliser de façon créative le vocabulaire qu'ils ont appris et le passé composé. Dites-leur qu'ils peuvent inventer.

Encouragez-les à utiliser des connecteurs comme *d'abord, comme* + nom, *ensuite, puis* et des expressions comme *c'était délicieux, c'était dégoûtant.* Rappelez-leur la différence entre l'article défini et l'article partitif.

Révisions

Quinze questions.

1 Lisez et écrivez Page 60

Cet exercice est une bonne préparation à l'oral et entraîne les élèves à écrire des phrases complètes en utilisant le vocabulaire et la grammaire qu'ils ont appris jusqu'ici.

Encouragez les élèves à identifier le temps de la question et à utiliser le même temps dans la réponse.

2 Parlez Page 60

Activité à deux : les élèves posent à un(e) partenaire les questions de la liste. Ils doivent deviner si les réponses données par leur partenaire sont vraies ou fausses.

Pour d'autres activités qui consolideront ce que les élèves ont appris dans ce chapitre, voir l'Appendice *Jeux* à la page 183 du livre du professeur.

5 En ville

Thèmes et sujets	**Environnements urbains et ruraux** Ville et services ; Voisinage **Loisirs et travail** Transport
Points lexicaux	La ville Les services Les directions Les transports en commun
Points grammaticaux	Les prépositions Les prépositions *à/en* + transport Le passé composé L'impératif Les adverbes d'intensité
Textes	**Réceptifs** Panneau, message sur forum, carte postale, plan de ville, extrait de guide de voyage, prospectus **Productifs** Articles courts, liste, message sur forum, carte postale, plan et itinéraire (podcast), prospectus
Coin IB	**Théorie de la connaissance** • Le jumelage : valeur et importance du jumelage dans notre monde d'aujourd'hui • L'importance des moyens de transport dans la vie de tous les jours **Travail écrit** • Comparer sa ville à une ville francophone • Comparer les moyens de transport dans sa localité ou son pays avec ceux d'une ville ou d'un pays francophone • Dire ce qui surprendrait une personne francophone qui visite votre ville **CAS** • Organiser le jumelage de son lycée avec un lycée francophone **Examen oral individuel** • Décrire une ville, un village, une gare, une station de métro, etc. sur un stimulus visuel • Répondre à des questions sur le lieu où l'on habite et les moyens de transport qu'on utilise chaque jour **Épreuve de rédaction** • Écrire une carte postale dans laquelle on décrit une ville où l'on est en vacances • Envoyer un e-mail avec des instructions pour aller d'un endroit à un autre • Écrire une brochure sur sa ville

Ce chapitre a trait aux thèmes *Environnements urbains et ruraux* et *Loisirs et travail*. Il couvre le vocabulaire de la ville et des transports, situé dans le contexte du concept de jumelages internationaux entre villes et villages, ce qui offre de nombreuses possibilités pour la réflexion et la comparaison. Les élèves apprendront à décrire les lieux où ils vivent, à demander ou donner des directions et à exprimer des opinions. Le chapitre traite également les points grammaticaux suivants : les prépositions de lieu, les verbes à l'impératif, *on peut* + infinitif, les adverbes d'intensité et la révision du passé composé avec *avoir*.

1 Mise en route Page 61

Les élèves trouvent le nom la ville sur la photo ; discutez ensuite de sa situation et de sa taille.

Marseille est un port sur la côte méditerranéenne, situé au sud-est de la France. C'est aussi la deuxième grande ville de France.

2 Recherchez Page 61

Les élèves font des recherches pour identifier les villes francophones sur le panneau.

Réponse

Villes en pays francophones : Anvers (Belgique), Abidjan (Côte d'Ivoire), Dakar (Sénégal), Marrakech (Maroc)

3 Parlez Page 61

Expliquez le sens du mot *jumelage*. Posez des questions pour savoir si la ville des élèves est jumelée.

Le jumelage est l'association de deux villes qui a pour but de susciter entre elles des échanges socio-culturels. Cette idée est née après la deuxième guerre mondiale pour développer entre les villes européennes des liens d'amitié plus étroits. Le premier jumelage a eu lieu en 1946 entre Orléans (France) et Dundee (Écosse). Près de 15 000 villes participent de nos jours au mouvement de jumelage.

Des villes candidates pour un jumelage.

1 Recherchez Page 62

Les élèves cherchent dans le glossaire ou le dictionnaire les mots figurant dans l'encadré *Vocabulaire*, puis associent ces mots aux villes et villages sur les photos. Faites-leur aussi réviser le vocabulaire du chapitre 3, qu'ils pourront réutiliser dans ce chapitre (*maison, appartement*, etc.). Ils peuvent d'autre part faire des recherches sur Internet pour en savoir plus sur les villes des photos.

Réponse possible

Montréal : une grande ville, belle, animée, moderne, au centre-ville

Verbier : une petite ville, belle, vieille, à la montagne, animée, traditionnelle

Marseille : une grande ville, moderne, animée, industrielle, belle, au bord de la mer

Durbuy: une petite ville, à la campagne, calme, rurale, jolie, vieille

Vaiea : un village, calme, beau, moderne, au bord de la mer, pittoresque

Vous pouvez ensuite leur demander d'écrire une phrase pour chaque endroit. Par exemple : *Verbier est une petite ville à la montagne*.

Pour aider les élèves à mémoriser les adjectifs, encouragez-les à les répéter plusieurs fois. Ensuite, livre fermé, vous leur donnez un nom de ville ou village et ils essaient d'écrire le plus de mots possibles se rapportant à cette ville ou ce village. Ils peuvent aussi faire cette activité à deux oralement. Vous pouvez ensuite faire l'inverse : leur donner des adjectifs et ils devinent la ville ou le village qu'ils qualifient.

2 Lisez Page 62

Les élèves lisent les messages sur le forum de jumelage une première fois et notent les mots de vocabulaire nouveaux ; ils essaient d'en deviner le sens d'après le contexte. Dès qu'ils ont compris le sens général des messages, ils peuvent trouver la bonne photo pour chaque.

Puis, ils cherchent dans le glossaire ou le dictionnaire les mots dont ils n'ont pas trouvé le sens. Oralement, ils partagent ensuite avec le reste de la classe les mots qu'ils ont recherchés (par exemple : *chalets, pittoresque, très, assez, île, immeubles, port, quartiers, résidentiels, après, deuxième, située*). Pour acquérir une bonne prononciation et une bonne intonation, les élèves peuvent lire les textes à voix haute.

Réponse

Justine – Verbier

Florian – Durbuy

Margot – Vaiea

Baptiste – Marseille

Léa – Montréal

Point info Page 62

Encouragez les élèves à faire des recherches sur la ville de Québec ou d'autres grandes villes francophones.

3 Compréhension

Page 63

Avant de faire l'exercice, assurez-vous qu'ils connaissent tous les mots de la grille, notamment le mot *logements*. Ils recopient cette grille et y notent les mots-clés de chaque message.

Réponse possible

Nom	Ville ou village ?	C'est où ?	Quel type de logements ?	C'est comment ?
Justine	***petite ville – Verbier***	à la montagne	maisons traditionnelles, chalets	pittoresque, très animé en hiver
Florian	petite ville – Durbuy	à la campagne	maisons traditionnelles en pierre	calme, rural, très joli
Margot	assez grand village – Vaiea	sur une petite île, au bord de la mer	***maisons simples, modernes ou traditionnelles***	joli
Baptiste	grande ville – Marseille	au bord de la mer	petits immeubles, grands immeubles, belles maisons	(un port important, au centre-ville) vieux, pittoresque, (dans la banlieue) quartiers résidentiels et quartiers industriels
Léa	très grande ville – Montréal	sur une île	(au centre-ville) grands immeubles, (dans la banlieue) belles maisons avec des jardins	***très grand, moderne, animé***

Pour exploiter les textes davantage, les élèves peuvent travailler à deux et se poser des questions auxquelles ils répondent par des phrases complètes. Par exemple : *Où habite Justine ? Elle habite Verbier, une petite ville à la montagne.*

Les élèves peuvent aussi inventer des phrases fausses que leur partenaire doit corriger. Par exemple, l'élève A dit : *Justine habite dans un appartement au bord de la mer* et l'élève B répond : *Non, elle habite dans un chalet à la montagne*.

4 Écoutez

Page 63

Avant de faire l'exercice, les élèves dessinent une grille semblable à celle qui se trouve dans leur manuel pour l'activité 3, avec une ligne pour chacune des quatre personnes interviewées dans l'enregistrement, en omettant la colonne *Quel type de logements*. Ils écoutent ensuite l'enregistrement et remplissent la grille avec les informations demandées.

Audio

Interviewer	Bonjour, Fleur ! Vous habitez dans une grande ville ?
Fleur	Non, j'habite dans un petit village.
Interviewer	C'est où, votre village ?
Fleur	C'est à la campagne.
Interviewer	C'est comment ?
Fleur	C'est joli. C'est petit, mais c'est animé.

Interviewer	Bonjour, Sam. Alors, Sam… vous habitez dans un village ?
Sam	Non, j'habite dans une grande ville.
Interviewer	Vous habitez au centre-ville ?
Sam	Non, j'habite une petite maison dans la banlieue.
Interviewer	C'est au bord de la mer ?
Sam	Oui, c'est au bord de la mer.
Interviewer	Et c'est comment ?
Sam	C'est une vieille ville, avec des quartiers pittoresques.

Audio

Interviewer	Bonjour, Audrey. Vous habitez en ville ou à la campagne ?
Audrey	J'habite dans un village.
Interviewer	Vous habitez une maison à la campagne ?
Audrey	Euh… c'est un village à la montagne, j'habite dans un petit appartement.
Interviewer	C'est beau, à la montagne ?
Audrey	Oui, le village est assez pittoresque, mais il y a aussi des immeubles et des maisons modernes.

Interviewer	Bonjour, Ludovic. Vous habitez dans une ville ou dans un village ?
Ludovic	J'habite dans une petite ville.
Interviewer	Vous habitez au centre-ville ?
Ludovic	Oui, j'habite au centre-ville.
Interviewer	Et c'est comment? La ville est belle ?
Ludovic	Non, c'est une ville industrielle. Elle n'est pas jolie mais elle est animée.

Réponse

	Ville ou village ?	C'est où ?	C'est comment ?
Fleur	village	à la campagne	joli, petit, animé
Sam	ville, banlieue	au bord de la mer	vieux, pittoresque
Audrey	village	à la montagne	pittoresque, moderne
Ludovic	ville	au centre-ville	industriel, pas joli, animé

Pour exploiter encore ces conversations, les élèves peuvent ensuite travailler à deux et se poser les mêmes questions, mais à la deuxième personne du singulier, par exemple : *Tu habites dans un village ?*, puis à la troisième personne du singulier/du pluriel, par exemple : *Tes grands-parents habitent à la montagne ? / Ton oncle habite dans une ville ?*

Cela permet de réviser en même temps le vocabulaire de la famille.

5 Recherchez Page 63

Cet exercice a pour but d'encourager les élèves à devenir plus indépendants dans leur apprentissage de la langue en prenant l'initiative d'enrichir leur vocabulaire.

Vous pouvez limiter le temps que les élèves passent sur cette activité ou leur fixer un nombre de mots à chercher. Ils peuvent ensuite partager le fruit de leurs recherches avec les autres élèves de la classe et noter les mots qu'ils viennent d'apprendre dans leur carnet de vocabulaire. Encouragez-les à noter dans un carnet ou un fichier électronique tous les nouveaux mots de vocabulaire qu'ils apprennent au fur et à mesure des chapitres. L'utilisation de couleurs peut aussi aider leur mémoire visuelle : ils peuvent écrire les noms féminins en rouge, les noms masculins en bleu, les verbes en vert, les adverbes en violet, et ainsi de suite.

6 Imaginez Page 63

Après avoir écrit une description de la ville de Marigot, les élèves peuvent faire des recherches sur cette ville sur Internet pour vérifier leur réponse.

Marigot est la capitale de la partie française de l'île Saint-Martin qui se trouve au nord-est des Antilles. Cette ville est située sur la côte ouest de l'île, qui porte le statut de collectivité d'outre-mer française depuis le 15 juillet 2007.

7 Écrivez et parlez Page 63

Les élèves continuent à mettre en pratique le vocabulaire qu'ils viennent d'apprendre en écrivant une description de l'endroit où ils habitent et la présentent ensuite à la classe.

Qu'est-ce qu'il y a dans votre quartier ?

1 Écrivez et écoutez Page 64

Familiarisez d'abord les élèves avec le nouveau vocabulaire illustré par les photos : faites-leur répéter les mots. Pour jouer au loto, les élèves choisissent et recopient le nom de huit endroits qu'ils cochent tout en écoutant l'enregistrement. Pour le deuxième enregistrement, ils peuvent garder les mêmes noms et utiliser une autre couleur pour les cocher ou choisir huit autres noms. Le gagnant de chaque jeu est le premier à avoir coché les huit noms.

Les élèves peuvent ensuite continuer à jouer au loto, mais cette fois, l'un des élèves lit un paragraphe qu'il a créé (par exemple : *Dans mon quartier, il y a un cinéma, une piscine, un musée, un jardin public, un restaurant et une boîte de nuit*). Pour mémoriser l'orthographe de tous ces mots, les élèves peuvent jouer au pendu : voir l'Appendice *Jeux* à la page 183 du livre du professeur.

Audio

Jeu numéro 1

– Qu'est-ce qu'il y a dans votre quartier ?

– Il y a une auberge de jeunesse, un camping, un jardin public et un centre commercial. Il y aussi un musée, une salle de spectacles, un restaurant et un zoo.

Jeu numéro 2

– Qu'est-ce qu'il y a dans votre quartier ?

– Alors, il y a une boîte de nuit, un centre sportif, un château et un parc d'attractions. Il y a aussi un cinéma, un hôtel, une piscine et un cybercafé.

Cahier d'exercices 5/1 Page 14

Cet exercice permet de continuer à consolider le vocabulaire sur la ville.

Réponse

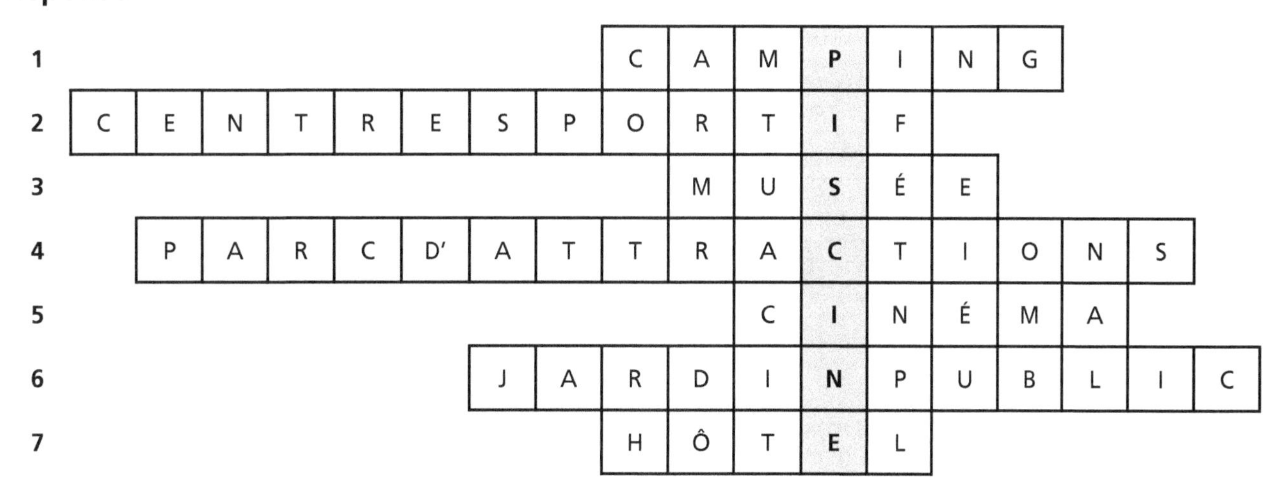

Max va à la **piscine**.

2 Parlez

Page 64

Les élèves essaient de deviner le sens des mots *jeunes, enfants, personnes âgées, amateurs,* puis ils vérifient dans le glossaire ou le dictionnaire.

Activité à deux : les élèves discutent des différents endroits mentionnés dans l'encadré *Vocabulaire* et des personnes qui fréquenteraient ces lieux. Pour aller plus loin, ils peuvent décider quels endroits seraient les plus intéressants dans le cadre d'un jumelage.

Réponse

Les réponses sont personnelles.

Prononciation

Page 64

Durant les exercices oraux, faites remarquer aux élèves qu'il faut faire attention à l'intonation lorsqu'on lit une liste : la voix monte sur la dernière syllabe de chaque mot de la liste, mais le ton descend avec le dernier mot, toujours sur la dernière syllabe.

3 Lisez

Page 65

Réponse

Cet exercice aide les élèves à mémoriser le vocabulaire nouveau en associant une activité avec l'endroit où elle a lieu.

A restaurant / cybercafé, **B** cinéma, **C** centre commercial, **D** centre sportif / piscine, **E** hôtel / camping / auberge de jeunesse, **F** château / jardin public / musée / parc d'attractions / zoo, **G** cybercafé / hôtel / auberge de jeunesse, **H** salle de spectacles, **I** zoo, **J** boîte de nuit

4 Recherchez

Page 65

Les élèves recherchent d'autres activités qu'il serait intéressant de faire dans le cadre d'un jumelage et écrivent une phrase pour expliquer leur choix. Comme le pronom personnel y sera couvert dans le chapitre 12, dans cet exercice, les élèves répèteront le nom de l'endroit. Donnez-leur la signification de *on peut.*

Des jeunes francophones présentent leur ville à un comité de jumelage.

Une petite ville idéale !

1 Lisez

Page 65

1 Les élèves lisent le texte et essaient d'identifier les noms de différents endroits dans la ville de Lucie ainsi que les prépositions. Ils devinent le sens des mots nouveaux dans le contexte, puis cherchent dans le dictionnaire la signification de ceux qu'ils n'ont pas pu deviner.

Réponse

A piscine, stade, bowling, café, salle de spectacle, (pas de cinéma) église, supermarché, jardin public, hôtel, restaurant

B dans, à côté de, devant, derrière, en face de, entre

2 Les élèves imaginent ensuite le plan de la ville de Lucie, le dessinent et le comparent à celui d'un autre élève. Ils peuvent discuter des différences entre les deux plans. Il n'y a pas de bonne ou de mauvaise réponse, sauf que les endroits mentionnés dans le texte doivent être positionnés correctement et correspondre à la description donnée.

Grammaire en contexte

Page 65

Les prépositions

Faites répéter les prépositions oralement plusieurs fois. Pour consolider l'apprentissage des prépositions, vous pouvez faire faire aux élèves les activités qui suivent.

Demandez à trois élèves de se tenir devant le tableau et posez des questions au reste de la classe, par exemple : *Où est Paul ? Paul est entre Aline et Marc. Où est Aline ? Aline est devant Paul.* Un objet peut aussi être caché dans la classe et les élèves doivent deviner où il se trouve en posant des questions, par exemple : *Est-ce qu'il est sous la table / sur le bureau* ?

Cette activité permet en même temps de réviser le nom des aliments (chapitre 4). Demandez aux élèves de dessiner deux boîtes avec un espace entre les deux, puis dites-leur ce qu'il y a à l'intérieur et à l'extérieur de ces boîtes, et ils dessinent les aliments à la bonne place. Par exemple : *Dans la première boîte, il y a une pomme et dans la deuxième boîte, il y a une poire. Entre les deux boîtes, il y a une banane. Derrière la boîte avec la pomme, il y a de la salade. Devant la boîte avec la pomme, il y a une tomate.* Cette activité peut aussi se faire à deux.

Cahier d'exercices 5/2

Page 14

Cet exercice permet aux élèves de se familiariser avec les prépositions.

Réponse

Il y a un camping **dans** le parc du château.

On peut aussi dormir à l'hôtel Bonnenuit. Il est **en face du** zoo.

Pour les jeunes, il y a l'auberge de jeunesse, **à côté de** / **derrière** la piscine.

Le restaurant Bonnetable est **entre** le musée et le cinéma.

Il y a aussi un cybercafé **devant** / **derrière** le centre commercial.

Il y a un musée et un cinéma. Il y a aussi une boîte de nuit **derrière** / **à côté de** la salle de spectacles.

Cette activité écrite peut être suivie d'une activité orale à deux : l'élève A demande à son partenaire où se trouvent les différents endroits mentionnés dans le texte, par exemple : *Où est le camping ?* L'élève B répond : *Le camping est dans le parc du château.* Si l'élève A dit une phrase fausse, l'élève B doit la corriger, par exemple : *Le cybercafé est derrière le centre commercial. Non, le cybercafé n'est pas derrière le centre commercial, il est devant le centre commercial.*

2 Écoutez Page 65

Avant de commencer cet exercice, demandez aux élèves de se familiariser avec le plan de la ville. Expliquez la signification de *la rue principale*.

Audio

Clément Alors, dans mon quartier, il y a une piscine. Derrière la piscine, il y a un petit camping.

Dans la rue principale, en face de l'office de tourisme, il y a un restaurant.

À côté du restaurant, il y a un hôtel.

Entre l'office de tourisme et le supermarché, il y a un petit musée.

De l'autre côté de l'office de tourisme, devant le centre sportif, il y a un petit café.

Dans le jardin public, il y a un très vieux château très pittoresque.

Réponse

1 camping, 2 hôtel, 3 restaurant, 4 musée, 5 café, 6 château

3 Parlez Page 65

De mémoire, quelques élèves décrivent à tour de rôle la rue principale et les autres corrigent les erreurs. Cette activité peut aussi se faire à deux : l'élève A décrit la rue principale et l'élève B vérifie sur le plan, puis corrige les erreurs de l'élève A.

4 Écrivez Page 65

Les élèves écrivent une description de leur ville / village ou d'un endroit qu'ils ont visité.

Les transports en ville.

1 Mise en route Page 66

Familiarisez les élèves avec le vocabulaire sur les transports en leur lisant d'abord les mots puis en les leur faisant répéter plusieurs fois. Une fois qu'ils les ont mémorisés, ils peuvent faire l'activité : l'élève A ferme son livre et dit tous les mots dont il se souvient tandis que l'élève B vérifie et attribue un point pour chaque mot correct.

Vous pouvez discuter avec les élèves des différents moyens de transport qui existent dans différents pays. Par exemple, le pousse-pousse est un moyen de transport utilisé au Vietnam, mais aussi dans certaines villes européennes pour les touristes, comme à Nice.

Expliquez-leur qu'en France, un système de vélos et de voitures électriques en libre-service se développe dans de nombreuses villes. À Paris, on peut louer / emprunter un vélo dans une station pour se rendre quelque part et le déposer dans une autre station près de sa destination. Ce système de location en libre-service, qui s'appelle *Vélib'*, est simple à utiliser et disponible 24 heures sur 24 et 7 jours sur 7. On peut acheter un ticket pour une journée ou une semaine, ou même s'abonner pour toute l'année, et ce n'est pas cher.

À Nice, on peut, de la même façon, louer des voitures électriques ; ce système s'appelle *Autobleue*, mais il faut ramener la voiture à sa station de départ. Les tarifs, qui incluent l'électricité, l'assurance et le kilométrage, sont plus élevés que pour les vélos.

Une discussion peut s'ensuivre dans la langue d'instruction du lycée sur les avantages et les inconvénients d'un tel système, ainsi que sur des méthodes similaires qui existent peut-être dans le pays des élèves.

2 Écoutez

Page 66

Les élèves peuvent simplement noter le numéro du transport en question.

Audio

Interviewer	Léo, qu'est-ce qu'il y a comme transports dans votre ville ?
Léo	Moi, j'habite à Lille. Souvent, je prends le métro… mais on peut aussi prendre le bus ou le tram.
Interviewer	Amir, qu'est-ce qu'il y a comme transports dans votre ville ?
Amir	Normalement, on prend le bus. On peut aussi prendre un taxi… ou un train. Moi, j'aime bien les vélos en libre-service qu'on trouve ici à la Rochelle.
Interviewer	Faïza, dans votre ville, qu'est-ce qu'il y a comme transports ?
Faïza	J'habite à Tamatave, Madagascar. Ici, il y a des pousse-pousse… et il y a des taxis. On peut aussi prendre le bateau. Il n'y a pas de métro ici.
Interviewer	Valentine, dans votre ville, qu'est-ce qu'il y a comme transports ?
Valentine	J'habite à Paris, alors il y a tout ! Moi, je prends souvent le métro… ou le bus. On peut aussi se déplacer en *Vélib'*, les vélos en libre-service. Et depuis 2011, il y a le service *Autolib'* – des voitures électriques en libre-service. Il y a même des pousse-pousse ici !

Réponse

Léo : 2, 1, 3

Amir : 1, 5, 4, 6

Faïza : 9, 5, 8

Valentine : 2, 1, 6, 7, 9

3 Lisez

Page 66

Avant la lecture, expliquez que le système de vélos en libre-service à Montréal s'appelle bixi ; ce mot est la contraction de bicyclette et taxi.

Réponse

1 **FAUX** (il parle du métro, du bixi, du tram mais pas du bus)

2 **VRAI** (il dit que c'est super)

3 **VRAI** (toutes les cinq minutes)

4 **FAUX** (il y a les bixis)

5 **FAUX** (c'est pour 2021)

4 Écrivez

Page 66

Les élèves écrivent quelques phrases pour décrire les transports dans leur localité.

Grammaire en contexte

Page 66

Les prépositions *à* / *en* (+ transport)

On utilise la préposition *en* seulement si l'on voyage à l'intérieur d'un véhicule (*aller en voiture, en bus, en taxi,* etc.) et *à* pour les autres moyens de transport (*aller à vélo, à pied, à cheval*).

Léo, Amir et Faïza ont visité des villes candidates pour un jumelage.

1 Lisez

Page 67

Les élèves lisent les cartes postales, dont le texte leur permet de consolider la compréhension du passé composé avec *avoir* (appris au chapitre 4). Ils déduisent d'après le contexte le sens des mots nouveaux (par exemple : *pollué, voyager, carte postale, rapide, bises, d'abord, nager, faire une promenade, la bibliothèque*) et cherchent les autres dans le glossaire ou le dictionnaire.

Réponse

1 Paris

2 des monuments historiques, l'Arc de Triomphe, la tour Eiffel, (des boîtes de nuit)

3 les monuments historiques, les attractions pour les jeunes, les transports en commun

4 en métro

5 en Martinique

6 le bateau

7 il a fait une promenade et il a vu la cathédrale Saint-Louis et la bibliothèque Schoelcher

2 Lisez et parlez

Page 67

Activité à deux : les élèves font une liste des aspects positifs et négatifs de chaque ville.

Réponse

	Paris	Fort-de-France
aspects positifs	ville animée, beaucoup de monuments historiques, beau, super attractions pour les jeunes, beaucoup de boîtes de nuit, transports en commun super, métro rapide, auberges de jeunesse	grande ville, au bord de la mer, bien aimé le centre-ville
aspects négatifs	assez pollué, je n'ai pas vu de camping	pas beaucoup d'activités pour les jeunes

3 Lisez

Page 67

Les élèves complètent la carte postale de Faïza en utilisant les verbes dans l'encadré qu'ils conjuguent au passé composé. Expliquez le sens de *grosses bises* et dites-leur qu'on utilise souvent cette expression à la fin d'une carte postale, d'un e-mail ou d'une lettre qu'on envoie à quelqu'un qu'on connaît bien.

Réponse

1 j'ai pris, 2 j'ai visité, 3 j'ai fait, 4 j'ai mangé, 5 j'ai vu, j'ai admiré

Grammaire en contexte

Page 67

Les participes passés irréguliers

Demandez aux élèves de relever dans les cartes postales de Léo et Amir les verbes en *-er* au passé composé (*j'ai visité, j'ai trouvé, j'ai nagé, j'ai bien aimé*) et ensuite les verbes qui ont un participe passé irrégulier (*j'ai vu, j'ai pris, je n'ai pas vu, j'ai d'abord pris, j'ai fait, j'ai vu*).

Ils peuvent alors faire des phrases avec *j'ai fait, j'ai pris* et *j'ai vu*.

Cahier d'exercices 5/3

Page 15

Cet exercice permet aux élèves de consolider le présent et le passé composé. Les élèves écrivent une phrase avec chacune des formes verbales au passé composé, par exemple : *J'ai aimé les musées à Paris*. Faites remarquer aux élèves que les verbes dans la liste ne sont pas tous conjugués à la même personne et qu'ils peuvent remplacer un pronom par un nom ou un prénom, par exemple : *Alain a fait la vaisselle*.

Réponse

infinitif	présent	passé composé
aimer	j'aime	j'ai aimé
trouver	on trouve	on a trouvé
visiter	nous visitons	nous avons visité
faire	il fait	il a fait
prendre	ils prennent	ils ont pris
voir	elle voit	elle a vu

4 Écrivez

Page 67

Les élèves se mettent à la place d'une personne francophone qui visite leur localité et écrit une carte postale à un(e) ami(e). Rappelez-leur comment conclure une carte postale pour un(e) amie.

Bienvenue à Vannes !

Vannes est une ville française située sur la côte sud de la Bretagne.

Familiarisez les élèves avec les mots de la légende. Pour les aider à mémoriser ces mots vous pouvez leur dire ce qu'on fait dans un de ces endroits, ou pourquoi on y va et ils doivent deviner l'endroit, par exemple : *je prends le train ⊠ la gare, je suis blessé ⊠ l'hôpital*. Vous pouvez aussi leur donner un nom d'objet associé à cet endroit, par exemple : *un timbre ⊠ la poste, un train ⊠ la gare*, etc.

Cahier d'exercices 5/4 Page 15

Cet exercice permet de consolider le vocabulaire de la ville.

1. Il y a trois restaurants dans la ville (numérotés). Les élèves lisent le texte et regardent le plan de ville pour savoir à quel restaurant va Noé.
2. Ils imaginent ensuite qu'ils sont au parking et se dirigent vers l'un des trois restaurants ; comme Noé, ils écrivent ce qu'ils ont vu ou visité en route.
3. Ils lisent leur texte à un autre élève, qui doit dire à quel restaurant va son camarade..

Réponse

1 Restaurant numéro 2

Cette activité peut aussi se faire avec un plan de la localité du lycée et avec d'autres points de départ et d'arrivée. Familiarisez les élèves avec le vocabulaire des directions dans l'encadré *Vocabulaire* à la page 68. Faites-leur répéter plusieurs fois les phrases, que les élèves essaient ensuite de mémoriser en travaillant à deux : l'élève A donne une direction et l'élève B traduit la phrase ou dessine le symbole correspondant. Si la réponse est correcte, il marque un point, puis ils inversent les rôles. S'il y a un tableau interactif dans la classe, vous pouvez y projeter un plan de ville, sur lequel un élève peut indiquer où quelqu'un se trouve en suivant les directions données par un autre élève.

Expliquez que, dans une ville, une rue peut aussi s'appeler *un boulevard* ou *une avenue* si elle est grande, et *une allée* ou *un chemin* si elle est petite.

Grammaire en contexte Page 68

L'impératif

L'impératif est la forme verbale que l'on utilise lorsqu'on donne un ordre, des conseils ou des instructions. Expliquez aux élèves que pour former impératif, on prend le verbe conjugué au présent de l'indicatif à la deuxième personne du singulier, à la première personne du pluriel et à la deuxième personne du pluriel, en retirant le pronom personnel sujet. Il est important de souligner que pour les verbes en *-er*, la deuxième personne du singulier perd le *-s* de la terminaison. Un verbe à l'impératif peut aussi se mettre à la forme négative.

1 Lisez et écoutez Page 68

Les élèves vont entendre quelques personnes françaises demander leur chemin parce qu'elles sont dans une ville qu'elles ne connaissent pas. Ils écoutent l'enregistrement et font les exercices. Pour le premier exercice, les élèves doivent identifier le nom de l'endroit : cette information se trouve dans la question de chaque dialogue. Pour le deuxième exercice, les élèves doivent identifier l'instruction qui a été donnée pour que la personne puisse se rendre à sa destination.

Audio

1

– L'hôpital, c'est par ici, s'il vous plaît ?

– Oui. Allez tout droit et l'hôpital est sur votre droite.

– D'accord, merci.

2

– Où est l'office de tourisme, s'il vous plaît ?

– L'office de tourisme ? Tournez à gauche.

– Je tourne à gauche, bon d'accord. Je vous remercie.

3

– Pour aller à la cathédrale, s'il vous plaît ?

– La cathédrale ? Alors, allez tout droit et c'est sur votre gauche.

– Tout droit et sur la gauche. D'accord.

4

– Excusez-moi, où est la poste ?

– La poste ? Traversez la rue et c'est en face.

– Ah, je traverse la rue et c'est en face. Très bien, merci.

5

– Pardon, pour aller à la gare ?

– Prenez le bus numéro 7. Traversez la rue, l'arrêt de bus est tout près.

– Je vous remercie. Au revoir !

6

– Est-ce qu'il y a un musée par ici ?

– Oui, le musée est tout près, sur votre droite.

– Super, merci.

7

– Pour aller à l'hôtel de ville, s'il vous plaît ?

– Tournez à droite et prenez la deuxième à gauche.

– À droite et deuxième à gauche, Merci.

8

– Le port, c'est par ici ?

– Ah non, le port, c'est assez loin. Continuez jusqu'au bout de la rue et c'est en face.

– Ah d'accord. Merci bien.

9

– Est-ce qu'il y a un commissariat par ici ?

– Oui, prenez la deuxième à gauche, traversez la place et c'est sur votre gauche.

– Entendu, merci.

10

– Où est le grand parking, s'il vous plaît ?

– Allez jusqu'au port et c'est là.

– Bien, merci !

Réponse

1 1 hôpital (2), 2 l'office de tourisme (9), 3 la cathédrale (6), 4 la poste (5), 5 la gare (1), 6 le musée (7), 7 l'hôtel de ville (4), 8 le port (11), 9 le commissariat (8), 10 le parking (10)

2 1 **A**, **I**, 2 **C**, 3 **A**, **J**, 4 **F**, 5 **G**, **K**; 6 **K**, **I**, 7 **B**, **D**, 8 **L**, **H**, 9 **E**, **G**, **J**, 10 **H**

2 Lisez

Page 68

Cet exercice montre aux élèves qu'il existe différentes façons de demander son chemin.

Réponse

Le/la X, c'est par ici ?

Où est le/la X, s'il vous plaît ?

Pour aller à la/au X, s'il vous plaît ?

Est-ce qu'il y a un/une X par ici ?

Une visite guidée à Vannes.

1 Lisez

Page 69

Les élèves regardent le plan à la page 68 et lisent le texte pour répondre à la question.

Réponse

4 : l'hôtel de ville

Cahier d'exercices 5/5

Page 16

1 Cet exercice permet aux élèves de consolider par écrit ce qu'ils viennent d'apprendre. Il est également une bonne préparation à l'épreuve de rédaction de l'examen. Comme il y a plusieurs itinéraires possibles, vous pouvez dire aux élèves plus doués de choisir un itinéraire plus long ou plus compliqué.

2 Les élèves comparent ensuite leurs réponses à celles de leur partenaire.

Réponse possible

1 Avec la gare derrière toi, tourne à gauche.

2 Continue tout droit dans la rue de la Gare.

3 Ne tourne pas à droite à côté du port.

4 Ne prends pas la première rue à gauche.

5 Prends la deuxième rue à gauche, entre le marché et le musée.

6 Traverse la place de l'église.

7 Tu vois la poste à droite.

8 Continue jusqu'au bout de la rue.

9 Tourne à droite et continue tout droit dans la rue Decker.

10 Ma maison est en face, à côté de l'office de tourisme.

2 Écoutez

Page 69

Les élèves regardent le plan de la ville, écoutent chaque podcast et identifient la destination de chaque personne.

Audio

1

L'hôtel de ville est juste derrière vous. D'abord, traversez la rue Thiers et allez en direction du port. Puis, prenez la deuxième rue à gauche, la rue Émile Burgault. Continuez tout droit et c'est là, sur votre gauche, en face du Musée des Beaux-Arts.

2

Vous êtes dans les jardins des Remparts. D'abord, prenez la rue Decker en direction du port. Sortez des jardins et prenez la première à droite. Continuez tout droit. Au bout de la rue, tournez à droite et c'est sur votre droite.

3

Vous êtes à la poste. Quand vous sortez de la poste, tournez à gauche dans la rue Thiers. Continuez tout droit jusqu'au boulevard de la Paix. Tournez à droite et prenez la troisième à gauche. Allez tout droit et au bout de la rue, prenez la première à droite. Allez tout droit et c'est là, sur votre gauche.

Réponse

1 la cathédrale, 2 le marché, 3 la gare

3 Parlez Page 69

Pour cette activité à deux, les élèves regardent le plan à la page 68 : l'élève A indique le chemin et l'élève B devine la destination, puis ils changent de rôle.

4 Écrivez et parlez Page 69

Cet exercice pratique permet aux élèves de consolider par écrit et oralement tout ce qu'ils ont appris jusqu'à présent dans ce chapitre. Il est suggéré ici d'enregistrer ce qu'ils ont écrit car c'est généralement moins intimidant que de faire une présentation en classe. C'est également une bonne façon d'améliorer la langue orale, car ils peuvent s'écouter les uns les autres et se corriger ; vous pouvez aussi les écouter et leur donner des conseils pour améliorer leur prononciation et leur intonation.

Pour aller plus loin, vous pouvez ensuite demander aux élèves d'imaginer qu'un(e) ami(e) va venir leur rendre visite. Ils envoient donc un e-mail à leur ami(e) pour lui indiquer le chemin à suivre de la gare (par exemple) à leur maison. Ou encore, ils peuvent écrire des instructions pour aller de la gare au lycée, qui pourraient figurer dans la brochure de l'école à l'intention de futurs élèves francophones souhaitant visiter le lycée.

Ma ville : carte d'identité.

La Guadeloupe est un département français d'outre-mer constitué de sept îles et situé dans la mer des Caraïbes, à 6 200 km de la France et à 2 200 km des États-Unis. Terre-de-Haut est une ville située sur l'une de ces îles.

Marrakech est une ville pittoresque et historique située au pied des montagnes de l'Atlas. C'est la quatrième plus grande ville du Maroc. Le Maroc, qui a été une colonie française, est devenu un pays indépendant en 1956.

Vous pouvez demander aux élèves de faire des recherches plus approfondies sur Internet concernant ces deux endroits.

2 Lisez Page 70

Avant de répondre aux questions, les élèves peuvent lire le texte à voix haute pour améliorer leur prononciation et leur intonation.

Les textes qui contiennent beaucoup d'adjectifs permettent d'en réviser l'accord ; toutefois, le but de cet exercice est d'apprendre aux élèves à exprimer une opinion et utiliser *parce que*. La troisième opinion utilise le connecteur *par contre ;* le chapitre 7 fournira un récapitulatif des connecteurs appris depuis le début.

Avant de faire l'exercice, les élèves font d'abord quelques déductions d'après le contexte, puis cherchent dans le glossaire ou le dictionnaire les mots qu'ils ne connaissent pas, par exemple : *à mon avis, vraiment, par contre, ici, le paradis, surtout.*

Réponse

1 Terre-de-Haut, 2 Marrakech, 3 Marrakech, 4 Terre-de-Haut, 5 Marrakech, 6 Terre-de-Haut

1 Lisez et parlez Page 70

Avant de répondre aux questions, les élèves lisent les fiches d'information et essaient de déduire d'après le contexte les mots nouveaux (par exemple : *superficie, minibus, attractions, fort, jardin botanique, plage, nautique, le désert, océan, gare routière, mosquée*).

Réponse

		Terre-de-Haut	Marrakech
1	C'est où ?	à la Guadeloupe, au bord de la mer	au Maroc, à la campagne, entre le désert, la montagne et la mer
2	On peut se déplacer comment ?	en bateau, en avion, en minibus	en bus, en taxi, en taxi collectif, en train, en avion
3	Qu'est-ce qu'il y a à voir ?	fort Napoléon, jardin botanique, cases créoles, plages	quartiers historiques (la Médina), les jardins publics, les mosquées, les musées, les marchés (les souks), les restaurants, le stade
4	Qu'est-ce qu'on peut faire ?	aller à la plage, faire des sports nautiques, manger au restaurant	faire du tourisme, faire du shopping, faire du sport, manger dans un restaurant

3 Compréhension

Page 70

Cet exercice aide les élèves à identifier les différents types d'opinions.

Réponse

les deux : 1, 3, 5

positive : 2, 6

négative : 4

Les élèves peuvent ensuite écrire leurs propres opinions sur chacune des villes en utilisant des adverbes d'intensité, et les partager avec un partenaire ou le reste de la classe. Vous pouvez aussi leur demander de comparer les deux villes et ainsi réviser le comparatif et superlatif des adjectifs. Pour approfondir leur compréhension poser-leur des questions, comme par exemple : *Quelle ville est la plus grande ? Marrakech. Quelle ville est la plus près de la mer ? Terre-Haute.*, etc.

Grammaire en contexte

Page 70

Les adverbes d'intensité

Familiarisez les élèves avec ces adverbes et demandez-leur d'en chercher dans les textes. Faites-leur remarquer que, généralement, l'adverbe suit le verbe qu'il décrit, mais précède l'adjectif qu'il décrit, et qu'à l'oral, il faut mettre l'accent sur l'adverbe d'intensité.

4 Imaginez

Page 71

Clermont est une ville située dans la province du Québec au Canada. Le nom de Clermont a été donné à cette ville pour rendre hommage au philosophe français Blaise Pascal, qui était originaire de la ville française de Clermont-Ferrand.

Cette activité peut se faire oralement ou par écrit. Encouragez les élèves à exprimer des opinions (*j'adore, j'aime, je n'aime pas, je déteste, je trouve, je ne trouve pas, à mon avis, pour moi*) et à utiliser des adverbes d'intensité.

5 Écrivez et parlez

Page 71

1 Les élèves écrivent un paragraphe sur leur localité en utilisant les adverbes d'intensité et les expressions d'opinion qu'ils viennent d'apprendre. Ils peuvent aussi chercher de nouveaux mots pour exprimer leurs opinions.

2 Activité de classe : les élèves lisent le paragraphe qu'ils viennent d'écrire sur leur localité et notent tous les aspects positifs et négatifs.

Ils peuvent aussi imaginer qu'ils viennent d'emménager dans une nouvelle ville et ils envoient un e-mail à un(e) ami(e) francophone pour en donner leurs premières impressions.

Cahier d'exercices 5/6

Page 16

Cet exercice permet aux élèves de travailler par écrit différentes façons d'exprimer une opinion, tout en utilisant le vocabulaire sur la ville ainsi que des expressions d'intensité. Les réponses sont personnelles.

6 Lisez et écoutez

Page 71

Audio

Émilie	Pour moi la ville idéale pour notre jumelage, c'est Marrakech, parce que c'est une ville très intéressante et très animée. Et il y a un aéroport vraiment moderne et de bons transports en commun.
Alice	À mon avis, Marrakech est beaucoup trop grande parce qu'il y a un million d'habitants et notre ville est petite… deux mille habitants !
Émilie	Par contre, il y a beaucoup d'attractions : des marchés, des musées, des jardins publics…
Alice	J'aime Terre-de-Haut. Pour moi, c'est la ville jumelle idéale, parce que la ville est assez petite et c'est au bord de la mer, comme nous.
Émilie	Ah non, je ne suis pas d'accord. Il n'y a pas de quartiers historiques, seulement un monument historique. Et je trouve ça trop calme !

Réponse

Émilie choisit Marrakech parce que c'est une ville intéressante et animée, parce qu'il y a un aéroport moderne, de bons transports en commun et beaucoup d'attractions comme des marchés, des musées et des jardins publics.

Alice choisit Terre-de-Haut parce que c'est une ville assez petite au bord de la mer. Marrakech est trop grande.

Les élèves peuvent jouer à deux la conversation en faisant attention à l'intonation et en mettant l'accent sur les adverbes d'intensité. Ils peuvent ensuite dire des phrases et leur partenaire doit deviner la ville, par exemple : *J'aime cette ville parce qu'elle est calme – Terre-de-Haut. Je déteste cette ville parce qu'il y a trop d'habitants – Marrakech.*

7 Parlez

Page 71

Il serait bon avant de faire cet exercice de récapituler oralement toutes les expressions d'opinion ainsi que les adjectifs et adverbes qu'ils ont appris jusqu'ici et qu'ils utiliseront dans cette activité.

Les élèves discutent d'abord en groupe leur choix de ville jumelle, puis écrivent un paragraphe qu'ils lisent ensuite au reste de la classe. Vous pouvez leur donner une liste de mots et d'expressions que vous voulez qu'ils utilisent dans leur paragraphe.

Révisions

Bienvenue à Dakar !

Dakar

Les tâches qui suivent permettent aux élèves de mettre en pratique dans un contexte différent ce qu'ils ont appris dans ce chapitre et de découvrir un autre pays francophone : le Sénégal.

Expliquez que *Dakar Dem Dikk* est le nom de la compagnie de bus qui opère à Dakar, *une gazelle* est le nom donné à la bière locale, *tiep bou djen* est une spécialité culinaire sénégalaise et *le maquis* est le nom donné à un type de restaurant traditionnel.

Vous pouvez leur demander de faire des recherches sur Léopold-Sédar-Senghor (1906–2001), qui était un grand poète et écrivain sénégalais et le premier Africain à siéger à l'Académie française. Il a aussi été un homme politique éminent : il a d'abord été ministre en France, puis premier président de la République du Sénégal (1960–1980).

1 Lisez

Page 72

Réponse

B un prospectus

2 Compréhension

Page 72

Réponse

1. 1 un maquis, 2 tiep bou djen, 3 la gazelle,
   4 le mbalax, 5 la lutte sénégalaise,
   6 Léopold-Sédar-Senghor
2. **A** Goûtez les spécialités africaines au restaurant !
   B Faites la fête dans une boîte de nuit africaine !
   C Découvrez la culture sénégalaise !
   D Voyagez dans le temps !

3 Écrivez

Page 72

Ce type d'exercice est un bon entraînement pour les tâches de l'épreuve de rédaction et encourage en même temps les élèves à utiliser la langue de façon créative.

Les élèves peuvent également choisir de faire une brochure sur une autre ville francophone et comparer ensuite cette ville à la leur ; ceci serait alors une bonne pratique pour le travail écrit.

6 Mon paradis sur terre

Thème et sujets	**Loisirs et travail** Vacances **Environnements urbains et ruraux** Géographie physique ; Météo ; Voisinage
Points lexicaux	Les pays et les régions Les cartes Le paysage Le climat Les prévisions météo Les fêtes et coutumes Les récits de voyage
Points grammaticaux	Pronom relatif *où* Le comparatif des adjectifs Les verbes impersonnels Les adverbes en *-ment* Le passé composé avec *être*
Textes	**Réceptifs** Extrait de guide touristique, bulletin météo (radio et journal), messages sur forum, page web, blog : récit de voyage **Productifs** Carte postale, message pour forum, extrait de guide / page web
Coin IB	**Théorie de la connaissance** • Pourquoi les gens s'habillent-ils différemment pour faire la fête ? • Toutes les fêtes sont-elles religieuses ? • Est-il nécessaire de comprendre tous les mots d'un texte pour en comprendre le sens ou le message ? **Travail écrit** • Comparer la géographie et le climat de son pays à ceux d'un pays francophone • Comparer une fête dans son pays à une fête dans un pays francophone **CAS** • Écrire un article dans le magazine du lycée sur un voyage scolaire • Organiser un voyage ou une excursion pour la classe • Organiser pour le carnaval un concours et un défilé de masques créés par les élèves du lycée **Examen oral individuel** • Décrire un stimulus visuel représentant des personnes faisant la fête • Décrire une photo représentant un lieu de vacances avec des activités de vacances • Décrire le temps qu'il fait ou sa saison préférée **Épreuve de rédaction** • Écrire une carte postale d'un lieu de vacances • Écrire une affiche pour une fête • Écrire une brochure touristique pour sa ville ou sa région • Raconter une fête à laquelle on a assisté • Écrire un bulletin météorologique

Ce chapitre couvre essentiellement les sujets Géographie physique, Météo et Voisinage tirés du thème *Environnements urbains et ruraux*, et introduit le sujet Vacances du thème *Loisirs et travail* dans un contexte de voyages dans différents pays francophones. Le chapitre est conçu dans le cadre d'un concours : décrivez votre paradis sur terre, pour gagner un voyage. Il introduit les sujets Vacances et Transport qui seront étudiés en détail dans le chapitre 8, dans le contexte d'un voyage en France.

Les élèves apprendront le comparatif des adjectifs (le superlatif sera traité dans le chapitre 8) et le passé composé des verbes qui se conjuguent avec l'auxiliaire *être* (le passé composé des verbes qui se conjuguent avec *avoir* a été traité dans les chapitres 4 et 5). Ils apprendront également l'utilisation du pronom relatif *où* et la formation des adverbes de manière. Ils réviseront l'impératif qu'ils ont appris dans le chapitre 5. Ils développeront leurs compétences productives et interactives en utilisant le vocabulaire et la grammaire appris dans différentes activités orales ou écrites.

1 Mise en route

Page 73

Révisez le vocabulaire déjà connu et qui sera réutilisé dans ce chapitre : *la mer*, *la montagne*, *la campagne*, *la ville*, ainsi que les couleurs et les vêtements, en posant des questions sur les photos ou des questions personnelles. Les élèves devinent ou cherchent dans le dictionnaire la signification des mots *paradis, terre, climat, fête, coutume, voyage, gagner*, etc. Puis ils répondent aux questions à la page 73.

Réponse

1 1 géographie, 2 cuisine, 3 climat, 4 fêtes et coutumes

2

1 Je vois une cascade dans une forêt.

2 Je vois des morceaux de viande et de légumes en sauce dans un bol en bois. Je vois aussi un piment rouge et une cuiller en bois.

3 Je vois un ciel bleu, des nuages blancs et le soleil.

4 Je vois des filles. Elles participent à un défilé de carnaval.

Pour aller plus loin avec les élèves qui ont atteint un bon niveau, vous pouvez leur poser d'autres questions, comme par exemple celles qui suivent.

Première photo

– À votre avis, dans quelle partie du monde est-ce qu'on a photographié ce paysage ?

C'est peut-être dans une région tropicale.

– Quel temps fait-il ?

Il fait beau.

– Décrivez l'atmosphère de ce paysage.

L'atmosphère est paisible et relaxante et le paysage est enchanteur.

– À votre avis, c'est quelle saison ? Pourquoi ?

C'est l'été car les feuilles des arbres sont vertes et l'eau est calme.

– Est-ce que vous aimez cet endroit ? Pourquoi ?

(Réponse personnelle)

Résumé : Sur la photo, on voit une belle cascade dans une forêt qui se trouve peut-être dans une région tropicale car la végétation est dense. C'est l'été car il fait beau, l'eau est calme et les feuilles sur les arbres sont vertes. L'atmosphère est paisible et relaxante et le paysage est enchanteur.

Deuxième photo

– À votre avis est-ce que c'est un plat européen ?

Non, ce plat a l'air exotique et épicé, je pense donc qu'il vient d'ailleurs, peut-être d'Afrique du Nord.

– Aimeriez-vous goûter ce plat ?

Oui parce que j'aime la cuisine exotique / Non parce que je n'aime pas la cuisine épicée / parce que je suis végétarien(ne).

Résumé : Sur cette photo on peut voir des morceaux de viande et de légumes en sauce dans un bol en bois. Il y a aussi un piment rouge et une cuiller en bois. Comme ce plat a l'air exotique et épicé, je pense qu'il n'est pas européen mais qu'il vient d'ailleurs peut-être d'Afrique du Nord. Je n'aimerais pas goûter ce plat car je suis végétarien(ne).

Troisième photo

– C'est quelle saison à votre avis ?

C'est l'été parce que le soleil brille.

– C'est quel moment de la journée ?

C'est le début de l'après-midi car le soleil est haut dans le ciel.

– Est-ce qu'il va bientôt pleuvoir ?

Non parce que les nuages ne sont pas gris et le ciel est clair.

– D'après vous, qu'est-ce qu'il y a sous ce ciel bleu ?

À mon avis il y a une plage de sable fin bordée de palmiers.

Résumé : Sur cette photo on peut voir un ciel bleu, des nuages blancs et le soleil. C'est probablement l'été et le début de l'après-midi car le soleil est haut dans le ciel. Il ne va pas pleuvoir car les nuages ne sont pas gris et le ciel est clair. J'imagine qu'en dessous de ce beau ciel bleu il y a une belle plage de sable fin bordée de palmiers.

Quatrième photo

– Décrivez les filles.

Elles sont jeunes et belles. Elles ont les cheveux longs et bruns. Elles portent un costume de carnaval avec beaucoup de fleurs.

– Pourquoi est-ce que les filles sourient ?

Elles sourient parce que c'est un jour de fête et elles sont heureuses de participer au carnaval.

– À votre avis, dans quelle partie du monde se passe cette scène ?

Cette scène se passe dans un pays chaud comme la Martinique peut-être car on voit des palmiers et des fleurs exotiques.

– Quel temps fait-il ?

Il fait beau.

– À votre avis, quel événement est-ce qu'on célèbre ?

C'est peut-être Mardi gras.

– Avez-vous déjà assisté à ce genre d'événement ?

(Réponse personnelle)

Résumé : La photo représente un défilé de carnaval. Sur la photo, on voit deux jeunes filles qui portent un costume de carnaval avec beaucoup de fleurs. Elles sont belles et elles ont des cheveux longs et bruns. Elles sourient parce qu'elles sont heureuses de participer au carnaval de Mardi gras. Comme il fait chaud et qu'on remarque des fleurs exotiques et des palmiers, la scène se passe probablement dans un pays chaud comme la Martinique.

Vous aimez quel genre de paysages ? Consultez ces extraits de guides touristiques.

1 Recherchez

Page 74

Les élèves cherchent dans le dictionnaire les mots de vocabulaire dans l'encadré.

Si la question vous est posée, expliquez que l'article *des* qui accompagne le nom au pluriel devient *de* si l'adjectif est placé devant le nom, par exemple : *des villages* mais *de jolis petits villages, des plages* mais *de longues plages*. Bien sûr, à ce niveau nous n'attendons pas des élèves qu'ils maîtrisent ce point de grammaire.

2 Imaginez

Page 74

Les élèves divisent en deux une feuille de papier, d'un côté ils écrivent les mots de vocabulaire qui se trouvent dans l'encadré et de l'autre côté ils dessinent un symbole représentant ce mot. Ils plient ensuite la feuille et ils travaillent à deux : l'élève A regarde le symbole et doit dire le mot, l'élève B dit si c'est correct ou pas, puis ils inversent les rôles.

Cahier d'exercices 6/1

Page 17

Réponse

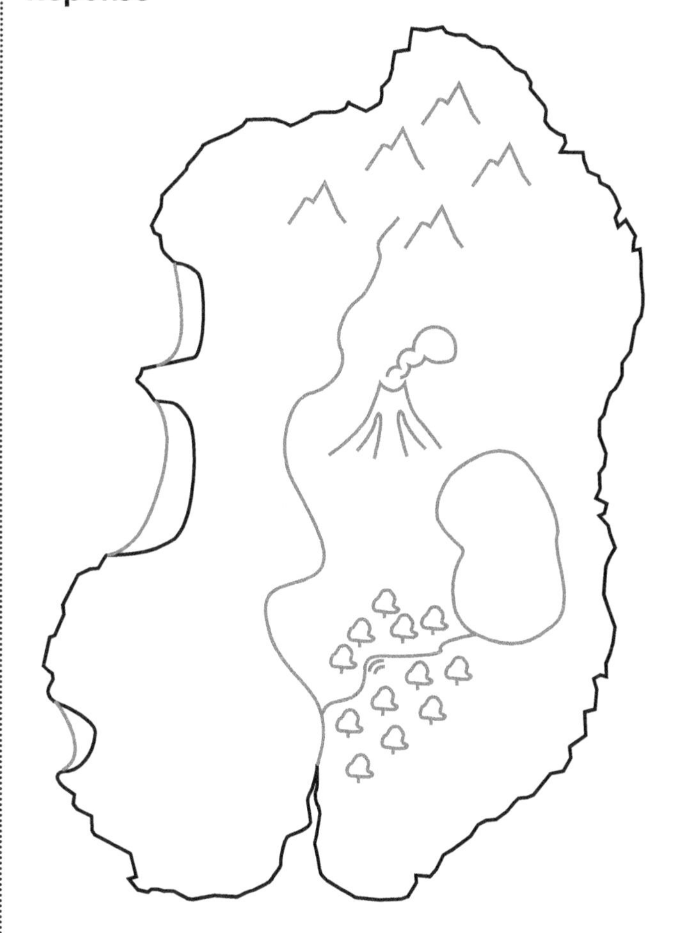

3 Lisez

Page 74

Les élèves lisent les textes et trouvent les mots qu'ils viennent d'apprendre et qui sont dans l'encadré *Vocabulaire*.

Réponse

une île, l'océan, un volcan, une montagne, une plaine, une forêt, une cascade, la mer, une plage, un plateau, un désert, une rivière, une vallée, une dune

Puis ils cherchent dans le dictionnaire les autres mots qu'ils ne connaissent pas ou qu'ils ont oubliés. Ils peuvent ensuite lire les textes à voix haute pour travailler la prononciation et l'intonation.

Grammaire en contexte

Page 74

Le pronom *où*

Donnez le sens du pronom *où* et expliquez qu'il peut être utilisé comme pronom interrogatif dans une question (comme dans le premier exemple : *C'est où ?*) ou comme pronom relatif dans une phrase complexe (comme dans le second exemple : *C'est une île où l'on trouve des paysages fantastiques*). Dans ce cas, il sert à relier deux phrases simples ; il remplace toujours dans la proposition relative le mot qui le précède et qui fait partie de la proposition principale.

4 Compréhension

Page 75

Réponse

1 **Faux :** « on trouve de longues plages (surtout dans le sud-ouest) »

2 **Vrai :** « les montagnes de l'Atlas au centre »

3 **Vrai :** « et le désert du Sahara au sud »

4 **Faux :** « Le Sahara couvre 85% du pays »

Vous pouvez leur poser d'autres questions orales, notamment pour consolider *où*, par exemple : Où est l'île de La Réunion ? Où est Madagascar ? Où est l'Algérie ? Où est-ce qu'il y a des dunes ? Où est-ce qu'il y a des volcans ?

Vous pouvez aussi leur demander de faire des phrases sur le texte du type : La Réunion est une belle île où on trouve des paysages fantastiques.

Exemples : La Réunion est une île où il y a des volcans. Le Sahara est un désert où il y a des dunes.

Grammaire en contexte

Page 75

Le comparatif des adjectifs

Expliquez la formation du comparatif de supériorité et d'infériorité des adjectifs et rappelez aux élèves que les adjectifs doivent toujours s'accorder en genre et en nombre avec les noms qu'ils décrivent.

 Cahier d'exercices 6/2

Page 17

Cet exercice permet aux élèves de mettre en pratique le comparatif des adjectifs. Une fois l'exercice terminé, les élèves peuvent rechercher les endroits mentionnés dans l'exercice pour savoir où ils se trouvent. Ils peuvent aussi écrire d'autres phrases semblables sur leur région ou pays.

Réponse

1 La Corse est plus grande que l'île d'Oléron. / L'île d'Oléron est moins grande que la Corse.

2 Le lac d'Annecy est plus petit que le lac de Châlain. / Le lac de Châlain est moins petit que le lac d'Annecy.

3 Le mont Sainte-Anne est moins haut que le mont d'Iberville. / Le mont d'Iberville est plus haut que le mont Sainte-Anne.

4 Le Piton des Neiges est plus vieux que le Piton de la Fournaise. / Le Piton de la Fournaise est moins vieux que le Piton des Neiges.

5 La Soummam est moins longue que le Chélif. / Le Chélif est plus long que la Soummam.

6 L'Atlantique est moins profond que le Pacifique. / Le Pacifique est plus profond que l'Atlantique.

5 Parlez

Page 75

Activité à deux : les élèves continuent à mettre en pratique le comparatif des adjectifs en inventant des phrases « vrai / faux » sur les textes à la page 74.

6 Écoutez

Page 75

Avant d'écouter l'enregistrement, révisez le vocabulaire nécessaire pour comprendre l'enregistrement, notamment les adjectifs *montagneux, volcaniques, agréable, fertile, beau, belle*, etc.

Audio

Interviewer	Azza, c'est comment, l'endroit où tu habites ?
Azza	Ici, c'est très beau. J'habite dans le nord. Il n'y a pas de montagnes, il y a des plaines. Au centre, c'est plus montagneux.
Interviewer	Paul, c'est comment, l'endroit où tu habites ?
Paul	C'est joli. J'habite dans le sud, au bord de la mer. Il y a de belles plages, et derrière, on a les montagnes. Moi, je trouve la plage plus agréable que la montagne.
Interviewer	Magali, c'est comment, l'endroit où tu habites ?
Magali	C'est un paysage volcanique… les touristes aiment voir les volcans… mais on peut aussi visiter des forêts, avec de belles cascades et de jolis villages très pittoresques.
Interviewer	Farid, c'est comment, l'endroit où tu habites ?
Farid	Ici, c'est le désert. C'est beaucoup moins fertile que dans le nord du pays. Ici, il n'y a pas de mer et peu de rivières. Il y a des plaines de pierre… et beaucoup de sable !

Réponse

Azza habite en Algérie : « J'habite dans le nord. Il n'y a pas de montagnes, il y a des plaines. Au centre, c'est plus montagneux. »

Paul habite à la Réunion : « J'habite dans le sud, au bord de la mer. Il y a de belles plages, et derrière, on a les montagnes. »

Magali habite à la Réunion : « C'est un paysage volcanique… »

Farid habite en Algérie : « Ici, c'est le désert. »

7 Parlez **Page 75**

Activité à deux : les élèves se posent des questions pour mettre en pratique le vocabulaire.

8 Écrivez **Page 75**

Les élèves écrivent un paragraphe de 40 à 60 mots pour décrire leur pays. Encouragez-les à utiliser le vocabulaire qu'ils viennent d'apprendre, le pronom *où* et des adjectifs au comparatif.

Point info **Page 75**

Expliquez que *piton* est le nom donné à des montagnes volcaniques comme celles qu'on trouve à l'île de la Réunion. Vous pouvez aussi leur demander de faire plus de recherches sur l'île de la Réunion.

Il fait quel temps dans votre paradis sur terre ?

Familiarisez les élèves avec les mots dans l'encadré *Vocabulaire*. Faites-leur répéter les mots. Dites-leur que les phrases avec *il y a* peuvent aussi être utilisées avec *il fait*, par exemple : *il y a du soleil / il fait du soleil, il y a du vent / il fait du vent.*

1 Écrivez et parlez **Page 76**

Les élèves font deux listes, puis ils travaillent avec un(e) partenaire pour mettre en pratique le vocabulaire nouveau.

2 Écoutez et parlez **Page 76**

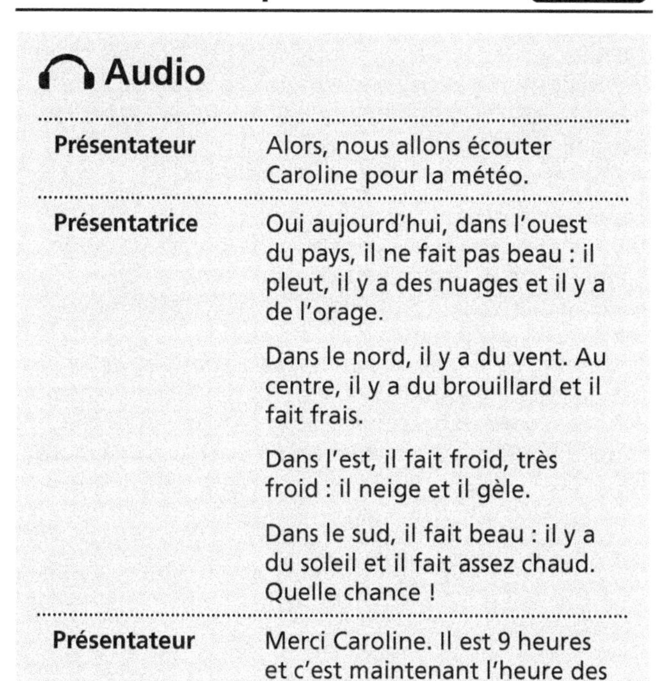

Audio

Présentateur	Alors, nous allons écouter Caroline pour la météo.
Présentatrice	Oui aujourd'hui, dans l'ouest du pays, il ne fait pas beau : il pleut, il y a des nuages et il y a de l'orage. Dans le nord, il y a du vent. Au centre, il y a du brouillard et il fait frais. Dans l'est, il fait froid, très froid : il neige et il gèle. Dans le sud, il fait beau : il y a du soleil et il fait assez chaud. Quelle chance !
Présentateur	Merci Caroline. Il est 9 heures et c'est maintenant l'heure des informations…

Expliquez les mots *météo* et *bulletin météo*. Pour la deuxième question, l'élève doit fournir une réponse qui correspond aux symboles.

Réponse

1 La carte **A**

2 **Réponse possible :** Aujourd'hui, dans l'ouest du pays, il fait frais et il y a des nuages. Dans le nord, il y a du brouillard, il fait froid et il pleut. Dans le centre, il y a du soleil. Dans l'est, il fait chaud et il y a de l'orage. Dans le sud, il fait beau et il y a du vent.

En s'aidant d'un ordinateur, ils peuvent ensuite créer un bulletin météorologique et le présenter à la classe comme s'ils présentaient un bulletin météorologique à la radio.

Cahier d'exercices 6/3 **Page 18**

Cette grille de mots croisés permet aux élèves de consolider le vocabulaire qu'ils viennent d'apprendre.

Réponse

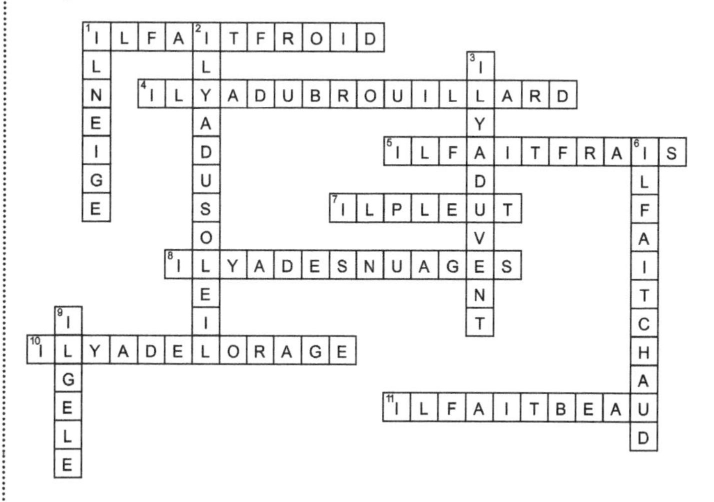

3 Écrivez

Page 76

Familiarisez les élèves avec le nom des quatre saisons et les prépositions en bas de l'encadré *Vocabulaire*. Vous pouvez aussi leur expliquer que si la saison commence par une voyelle ou un *h* muet, on utilise *en* et si elle commence par une consonne, on utilise *au*.

Les élèves écrivent 65 mots pour décrire le temps qu'il fait dans leur paradis durant les différentes saisons de l'année. Le but de cet exercice est d'encourager les élèves à manipuler la langue en ajoutant, retirant ou remplaçant des mots pour arriver au nombre exact. Ils peuvent procéder en deux étapes : d'abord écrire leur paragraphe, puis ajouter ou enlever des adverbes comme *très*, des connecteurs comme *et, mais*, des verbes à la forme négative, etc., jusqu'à ce qu'ils aient exactement 65 mots.

4 Lisez et parlez

Page 76

Les élèves lisent le bulletin météo, de préférence à voix haute, et répondent aux questions. Le texte est similaire à ceux qu'on trouve dans les journaux et le vocabulaire y est donc plus varié et plus difficile ; cependant, l'exercice n'exige pas une compréhension détaillée du texte mais une compréhension globale avec l'aide du vocabulaire qu'ils viennent d'apprendre.

Réponse

1 B, 2 dans le sud, 3 automne, 4 dans l'est, 5 octobre, 6 il pleut

Pour exploiter le texte davantage, posez d'autres questions, par exemple : *Où / Quand est-ce qu'il y a des risques d'orages ? Il fait du brouillard où ? Quel temps fait-il dans les Alpes ?* Vous pouvez demander aux élèves de créer d'autres questions et de les poser à un(e) partenaire ou à la classe.

Quel est le moment idéal pour visiter les pays francophones ? Voici des réponses sur un forum.

Ces trois messages postés sur un forum en ligne permettent aux élèves de réviser les mois de l'année, les connecteurs (*par contre, mais, parce que*), les adverbes (*très, assez, surtout, aussi, souvent, rarement, de temps en temps*). Expliquez la structure *de… à…* (par exemple : *de mai à novembre*) et assurez-vous qu'ils ont compris le sens des mots *la mi-octobre, venir* et *l'été indien.*

1 Compréhension

Page 77

Après avoir lu les messages, les élèves répondent aux questions sur les photos.

Réponse

A La Réunion, la saison chaude, de novembre à avril, **B** Le Québec, en automne, fin-septembre à mi-octobre

Ces messages sont très riches et peuvent être exploités davantage. Vous pourriez demander aux élèves d'identifier tous les adjectifs ; faites-leur remarquer que le féminin de *frais* est *fraîche*. Vous pourriez leur demander ce qu'ils aiment ou n'aiment pas dans chaque région, ou la saison qu'ils préfèrent dans chaque région et pourquoi. Les élèves peuvent créer des questions sur les textes et les poser à un(e) partenaire ou à la classe. Vous pouvez leur donner une liste de phrases et leur demander d'identifier à qui elles se rapportent : *En juin, il fait frais* (Magali), *En juillet, c'est l'hiver* (Magali), *Il ne pleut pas en juillet* (Farid), *Le printemps est la saison la plus agréable* (Farid), *Il neige en novembre* (François), *En septembre, les arbres sont beaux* (François), etc.

Un bon exercice de préparation à l'examen est de demander aux élèves à quoi se réfèrent certains mots du texte, comme dans la grille ci-dessous.

Dans la phrase…	**le mot…**	**se rapporte à…**
il est tropical (Magali)	il	le climat
où la mer est chaude (Magali)	où	la côte ouest
le climat est différent (Farid)	différent	le climat
Le moment idéal pour venir ici (Farid)	ici	en Algérie
Les couleurs des arbres sont extraordinaires (François)	extraordinaires	les couleurs

Grammaire en contexte Page 77

Les verbes impersonnels

Expliquez que ces verbes s'appellent des verbes impersonnels parce que le sujet du verbe est toujours le pronom *il* et que ce pronom ne remplace aucun nom. C'est pourquoi on parle de *verbe impersonnel*. Le verbe aura donc toujours la terminaison de la troisième personne du singulier.

Attention : tous les verbes précédés de *il* ne sont pas impersonnels. Par exemple, dans *J'aime le climat ici, il est tropical*, *il* remplace *le climat*, le verbe n'est donc pas impersonnel ; mais dans *il fait toujours beau*, *il* ne remplace aucun mot, c'est donc un verbe impersonnel.

2 Lisez Page 77

Les élèves relèvent tous les verbes impersonnels dans les messages.

Réponse

9 dans le message de Magali; 7 dans le message de Farid; 10 dans le message de François

Cahier d'exercices 6/4 Page 18

Les élèves écrivent une carte postale, en disant par exemple où ils sont, à quoi ça ressemble, l'heure qu'il est, quel temps il fait.

3 Lisez et parlez Page 77

Réponse

1 Québec, 2 la Réunion, 3 L'Algérie

Les élèves pourraient ensuite écrire des phrases semblables à celles de l'exercice.

Vous pouvez aussi poser aux élèves les questions suivantes : *Vous voudriez visiter quelle région/quel pays : la Réunion, l'Algérie ou le Québec ? À quel moment de l'année ? Expliquez pourquoi.*

4 Écrivez Page 77

Les élèves écrivent un petit article sur le climat de leur pays et indiquent le meilleur moment pour le visiter.

Ils peuvent ensuite faire un sondage de classe pour savoir quels sont les traits caractéristiques les plus populaires du paradis sur terre. Pour cela, ils écrivent une liste de questions qu'ils poseront à leurs camarades, par exemple : *Il fait chaud / froid ? Il y a des plages ? Il y a des montagnes ?*

Faire la fête, c'est important pour vous ? Ces sites web donnent des informations sur quelques fêtes francophones.

Soit avant, soit après l'étude des fêtes à la Réunion, en Martinique et à Montréal, les élèves peuvent rechercher sur Internet des fêtes dans d'autres villes francophones, par exemple : le carnaval de Binche en Belgique, la fête des vendanges à Neuchâtel en Suisse, ou en France le carnaval de Nice, les fêtes de Bayonne, les fêtes de Gayant à Douai, ou encore la Fête des Fleurs du Touquet.

1 Mise en route Page 79

Expliquez comment identifier les mots clés pour une compréhension globale : par exemple, il n'est pas nécessaire de comprendre tous les adverbes ni tous les adjectifs ; il n'est pas nécessaire non plus de chercher les mots avec une majuscule à l'intérieur d'une phrase car il s'agit de noms propres, et si on connaît la signification d'un adjectif, on peut deviner la signification de l'adverbe qui correspond à cet adjectif.

Les élèves identifient au maximum huit mots clés et les cherchent dans le dictionnaire dans un temps limité. Vous pouvez leur demander de dire à tour de rôle l'un de ces mots avec sa signification et vous les écrivez au tableau au fur et à mesure. Puis vous pouvez leur demander de résumer dans la langue d'instruction du lycée les idées principales de ces textes.

2 Lisez et écrivez Page 79

Réponse

C'est quelle fête ? C'est le Dipavali, fête hindoue des lumières.

C'est où ? À Saint-André, île de la Réunion.

C'est quand ? En octobre–novembre.

Ça dure combien de temps ? 10 jours.

Qu'est-ce qu'on fait ? Il y a des expositions, des conférences et des spectacles de musique et de danse. On regarde le défilé traditionnel de chars et le feu d'artifice. On visite le village artisanal indien.

Qu'est-ce qu'on mange ? Le briani réunionnais (riz aux légumes ou au poulet), et des confiseries indiennes (bonbons *ladou* et *kalou*).

3 Lisez Page 79

Réponse

1 la Fête des Neiges, 2 le Grand Carnaval, 3 le Grand Carnaval, 4 la Fête des Neiges, 5 la Fête des Neiges, 6 le Grand Carnaval

Encouragez ensuite les élèves à écrire d'autres phrases sur les fêtes et à les comparer avec celles d'un(e) camarade.

4 Lisez et écrivez

Page 79

Les élèves recopient puis remplissent la grille.

Réponse

C'est quelle fête ?	Carnaval, Martinique	Fête des Neiges, Québec
La fête, c'est où ?	Fort-de-France	Montréal
C'est quand ?	En mars	En janvier/février
Ça dure combien de temps ?	10 jours	3 week-ends
Qu'est-ce qu'on fait ?	On écoute de la musique, on regarde les parades, on visite le marché.	On visite le village de glace, on fait des sports d'hiver, on prend un traîneau à chiens ou à cheval
Qu'est-ce qu'on mange ?	Beignets à la banane, pomme, ananas, etc.	Tarte au sucre

5 Parlez

Page 79

Activité à deux : l'élève A pose les questions dans la grille sur une fête de leur pays et l'élève B répond, puis ils inversent les rôles.

Grammaire en contexte

Page 79

Les adverbes en *-ment*

Expliquez aux élèves que les adverbes de manière se forment en ajoutant *-ment* à la forme féminine de l'adjectif. Dites-leur aussi que si l'adjectif au masculin se termine par une voyelle, on ajoute *-ment* à la forme masculine, par exemple : *absolu → absolument.*

Vous pouvez leur demander d'écrire une liste de cinq adjectifs qu'ils connaissent, puis de les mettre au féminin et d'écrire l'adverbe qui correspond :

chaud → chaude → chaudement

rare → rare → rarement

6 Lisez

Page 79

Les élèves relisent les pages des sites web et y trouvent les adverbes de la grille de *Grammaire en contexte*, plus quatre autres.

Réponse

Les quatre autres : absolument, sûrement, probablement, généralement

Vous pouvez ensuite leur demander l'adjectif qui correspond à ces adverbes, par exemple : *sûrement → sûr.*

7 Écrivez

Page 79

Avant de faire cet exercice, révisez l'impératif qui a été vu préalablement dans le chapitre 5 à la page 68.

Les élèves écrivent un paragraphe pour un site web sur une fête de leur région ou de leur pays. Encouragez-les à inclure des réponses à toutes les questions, à donner beaucoup de détails et à utiliser des adverbes et des verbes à l'impératif. Certains peuvent choisir le style du texte sur la Réunion, qui est plus facile, et ceux qui sont plus avancés peuvent choisir le style du texte sur la Martinique ou Montréal.

L'île de la Réunion, c'est le paradis pour Nathan ? Lisez son blog de voyage pour le savoir.

Dans cette section le texte est plus long, ce qui permettra aux élèves de développer leurs compétences réceptives.

1 Compréhension

Page 81

Les élèves font d'abord une lecture rapide pour identifier les adjectifs et les expressions qui indiquent une opinion.

Réponse

Positive :

voilà mon idée du paradis !

ma petite chambre, très sympa

des rues piétonnes vraiment pittoresques

un délicieux cocktail de fruits

moi, j'ai adoré !

des paysages absolument magnifiques

On a trouvé ça génial !

On a beaucoup aimé.

2 Lisez

Page 81

Les élèves lisent à nouveau le texte et essaient de déduire d'après le contexte le sens des mots qu'ils ne connaissent pas. Ils peuvent ensuite discuter des stratégies qu'ils ont utilisées. Par exemple, *dernier* – le passé composé indique que c'est une action passée, donc l'an qui est passé est l'an dernier ; *température* – les mots qui suivent *28 degrés* donnent l'explication.

Grammaire en contexte

Page 81

Le passé composé avec *être*

Révisez l'auxiliaire *être* au présent de l'indicatif, puis expliquez que certains verbes, qui expriment pour la plupart un mouvement ou un changement d'état, se conjuguent au passé composé avec l'auxiliaire *être* et que le participe passé de ces verbes s'accorde avec le sujet du verbe comme indiqué dans la grille à la page 81. À la forme négative, *ne* se met devant l'auxiliaire *être* et *pas* se met après.

Pour les aider à mémoriser ces verbes, vous pouvez utiliser différentes stratégies.

1 Créez une mnémonique avec les premières lettres de chaque verbe, par exemple : Dr Vrandremstramp ⊠ **D**evenir, **r**evenir, **V**enir, **r**ester, **a**ller, **n**aître, **d**escendre, **r**entrer, **e**ntrer, **m**onter, **s**ortir, **t**omber, **r**etourner, **a**rriver, **m**ourir, **p**artir. Ceci est un exemple et les élèves peuvent inventer leur mnémonique personnelle.

2 Faites un dessin ou trouvez un dessin sur Internet qui vous aidera à mémoriser ces verbes (entrez les mots clés « maison d'être » sur votre moteur de recherche).

3 Racontez une histoire en utilisant tous ces verbes. Par exemple :

Marc et ses amis **sont allés** en vacances à la montagne dans le village où Marc **est né**. Ils **sont arrivés** à l'hôtel à 19 heures. Ils **sont entrés** dans le restaurant pour dîner à 20 heures. Le matin, Marc **est parti** faire du ski et il **est monté** jusqu'en haut de la montagne. Pour descendre plus vite, il **est sorti** de la piste mais il **est tombé** et il **est descendu** jusqu'en bas en glissant. Il **est resté** longtemps immobile sur la neige sans pouvoir se relever, mais heureusement il n'**est** pas **mort** parce que ses amis **sont venus** l'aider. Quand il **est revenu** de l'hôpital, il **est rentré** chez lui et il n'**est** jamais **retourné** faire du ski. Depuis cet accident il **est devenu** plus prudent.

3 Lisez

Page 81

Réponse

je suis parti, nous sommes arrivés, nous sommes allés, Je suis monté, Mes parents sont restés, (Louane et moi,) nous sommes sortis, nous sommes descendus, Louane est retournée, je suis rentré, je ne suis pas monté, Louane et ma mère sont allées, mon père et moi sommes allés, nous sommes tous allés

Cahier d'exercices 6/5

Page 19

Dans cet exercice, les élèves doivent faire la différence entre le présent et le passé composé. Vous pouvez ensuite leur demander de mettre au présent les phrases qui sont au passé composé et au passé composé les phrases qui sont au présent.

Réponse

1 P, 2 PC, 3 P, 4 PC, 5 PC, 6 P, 7 PC, 8 PC, 9 PC, 10 P

Cahier d'exercices 6/6

Page 19

1 partis
2 restée
3 allés
4 venue
5 sorties
6 resté
7 passés

Rappelez aux élèves que lorsque deux noms sont sujets du verbe, la terminaison du verbe est celle de la troisième personne du pluriel. Si le sujet se compose d'un nom suivi de *et moi*, la terminaison du verbe est celle de la première personne du pluriel.

Cahier d'exercices 6/7

Page 19

Cet exercice permet de mettre en pratique le passé composé des verbes qui se conjuguent avec *être*. Demandez ensuite aux élèves si les réponses seraient les mêmes si c'était le frère de Julie qui répondait aux questions.

Réponse

1 (je) suis allée
2 (Nous) sommes parties
3 (nous) sommes arrivées
4 (ma mère) est sortie
5 (je) suis restée
6 (Ma mère et Alexis) sont rentrés
7 (Alexis) est retourné
8 (Alexis, ma mère et moi) sommes montés
9 (je) suis allée
10 (Ma mère et moi) sommes rentrées

4 Écrivez et parlez

Page 81

Les élèves recopient les phrases dans l'ordre et comparent leur réponse à celle d'un(e) camarade.

Réponse

6, 3, 8, 10, 7, 2, 1, 9, 5, 4

Posez ensuite des questions, par exemple : *C'est quoi, St Denis ? Comment est-ce que la famille a voyagé ? Où est-ce que les parents sont restés ? Qu'est-ce qu'ils ont vu ?*

5 Parlez

Page 81

Avant de commencer, les élèves peuvent écrire une liste de questions sur le blog, qu'ils vont ensuite poser à leur partenaire.

Activité à deux : l'élève A pose des questions et l'élève B répond sans dire oui ni non.

Prononciation

Page 81

Expliquez que le *-e* et le *-s* sont muets dans les participes passés et faites-leur prononcer les mots dans la boîte. Demandez-leur ensuite de relever de tels participes passés dans le blog de Nathan.

6 Parlez

Page 81

Activité à deux : l'élève B est Nathan et répond aux questions de l'élève A qui est l'intervieweur. Puis ils inversent les rôles. Cet exercice pourrait aussi se faire par écrit.

7 Écrivez

Page 81

En adaptant les réponses aux questions de l'exercice précédent, les élèves racontent un voyage qu'ils ont fait. Le format peut être celui d'un e-mail à un(e) ami(e) ou d'une page d'un journal intime ou d'un article dans le magazine du lycée. Encouragez les élèves à utiliser des adverbes et des adjectifs.

Révisions

Gagnez un voyage au paradis !

1 Mise en route

Page 82

Les élèves décrivent les photos et disent l'endroit qu'ils préfèrent et pourquoi. Ce genre d'exercice est une bonne préparation à l'oral interne.

2 Imaginez

Page 82

Le but de cet exercice c'est d'écrire une rédaction dans laquelle les élèves peuvent utiliser leur imagination, ainsi que tout le vocabulaire et les structures qu'ils ont appris jusqu'ici. Ils peuvent utiliser le vocabulaire du chapitre 3 pour décrire les maisons dans leur paradis sur terre, celui du chapitre 4 pour décrire la nourriture qu'on y mange et celui du chapitre 5 pour décrire les endroits qu'on y trouve. Si vous voulez que les élèves travaillent aussi le passé composé, la tâche pourrait être la page d'un journal intime où les élèves racontent leur visite dans leur paradis sur terre.

7 Temps libre

Thème et sujets	**Loisirs et travail** Divertissements ; Médias ; Sport
Points lexicaux	Les activités de loisirs La télévision La musique Le sport
Points grammaticaux	Les pronoms relatifs *qui*, *que* *Depuis* Verbe + préposition Les verbes pronominaux au passé composé *C'était* + adjectif Les connecteurs logiques
Textes	**Réceptifs** Poster d'un centre de loisirs, histogramme des loisirs, questionnaire, programme de télé, article, interview, journal intime décrivant un week-end **Productifs** Histogramme, article court, journal intime pour un week-end
Coin IB	**Théorie de la connaissance** • Est-ce que les activités de loisirs sont importantes ? • Est-ce qu'il y a des activités de loisirs qui sont meilleures que d'autres ? **Travail écrit** • Comparer les activités de loisirs des jeunes dans son pays à celles des jeunes dans un pays francophone **CAS** • Écrire en français le compte-rendu d'une activité sportive ou créative **Examen oral individuel** • Apprendre le vocabulaire requis pour décrire un stimulus visuel • Décrire des activités de loisirs sur des photos **Épreuve de rédaction** • Écrire le script d'une interview • Raconter dans son journal intime les activités d'un week-end particulier • Écrire un article sur le week-end d'une personne célèbre

Ce chapitre a trait au thème *Loisirs et travail* et couvre le vocabulaire sur les activités de loisirs, les passe-temps, les émissions et les horaires de télévision et de radio, les instruments de musique, le sport et la routine du week-end. Il utilise comme prétexte des enquêtes poursuivies par l'association (fictive) de « jeunes reporters » francophones. Il présente aussi les points grammaticaux suivants : les pronoms relatifs *qui* et *que*, *depuis*, les verbes *jouer* et *faire* suivis d'une préposition, les verbes pronominaux au passé composé, *c'était* + adjectif et les connecteurs logiques ; il présente la construction *c'était* + adjectif, en avance de l'imparfait couvert plus en détail dans le chapitre 11.

Les élèves apprendront à parler de leurs loisirs, à s'informer sur les loisirs des autres et à exprimer des opinions sur différentes activités de loisir.

1 Mise en route

Page 83

Les élèves regardent le poster et cherchent dans le dictionnaire le nom des objets qu'ils y observent et l'activité de loisir que chaque objet représente. Ils forment ensuite des phrases pour expliquer ce qu'on peut faire à la Maison des jeunes. Vous pouvez ensuite leur demander ce qu'ils font durant leur temps libre.

Réponse

On peut faire des activités créatives, des sorties, des jeux, des sports, du skateboard, du tennis, du basket, de la peinture, de l'écriture, des photos, de l'informatique, de la musique / du clavier, chanter.

L'association Jeunes Reporters fait une enquête sur les loisirs des jeunes dans les pays francophones.

1 Lisez

Page 84

Les élèves essaient d'associer chaque photo à l'activité appropriée. Ils peuvent chercher dans le glossaire les mots inconnus pour vérifier qu'ils ont trouvé les bonnes réponses. Ils peuvent aussi chercher le sens des mots qu'ils ne connaissent pas dans les phrases qu'ils n'ont pas utilisées.

Réponse

A 2, **B** 4, **C** 9, **D** 1, **E** 3, **F** 8

Ils peuvent ensuite travailler à deux : l'élève A dit une phrase (par exemple : *Chez les Belges, faire du sport est plus populaire que regarder la télé.*), puis l'élève B dit si c'est vrai ou faux et justifie sa réponse (par exemple : *C'est faux parce que 63% des Belges font du sport et 93% regardent la télé).* Ils inversent ensuite les rôles. Cette activité leur permet aussi de conjuguer certains verbes et de réviser les nombres.

Autre activité possible pour réviser les nombres : l'élève A dit un pourcentage et l'élève B doit donner l'activité qui y correspond, puis ils changent de rôle.

Cahier d'exercices 7/1

Page 20

Cet exercice permet de vérifier si l'élève a bien mémorisé les phrases de l'histogramme.

Réponse

1 **H**, 2 **A**, 3 **G**, 4 **D**, 5 **C**, 6 **B**, 7 **J**, 8 **F**, 9 **E**, 10 **I**

2 Écoutez et écrivez

Page 85

Cet exercice aide les élèves à consolider le vocabulaire nouveau et à mettre en pratique les expressions temporelles *souvent, de temps en temps, jamais.* Dites aux élèves d'être très attentifs car les activités mentionnées dans l'audio ne suivent pas l'ordre de la grille. Il est conseillé de pauser l'enregistrement à intervalles réguliers pour donner aux élèves le temps de remplir la grille.

Audio

Interviewer	Camille, merci pour ton document sur les loisirs en Belgique. Parle-nous de tes activités de loisirs. Tu regardes la télévision ?
Camille	Oui, je regarde souvent la télévision et des DVD. Par contre, je ne vais jamais au cinéma, c'est trop cher.
Interviewer	Est-ce que tu vas sur Internet ?
Camille	Oui, souvent, comme tout le monde, mais je ne joue jamais à des jeux sur mon ordinateur.
Interviewer	Tu écoutes de la musique ?
Camille	J'écoute souvent de la musique et je joue du piano très souvent, presque tous les jours.
Interviewer	Et le sport, tu fais souvent du sport ?
Camille	Ah non ! Enfin, je fais du sport de temps en temps, au lycée.
Interviewer	Tu vas prendre un verre avec des copains ?
Camille	Oui, de temps en temps, j'aime bien, mais par contre, je ne sors jamais en boîte. Je n'aime pas ça.
Interviewer	Tu vas souvent dans les parcs d'attractions ?
Camille	Non, jamais, je déteste ça. Par contre, je vais souvent à des expositions et des musées – je trouve ça intéressant.
Interviewer	Tu fais partie d'un mouvement de jeunesse ?
Camille	Non. Ça ne m'intéresse pas vraiment.
Interviewer	Tu lis souvent ?
Camille	Oui, j'aime bien lire ; je lis souvent des livres historiques.
Interviewer	Et des BD ?
Camille	Bof, non, je ne lis jamais de BD, je n'aime pas vraiment ça.

Réponse

	souvent	de temps en temps	jamais
Jouer d'un instrument	✓		
Faire partie d'un mouvement de jeunesse			✓
Visiter des musées, des expositions	✓		
Sortir (en boîte)			✓
Lire une BD			✓
Lire un livre	✓		
Faire du sport		✓	
Visiter un parc d'attractions			✓
Aller prendre un verre		✓	
Jouer à des jeux sur console / ordinateur			✓
Aller au cinéma			✓
Regarder des DVD	✓		
Écouter de la musique	✓		
Aller sur Internet	✓		
Regarder la télé	✓		

3 Parlez Page 85

Cet exercice à deux permet de consolider la forme interrogative et négative. L'élève A pose des questions en suivant le modèle de la grille et l'élève B y répond, puis ils inversent les rôles. Dites aux élèves d'utiliser des stylos de couleur différente pour cocher les cases qui s'appliquent à eux, puis celles qui s'appliquent à leur partenaire.

4 Recherchez Page 85

1 Les élèves cherchent dans le dictionnaire le nom des activités qu'ils pratiquent et qui ne figurent pas dans l'histogramme de Camille.

2 Les élèves font un histogramme pour la classe. Pour cela, écrivez au tableau les activités de l'histogramme de Camille, puis ajoutez à la liste les activités supplémentaires. Posez ensuite des questions à la classe pour savoir le nombre d'élèves qui pratiquent chacune des activités de la liste. Demandez-leur de lever la main s'ils pratiquent l'activité mentionnée dans votre question, tandis qu'un élève compte le nombre de mains levées et inscrit ce nombre au tableau.

Ils peuvent ensuite comparer les deux histogrammes et former des phrases pour mettre en pratique le vocabulaire nouveau, tout en révisant le comparatif et la forme négative. Par exemple : *Les Belges regardent plus la télé que nous ; Nous allons plus souvent sur Internet que les Belges ; Nous allons au théâtre mais les Belges n'y vont pas.*

Omar a envoyé à l'association Jeunes Reporters un article sur les loisirs des jeunes au Maroc.

Quels loisirs pour les jeunes Marocains?

1 Compréhension Page 85

Expliquez aux élèves qu'en France, pour les nombres décimaux, on utilise une virgule et non pas un point, comme par exemple aux États-Unis ou en Grande Bretagne.

Les élèves peuvent faire quelques recherches préalables sur le Maroc, suivies d'une courte présentation à la classe. Par exemple : *Le Maroc est situé en Afrique du nord. C'est une ancienne colonie française qui est devenue indépendante en 1956. Il y a environ 32 millions d'habitants. La capitale, c'est Rabat. Marrakech, Tanger, Fès et Casablanca sont des villes importantes.*

Après une première lecture, les élèves notent les activités que les jeunes marocains font plus ou moins souvent, puis comparent les statistiques qu'ils ont relevées à celles pour la Belgique à la page 84. Ils discutent ensemble des différences et de ce qui les surprend, puis essaient de déterminer les raisons de ces différences.

2 Lisez Page 85

Les élèves font une deuxième lecture, cette fois plus approfondie. Ils peuvent chercher dans le dictionnaire les mots qu'ils ont oubliés ou dont ils n'ont pas deviné le sens d'après le contexte à la première lecture.

Réponse

1 lire, musique, danse, théâtre, voir un spectacle, activité manuelle artistique, sport, regarder la télévision, écouter la radio

2 1 **FAUX**, 2 **VRAI**, 3 **VRAI**, 4 **FAUX**, 5 **FAUX**, 6 **VRAI**.

Pour rendre cette tâche un peu plus difficile, vous pouvez demander aux élèves de justifier leurs réponses en reprenant des mots exacts du texte : 1 **FAUX** (seulement 12,5% disent qu'ils lisent souvent) ; 4 **FAUX** (68,7% regardent la télévision ou écoutent la radio régulièrement) ; 5 **FAUX** (ce sont surtout des filles : 76,7% des jeunes marocaines ne font jamais de sport).

Vous pouvez aussi leur demander d'écrire des questions sur le texte qu'ils poseront ensuite à leur partenaire, par exemple : *Quel est le passe-temps préféré des jeunes Marocains ? – Regarder la télé ou écouter la radio.*

Pour exploiter l'aspect grammatical du texte, demandez aux élèves de relever tous les verbes et de les mettre à l'infinitif, par exemple, *travaillent* ⊠ *travailler*. Rappelez-leur que, dans le dictionnaire, ils ne trouveront que l'infinitif des verbes. Ce genre d'exercice les aidera donc à associer les formes conjuguées du verbe à son infinitif.

3 Écrivez

Page 85

Les élèves connaissent maintenant suffisamment de vocabulaire pour écrire un paragraphe sur les activités de loisirs des élèves de leur classe. Ceci leur permettra de bien mémoriser ce qu'ils viennent d'apprendre et de mettre en pratique les structures utilisées dans le texte qu'ils viennent de lire.

Demandez-leur ensuite de comparer oralement leurs propres statistiques à celles du Maroc, d'essayer de trouver les raisons de ces différences et s'ils ont vécu dans d'autres pays où les statistiques seraient différentes des leurs et de celles du Maroc.

Vous pouvez aussi leur faire écrire un autre paragraphe basé sur l'histogramme de Camille.

Les Jeunes Reporters font un sondage sur le loisir préféré de beaucoup de jeunes : la télévision.

1 Lisez

Page 86

Lisez les textes aux élèves une première fois pour les habituer à la bonne prononciation et à la bonne intonation, puis demandez-leur de les relire à voix haute. (Si c'est une petite classe, ils peuvent lire un texte chacun ; si c'est une classe plus grande, cette activité peut se faire à deux.) Faites-leur ensuite deviner, soit d'après le contexte, soit en leur donnant une explication, le sens des mots nouveaux : *téléréalité, documentaire, feuilleton, sauf, histoire, un jeu, candidat, transparent, épreuve, passionnant.*

Expliquez qu'en France, il existe beaucoup de chaînes de télévision, que certaines sont payantes, comme Canal+, et d'autres gratuites, comme TF1, France 2, France 3, France 5, Arte, M6.

Pour vous assurer que les élèves ont bien compris la tâche, demandez à deux élèves de lire le sondage pour Moussou et Léa et de répondre oralement aux questions de celui-ci devant toute la classe. Puis, pour Pierre et Anne-Sophie, ils peuvent soit travailler à deux, soit répondre par écrit.

Réponse

Moussou

1 Mon émission préférée, c'est *Secret Story*.

2 C'est une émission de téléréalité.

3 C'est sur TF1.

4 C'est le samedi à 17h50.

5 J'aime cette émission parce que c'est amusant.

Léa

1 Mon émission préférée, c'est *Plus belle la vie*.

2 C'est un feuilleton français.

3 C'est sur France 3.

4 C'est tous les jours, sauf le mercredi et le week-end, à 20h15.

5 Parce que j'aime bien les acteurs et les histoires sont intéressantes.

Pierre

1 Mon émission préférée, c'est (une émission qui s'appelle) *Le cube*.

2 C'est un jeu.

3 C'est sur France 2.

4 C'est le mercredi à 19h20.

5 J'aime cette émission parce c'est passionnant. Il y a un candidat qui est dans un grand cube transparent et qui passe des épreuves difficiles.

Anne-Sophie

1 C'est le *Journal*.

2 Les informations.

3 C'est sur TF1.

4 C'est tous les soirs à 20h.

5 C'est intéressant parce que je m'intéresse à la politique et aux événements dans le monde.

Voir les Fiches d'activités supplémentaires Chapitre 7, page 86 (1)

Les élèves ferment ensuite leur manuel et font de mémoire l'exercice suivant :

Associez les débuts et les fins de phrases. Attention, il y a plus de fins de phrases que de débuts !

1	On peut regarder *Secret Story*…	☐	**A**	un documentaire.
2	On peut regarder *Plus belle la vie*…	☐	**B**	sur TF1 à 19h20.
3	On peut regarder *Le cube*…	☐	**C**	sur TF1 le samedi soir.
4	On peut regarder le *Journal*…	☐	**D**	le week-end sur France 3.
5	*Secret Story* est…	☐	**E**	un film.
6	*Plus belle la vie* est…	☐	**F**	quatre jours par semaine sur France 3.
7	*Le cube* est…	☐	**G**	le mercredi soir sur France 2.
8	Le *Journal* est…	☐	**H**	une émission sportive.
			I	tous les soirs sur F1.
			J	une émission de téléréalité.
			K	le samedi soir sur France 2.
			L	une émission comique.
			M	un feuilleton.
			N	tous les jours sur France 3.
			O	un jeu.
			P	une émission d'informations.

Réponse

1 **C**, 2 **F**, 3 **G**, 4 **I**, 5 **J**, 6 **M**, 7 **O**, 8 **P**

Vous pouvez transformer en questions les débuts de phrases dans la colonne de gauche et les leur poser à livre fermé ; les élèves répondent oralement ou par écrit. Par exemple : *Quand et sur quelle chaîne peut-on regarder Secret Story ? – Le samedi soir sur TF1.*

Voir les Fiches d'activités supplémentaires Chapitre 7, page 86 (2)

Vous pouvez aussi faire une petite compétition de classe : lisez aux élèves une série de phrases se rapportant aux textes. Les élèves doivent, après chaque phrase, écrire sur leur cahier *vrai* ou *faux*. Celui qui a le plus de bonnes réponses est le gagnant. Par exemple :

1 *Secret Story* passe sur F3. (**FAUX**)

2 Pierre regarde *Le cube* sur France 2. (**VRAI**)

3 *Plus belle la vie* est une émission de téléréalité. (**FAUX**)

4 Moussou adore *Plus belle la vie*. (**FAUX**)

5 Anne-Sophie s'intéresse à ce qui se passe dans le monde. (**VRAI**)

6 *Le cube* est un jeu qu'on peut regarder tous les jours. (**FAUX**)

7 On peut regarder *Secret Story* seulement le samedi. (**VRAI**)

8 Le week-end, on ne peut pas regarder *Plus belle la vie*. (**VRAI**)

9 Pierre trouve les émissions de téléréalité passionnantes. (**FAUX**)

10 Léa regarde *Plus belle la vie* avec sa sœur. (**VRAI**)

2 Écoutez et écrivez

Page 86

Dans cet exercice, les élèves doivent écouter attentivement la conversation et noter le plus de détails possibles sur l'émission préférée de Marie.

Audio

Interviewer	Salut, Marie ! Merci de répondre à nos questions. Alors, quel est le titre de ton émission de télévision préférée ?
Marie	Mon émission préférée, c'est *Zone interdite*.
Interviewer	C'est quel genre d'émission ?
Marie	C'est un documentaire… un magazine de reportages.
Interviewer	C'est sur quelle chaîne ?
Marie	C'est sur M6.
Interviewer	C'est quel jour, à quelle heure ?
Marie	C'est le dimanche… à 20h50.
Interviewer	20h50, d'accord. Et pourquoi est-ce que tu aimes cette émission ?
Marie	Parce que j'aime les reportages sur l'actualité.

Réponse possible

émission préférée – *Zone interdite*, un documentaire… un magazine de reportages

chaîne – M6

le dimanche, 20h50

aime les reportages sur l'actualité

3 Écrivez et parlez

Page 86

1 Les élèves notent leurs réponses personnelles aux questions du sondage en haut de la page.

2 Activité à deux dans laquelle les élèves posent les questions du sondage à leur partenaire. Ils peuvent fournir des réponses personnelles ou en inventer en s'inspirant des textes écrits et audio sur lesquels ils viennent de travailler. Si les portables sont autorisés dans la salle de classe, les élèves peuvent filmer leur conversation et la partager ensuite avec d'autres.

Vous pouvez aussi demander aux élèves quel(s) appareil(s) ils utilisent pour regarder la télévision : un téléviseur fixe, un téléviseur portable, un ordinateur, etc.

Prononciation

Page 86

Expliquez aux élèves que *qu* en français se prononce *k*, comme dans le mot *kayak*. Vous pouvez leur demander de relever tous les mots comportant ce son dans le texte audio (*questions, quel, quelle, pourquoi, que*).

4 Recherchez

Page 86

Le but de cet exercice est d'apprendre aux élèves d'enrichir leur vocabulaire de façon indépendante. Les élèves comparent leur liste à celle de leur camarade. Ils peuvent également venir à tour de rôle écrire un mot de leur liste au tableau et en faire deviner le sens à leur camarade soit par des gestes, soit une explication, ou encore des indices. Tous les élèves peuvent ensuite recopier la liste des mots au tableau.

Morgane a des informations sur le programme TV en France.

Ce soir à la télévision

1 Lisez

Page 87

Les mots *survivre, jungle, équipe, cyclisme, résumé, étape, comédie, policier, autour de, Inde, des revenants, des morts, revenir, presque, parfait, repas, passer, fantômes* sont des termes nouveaux ; les élèves essaieront d'abord d'en déduire le sens d'après le contexte. Vous pouvez les aider en leur donnant des indices, puis ils chercheront dans le dictionnaire les mots dont ils n'ont pas deviné la signification.

Faites remarquer aux élèves que le mot *revenir* est composé du préfixe ***re-***, qui indique que l'action est répétée, et du verbe *venir* ; *revenir* signifie donc *venir* une nouvelle fois / encore une fois.

En lisant les phrases 1–6 de l'activité, faites-leur aussi remarquer les mots *que* et *qui*, qui sont des pronoms relatifs servant à relier des propositions pour former une phrase plus longue (voir l'encadré *Grammaire en contexte*).

Réponse

1 Koh Lanta
2 Les Routes de l'impossible
3 Un dîner presque parfait
4 L'après Tour
5 L'inspecteur la Bavure
6 Les Revenants

2 Lisez et parlez

Page 87

Activité à deux dans laquelle les élèves discutent des programmes figurant sur le programme TV. Pour aller plus loin, ils peuvent continuer la discussion en parlant des émissions qu'ils aiment regarder à la télévision dans leur pays.

Grammaire en contexte

Page 87

Les pronoms relatifs *qui, que*

Expliquez aux élèves à quoi servent les pronoms relatifs et la différence entre *qui* et *que*. Demandez-leur ensuite de relire les textes de Pierre et Anne-Sophie en haut de la page 86, d'identifier les pronoms relatifs et d'expliquer chaque fois pourquoi on a utilisé ce pronom et quel mot il remplace.

Réponse

c'est une émission ***qui*** *s'appelle Le cube* (*qui* est le sujet et remplace *une émission*)

C'est un jeu ***que*** *je regarde* (*je* est le sujet ; *que* est le COD et remplace *un jeu*)

un candidat ***qui*** *est dans un grand cube* (*qui* est le sujet et remplace *un candidat*)

et ***qui*** *fait des épreuves différentes* (*qui* est le sujet et remplace *un candidat*)

Je regarde le Journal ***qui*** *est une émission* (*qui* est le sujet et remplace *le Journal*)

Vous pouvez ensuite demander aux élèves d'utiliser le programme TV pour écrire quatre phrases avec *qui* et *que*, par exemple :

Koh Lanta est une émission **qui** passe sur TF1 à 20h45 et **que** je trouve intéressante.

L'après Tour est une émission **qu'**on peut regarder sur France 2 à 17h30 mais **qui** n'est pas passionnante.

L'inspecteur la Bavure est un film **qui** dure 1h35 et **que** je veux regarder ce soir.

Les Revenants est une série **qui** se passe dans un petit village français et **que** j'aime regarder.

Ou encore, pour les préparer aux exercices qui suivent dans le cahier d'exercices, vous pouvez leur donner les phrases sans les pronoms relatifs et leur demander de remplir les blancs avec *qui* ou *que*, puis de justifier leur réponse.

3 Lisez et écrivez Page 87

Cet exercice à trous a pour but de consolider l'apprentissage des pronoms relatifs.

Réponse

1 que, 2 qui, 3 qui, 4 que, 5 qui, 6 que

 Cahier d'exercices 7/2 Page 20

Cet exercice permet aux élèves d'utiliser les pronoms relatifs *qui* et *que/qu'*. Pour vous assurer qu'ils ne choisissent pas les pronoms au hasard, vous pouvez aussi leur demander de justifier leur choix.

Réponse

1 qui, 2 que, 3 qui, 4 qu', 5 qui, 6 qui

 Cahier d'exercices 7/3 Page 20

Cet exercice permet aux élèves d'écrire leurs propres phrases avec un pronom relatif, tout en mettant en pratique le vocabulaire qu'ils viennent d'apprendre. Pour aller plus loin, vous pouvez aussi leur demander d'écrire d'autres phrases en utilisant les informations de l'histogramme de la classe.

4 Écrivez Page 87

Dans cet exercice, les élèves peuvent mettre en pratique à l'écrit le vocabulaire qu'ils viennent d'apprendre et les pronoms relatifs. Lorsqu'ils ont terminé, ils peuvent lire ce qu'ils ont écrit à la classe, puis comparer leurs opinions et discuter des différences.

Des jeunes parlent de musique sur le forum des Jeunes Reporters.

1 Lisez Page 88

Cet exercice permet d'apprendre à parcourir rapidement un texte pour trouver des informations spécifiques.

Réponse

1 le violon, le piano, la batterie, la guitare, la musique classique, la soul, le jazz, le r'n'b, le rap, le rock, la techno, la musique pop, le funk, la world music, Ravel, Debussy

2 Arthur

3 Julie

Demandez aux élèves de nommer les instruments que l'on trouve dans différents groupes, comme par exemple dans un orchestre de chambre, un groupe de rock ou un groupe de jazz.

Cahier d'exercices 7/4 Page 20

Cet exercice permet aux élèves de mettre en pratique la structure *jouer + de* + instrument de musique. Expliquez-leur la règle *jouer + du* + instrument de musique masculin et *jouer + de la* + instrument de musique féminin.

Réponse

1 Je joue de la batterie.

2 Je joue de la guitare.

3 Je joue de la flûte.

4 Je joue du saxophone.

5 Je joue du piano.

6 Je joue de la trompette.

2 Recherchez Page 88

Afin d'élargir leur vocabulaire, les élèves cherchent le nom d'autres instruments dans le dictionnaire, puis posent des questions à leurs camarades pour découvrir ceux qui sont les plus populaires dans la classe.

Grammaire en contexte Page 88

Depuis

Demandez aux élèves de relever toutes les phrases dans les messages avec *depuis.* Ils peuvent ensuite dire et écrire depuis combien de temps ils font une activité, par exemple : *je joue du piano depuis trois ans.*

3 Écrivez Page 88

Si les élèves ne jouent pas d'un instrument de musique, dites-leur d'imaginer qu'ils en jouent. Cet exercice leur permet de manipuler les verbes et d'utiliser le vocabulaire qu'ils viennent d'apprendre.

Julien invente un test sur les loisirs pour le forum des Jeunes Reporters.

Jeu-test : Sociable ou solitaire ?

1 Lisez Page 89

Les élèves lisent les questions et font le jeu-test en notant simplement leurs points pour chaque activité, par exemple, *A – 2 points.*

2 Parlez Page 89

Activité à deux où les élèves comparent leurs résultats avec ceux de leur partenaire.

3 Recherchez et écrivez

Page 89

Cette activité à deux, où les élèves doivent inventer un jeu, leur permet d'être créatifs et d'élargir leur vocabulaire. Ils peuvent ensuite demander à d'autres élèves de faire le test qu'ils viennent de créer.

Une jeune reporter canadienne, Justine, interviewe Édouard, étudiant à Montréal.

1 Mise en route

Page 90

Les élèves trouvent la signification des activités sportives mentionnées dans l'encadré *Vocabulaire* et les classent ensuite en deux catégories : sports individuels et sports collectifs. Cette activité peut se faire seul ou à deux, par écrit ou oralement.

Réponse

Sports individuels : le cyclisme, le jogging, le ski, l'équitation, l'escalade, la gymnastique, la natation, la voile

Sports collectifs : le football, le handball, le hockey, le rugby, le tennis, la boxe

Certaines activités sportives peuvent être individuelles ou collectives, comme la voile par exemple. Demandez aux élèves d'identifier d'autres sports qui peuvent être individuels, collectifs, ou les deux.

Grammaire en contexte

Page 90

Verbe + préposition

Expliquez l'usage des verbes *faire de…*, *jouer à…* et *jouer de…* Demandez aux élèves d'écrire deux phrases pour chaque verbe en utilisant des pronoms différents (ce qui leur permet de réviser en même temps la conjugaison de *jouer* et *faire*).

Cahier d'exercices 7/5

Page 21

Cet exercice permet aux élèves de mettre en pratique la règle *faire* + préposition et *jouer* + préposition apprise ci-dessus.

Réponse

1 jouer au, 2 jouer du, 3 fait de la, 4 fais du, 5 joue de la, 6 faites de la, 7 joue de l', 8 fait de l'

2 Écoutez et lisez

Page 90

Lors de la première écoute, les élèves essaient d'identifier les sports qu'Édouard pratique.

Audio

Justine	Tu fais quel sport ?
Édouard	Je joue au hockey sur glace, un sport très populaire ici au Québec.
Justine	Depuis combien de temps ?
Édouard	Je joue au hockey depuis l'âge de cinq ans.
Justine	Tu t'entraînes souvent ?
Édouard	Je m'entraîne le jeudi soir et le samedi. J'ai des matchs de compétition le dimanche matin.
Justine	Qui est ton sportif ou ta sportive préféré(e) ?
Édouard	Mon sportif préféré, c'est David Desharnais. C'est un joueur de hockey dans l'équipe de Montréal, « les Canadiens ». Il est super parce qu'il est rapide et intelligent.
Justine	Tu soutiens une équipe ?
Édouard	J'habite à Montréal, alors je soutiens l'équipe de Montréal, qui s'appelle les Canadiens, bien sûr.
Justine	Tu fais aussi d'autres sports ?
Édouard	Oui, en hiver, j'aime bien faire du ski.

Réponse

le hockey sur glace, le ski

3 Compréhension

Page 90

Après une seconde écoute, les élèves répondent aux questions oralement ou à l'écrit. Ils lisent ensuite le texte pour vérifier leurs réponses. Demandez-leur s'ils ont compris le sens des mots *entraînes, compétitions, joueur, soutiens, bien sûr.* Faites-leur remarquer que le verbe *soutenir* est un verbe irrégulier qui se conjugue comme le verbe *venir.*

Réponse

1 Il a commencé à l'âge de cinq ans.
2 Il s'entraîne.
3 Il a des matchs de compétition.
4 Un joueur de hockey dans l'équipe de Montréal, les Canadiens.
5 Les Canadiens.
6 Il fait du ski.

4 Lisez et parlez

Page 90

Les élèves lisent à voix haute la conversation : l'élève A prend le rôle de Justine et l'élève B celui d'Édouard. Pour aller plus loin, vous pouvez demander aux élèves de relire la conversation mais cette fois, l'élève B donne une réponse personnelle aux questions de Justine, puis ils inversent les rôles.

Justine a interviewé d'autres jeunes. Voici ses notes.

5 Lisez

Page 91

Expliquez que le mot *moringue* vient du mot malgache *moraingy*, qui signifie *lutte-boxe*. Le moringue est donc un sport de combat originaire de Madagascar, qui est pratiqué dans les pays de l'Océan Indien ; c'est un type de boxe à poings nus, où les coups de pieds et de tête sont autorisés. Ce sport est pratiqué au rythme d'une musique à percussion et ceux qui y prennent part sont vêtus d'une chemise et d'un pantalon blancs.

Le but de cet exercice est de parcourir rapidement les notes de Justine pour trouver des informations spécifiques. Les notes vont aussi fournir des renseignements qui serviront de base pour des exercices productifs à l'oral et à l'écrit.

Réponse

1 le tennis, 2 le football, 3 Lucie Ignace, 4 Nikola Karabatic 5 le moringue, 6 la natation

6 Parlez

Page 91

Activité à deux : l'élève A pose les questions (voir l'interview, page 90) et l'élève B répond en jouant le rôle de Vincent ; puis, ils inversent les rôles.

7 Écrivez

Page 91

Après avoir pratiqué l'interview oralement, les élèves imaginent une interview avec Lauryne et en écrivent le script.

Réponse possible

- Tu fais quel sport ?
- Je fais du moringue. C'est une danse de combat.
- Depuis combien de temps ?
- Je fais du moringue depuis trois ans.
- Tu t'entraînes souvent ?
- Je m'entraîne une fois par semaine.
- Qui est ton sportif / ta sportive préféré(e) ?
- Ma sportive préférée, c'est Lucie Ignace, une karatéka réunionnaise qui a gagné une médaille d'or.
- Tu soutiens une équipe ?
- Non, je ne soutiens pas d'équipe.
- Tu fais aussi d'autres sports ?
- Oui, je fais du cyclisme et de la natation.

8 Lisez

Page 91

Cette activité permet aux élèves d'approfondir la compréhension des textes qu'ils viennent de lire, de revoir les pronoms relatifs et de pratiquer des exercices similaires à ceux de l'épreuve de compréhension de l'examen.

Réponse

1 **F**, 2 **A**, 3 **G**, 4 **B**, 5 **D**

9 Parlez

Page 91

Les élèves discutent des activités sportives mentionnées dans les textes : ces sports sont-ils populaires dans leur pays ? Si non, pourquoi ? Quels sports sont populaires dans leur pays et pourquoi ne sont-ils pas populaires dans les pays mentionnés dans les textes ? Ce genre de discussion est une bonne préparation au travail écrit de l'examen.

10 Écrivez

Page 91

Pour consolider tout ce qu'ils viennent d'apprendre, les élèves écrivent une réponse personnelle aux questions posées dans l'interview à la page 90. Encouragez-les à utiliser toutes les structures grammaticales apprises dans ce chapitre, par exemple : *depuis*, les pronoms relatifs, *jouer + de, jouer + à, faire + de* et des adverbes de temps comme *souvent, tous les week-ends.*

Voici des extraits du journal intime de plusieurs jeunes qui font des activités dans le cadre du Baccalauréat International.

1 Compréhension

Page 92

Les élèves lisent les extraits pour relever toutes les activités, qu'ils classent ensuite en trois groupes.

Réponse

A jouer du violoncelle, s'entraîner pour un concert, écrire un poème

B jouer au handball, jouer au football / s'entraîner avec une équipe de football, se promener au bord de la mer

C faire les courses pour une personne âgée, faire du bénévolat au centre aéré

Ils notent ensuite les mots qu'ils ne connaissent pas (par exemple : *poème, magazine, centre aéré, je me suis occupé…*) et, à deux, essaient d'en deviner le sens (ils peuvent vous demander des indices). Ils vérifient ensuite ces mots dans le dictionnaire.

2 Lisez et écrivez

Page 92

Avant de faire cet exercice, expliquez aux élèves le passé composé des verbes pronominaux et l'accord du participe passé.

Réponse

1 Pierre s'est douché après un match.

2 Étienne s'est levé très tard.

3 Malika s'est entraînée tout un après-midi.

4 Pierre s'est couché très tôt.

5 Lucie s'est occupée d'enfants.

6 Chloé s'est promenée en ville.

Grammaire en contexte

Page 92

Les verbes pronominaux au passé composé

Après avoir expliqué la formation du passé composé des verbes pronominaux, vous pouvez demander aux élèves de relever tous les verbes pronominaux dans les extraits de journal intime et de les conjuguer à toutes les personnes du passé composé. Vous pouvez ensuite leur donner un verbe à l'infinitif accompagné d'un pronom et leur demander d'écrire la forme correcte de ce verbe au passé composé, par exemple : nous + se doucher ⊠ nous nous sommes douché(e)s, tu + se coucher ⊠ tu t'es couché(e).

Cahier d'exercices 7/6

Page 21

Cet exercice permet aux élèves de manipuler la langue en mettant au passé composé des verbes conjugués au présent.

Réponse

1 Je me suis levé / levée à sept heures.

2 On s'est ennuyé / ennuyés / ennuyées le week-end.

3 Ma mère s'est entraînée tous les jours.

4 Mes cousins se sont amusés en France.

5 Hugo s'est intéressé aux émissions sportives.

6 Nous nous sommes douchés / douchées tous les jours.

Vous pouvez ensuite demander aux élèves de mettre ces phrases à la forme négative, par exemple : je ne me suis pas levé(e). Ils peuvent également inventer d'autres phrases.

Extrait du journal intime d'Anya, 17 ans.

1 Compréhension

Page 93

Les élèves font une première lecture du texte pour en comprendre le sens général, puis ils mettent les photos dans l'ordre du texte.

Réponse

photos **C, D, A, B**

L'association caritative *Les Restos du Cœur* ou *Restaurants du Cœur* a été fondée en 1985 par l'humoriste et acteur français Coluche (1944–1986). Coluche ne supportait pas le gaspillage alimentaire. Il a donc décidé de créer une sorte de grande cantine pour nourrir ceux qui ont faim, en utilisant tous les excédents alimentaires qu'on avait l'habitude de jeter. Au fil des années, son association s'est développée. Elle a maintenant le soutien de nombreuses personnalités françaises et compte de nombreux bénévoles. De nombreux centres en France, en Belgique et en Allemagne aident les personnes démunies en leur apportant de la nourriture. Ils viennent maintenant aussi à l'aide de ceux qui n'ont pas de logement.

Voir les Fiches d'activités supplémentaires Chapitre 7, page 93 (1)

Après avoir expliqué ce que sont *Les Restos du Cœur*, demandez aux élèves de relire la première partie (samedi), de relever tous les verbes au passé composé et de les classer (avec leur infinitif) en trois catégories : verbes pronominaux, verbes qui se conjuguent avec l'auxiliaire *avoir* et verbes qui se conjuguent avec l'auxiliaire *être*. Vous pouvez aussi leur demander de justifier l'accord de chaque participe passé.

Réponse

verbes pronominaux : on s'est amusées → s'amuser, nous nous sommes ennuyés → s'ennuyer

verbes qui se conjuguent avec *avoir* : nous avons préparé → préparer, on a fait → faire, j'ai travaillé → travailler, j'ai acheté → acheter, on a vu → voir

verbes qui se conjuguent avec *être* : je suis allée → aller, je suis restée → rester

Demandez-leur ensuite de relever tous les pronoms relatifs de la première partie (samedi) et d'indiquer quel mot chaque pronom remplace.

« l'association les Restos du Cœur où je vais être bénévole » → *où* remplace *association*

« c'est une association qui aide les gens » → *qui* remplace *association*

« on a fait des paniers-repas qu'on distribue » → *qu'* remplace *paniers-repas*

Expliquez la différence entre *ou* (conjonction de coordination) et *où* (pronom relatif).

Voir les Fiches d'activités supplémentaires Chapitre 7,

page 93 (2)

Pour qu'ils approfondissent leur compréhension du texte, les élèves peuvent faire les exercices suivants :

1 Parmi les affirmations **A** à **J**, choisissez les cinq qui sont correctes d'après la première partie du texte (samedi).

A L'association Les Restos du Cœur aide les gens pauvres.

B Samedi, Anya a travaillé à l'association toute la journée.

C Anya a travaillé samedi matin avec ses amies.

D Anya a distribué des repas chauds aux gens dans la rue.

E Le travail était amusant.

F Samedi après-midi, Anya est allée au musée.

G Anya porte une veste bleue.

H Samedi soir, Anya a regardé un film à la télé.

I Anya n'a pas aimé le film.

J Samedi soir, Anya est aussi allée chez un ami.

2 Lisez la deuxième partie (dimanche) et répondez aux questions suivantes:

1 À quelle heure Anya s'est-elle levée dimanche?

2 Pourquoi ne s'est-elle pas levée tôt ?

3 Pourquoi est-elle allée au supermarché ?

4 Est-ce qu'elle a aimé son gâteau ?

5 Qu'est-ce qu'elle a fait dimanche après-midi ?

6 Avec qui a-t-elle dîné dimanche soir ?

7 Qu'est-ce qu'elle a regardé à la télé ?

8 À quelle heure s'est-elle couchée ?

Réponse

1 **A, C, E, I, J**

2

1 À 10h30.

2 Parce qu'hier, elle s'est couchée tard.

3 Pour acheter les ingrédients pour faire un gâteau.

4 Non.

5 Elle a fait une petite promenade à vélo, puis elle a fini ses devoirs d'anglais et elle est allée un peu sur Facebook.

6 Avec sa famille et avec Papy et Mamy / ses grands-parents.

7 Un documentaire sur les animaux.

8 À minuit.

Grammaire en contexte — Page 93

C'était + adjectif

Demandez aux élèves de trouver dans le texte des exemples de verbes conjugués à un temps qu'ils n'ont pas encore appris (*c'était fatigant, ce n'était pas bon, les images étaient*), puis expliquez-leur qu'il s'agit de l'imparfait, un autre temps utilisé pour exprimer une action passée. Dans ce chapitre, ils ont simplement besoin de comprendre la signification de ces verbes. L'imparfait sera traité en détail dans le chapitre 11 ; il n'est donc pas nécessaire ici d'entrer dans les détails. Mais si les élèves veulent en savoir plus sur l'imparfait, vous pouvez le leur expliquer ici et le réviser ensuite dans le chapitre 11.

2 Lisez et écrivez — Page 93

Cet exercice permet aux élèves de revoir le passé composé et l'accord du participe passé.

Réponse

1 a préparé

2 est restée

3 s'est bien amusée

4 s'est ennuyée.

5 s'est couchée

3 Écoutez — Page 93

Les élèves doivent écouter attentivement pour relever le plus de détails possibles, qui leur permettront de répondre aux questions dans l'encadré *Vocabulaire*.

Audio

Interviewer	Tu t'es levé à quelle heure samedi ?
Tristan	Euh… samedi, je me suis levé à huit heures et demie.
Interviewer	Qu'est-ce que tu as fait samedi matin ?
Tristan	D'abord, j'ai fait mes devoirs. C'était facile, pas de problème !
Interviewer	Et l'après-midi, qu'est-ce que tu as fait ?
Tristan	L'après-midi, je suis allé au stade. J'ai joué au football avec mes copains. Notre équipe a gagné trois à zéro.
Interviewer	Super ! Et qu'est-ce que tu as fait le soir ?
Tristan	Le soir, je suis resté à la maison. J'ai regardé un film à la télé.
Interviewer	Tu t'es couché à quelle heure ?
Tristan	Je me suis couché à onze heures.

Réponse

(Tu t'es levé à quelle heure ?) Je me suis levé à huit heures et demie.

(Qu'est-ce que tu as fait le matin ?) J'ai fait mes devoirs.

(Qu'est-ce que tu as fait l'après-midi ?) Je suis allé au stade. / J'ai joué au football. / Notre équipe a gagné.

(Qu'est-ce que tu as fait le soir ?) Je suis resté à la maison. / J'ai regardé un film.

(Tu t'es couché à quelle heure ?) Je me suis couché à onze heures.

Cahier d'exercices 7/7 Page 21

Cet exercice permet de consolider de façon créative ce que les élèves ont appris dans ce chapitre et d'écrire au passé. Dans leur réponse, ils devront mentionner : *Il s'est levé / réveillé à neuf heures. Il a joué au tennis. Il est allé à un concert. Il a écouté de la musique. Il a fait ses devoirs.*

4 Parlez Page 93

Activité à deux : l'élève A pose les questions de l'encadré *Vocabulaire* et l'élève B y répond, puis ils inversent les rôles.

Grammaire en contexte Page 93

Les connecteurs logiques

Les élèves ont rencontré jusqu'ici un certain nombre de connecteurs logiques et le but de cette section est de les regrouper et de leur expliquer que les connecteurs logiques permettent d'écrire des phrases plus longues et complexes ; ils donnent aussi davantage de cohérence au texte. Les connecteurs logiques peuvent être des conjonctions de coordination comme *et, ou, mais,* des conjonctions de subordination comme *parce que*, ou encore des locutions adverbiales comme *par contre* etc.

Demandez-leur d'utiliser des connecteurs logiques dans l'exercice qui suit.

5 Écrivez Page 93

Avant de faire cette activité, conseillez aux élèves de relire le texte et de prendre note des expressions qu'ils peuvent utiliser dans leur journal intime. Rappelez-leur l'importance du format des rédactions. Ici, il est important d'avoir une date et de commencer la rédaction par *Cher journal*. Ce type de rédaction doit être écrit à la première personne du singulier.

Cette activité les prépare non seulement à la rédaction de l'examen, mais elle leur permet aussi de mettre en pratique tout ce qu'ils ont appris jusqu'ici.

Révisions

Activités de loisirs.

1 Lisez Page 94

Cette activité permet de familiariser les élèves avec le vocabulaire nécessaire pour décrire des stimuli visuels. Demandez-leur de noter toutes ces expressions (par exemple : *en haut, au milieu, au centre, en bas à droite…*) pour qu'ils puissent ensuite les utiliser dans l'exercice qui suit celui-ci.

Réponse

1 **FAUX** (un garçon)

2 **FAUX** (à gauche)

3 **VRAI**

4 **FAUX** (avec sa sœur / une amie / une copine)

5 **FAUX** (on voit un garçon qui lit / joue de la guitare / écoute de la musique)

6 **VRAI**

2 Parlez Page 94

La description de ces stimuli visuels constitue un bon entraînement à l'épreuve orale de l'examen. Pour consolider l'apprentissage de ces expressions, ils peuvent ensuite écrire leurs descriptions.

3 Imaginez Page 94

Cet exercice permet aux élèves de travailler un autre type de rédaction, où ils utilisent la troisième personne du singulier. Rappelez-leur qu'un article doit toujours comporter un titre, le nom de l'auteur, ainsi que des paragraphes, qui peuvent être précédés de sous-titres.

8 Projets de vacances

Thèmes et sujets	**Loisirs et travail** Vacances ; Transport ; Divertissements **Environnements urbains et ruraux** Géographie physique ; Météo
Points lexicaux	Les vacances Les pays Les transports L'hébergement Les activités
Points grammaticaux	Les prépositions Le comparatif et le superlatif des adjectifs Le futur simple Le futur simple : verbes irréguliers
Textes	**Réceptifs** Conversation, conversation sur réseau social, conversation au téléphone, formulaire web, lettres formelle et informelle, documents touristiques (dépliants, etc.), quiz, paroles d'une chanson **Productifs** Liste, courriel, compléter un formulaire, lettres formelle et informelle, poème
Coin IB	**Théorie de la connaissance** • Pourquoi certains pays ont-ils plus de touristes que d'autres ? **CAS** • Organiser un voyage ou une excursion pour la classe **Examen oral individuel** • Décrire une image dépeignant un départ en vacances ou des activités de vacances **Travail écrit** • Comparer des vacances dans son pays à des vacances dans un pays francophone **Épreuve de rédaction** • Écrire un courriel à des amis pour confirmer les détails d'un voyage • Écrire une lettre de réservation • Écrire une carte postale pour parler de ses vacances

Ce chapitre, qui a trait aux thèmes *Loisirs et Travail* et *Environnements urbains et ruraux,* suit quatre jeunes Québécois qui projettent de partir en vacances en France. Ils discutent entre eux des différents moyens de transport qu'ils devront utiliser, réservent leurs billets d'avion et de train, comparent les différents types d'hébergements, décident quelles activités ils feront et écrivent des lettres formelles et informelles pour organiser leurs vacances. Les élèves participeront avec eux aux différentes étapes de ce projet et, ce faisant, apprendront du vocabulaire sur le thème des vacances, de nouveaux points de grammaire (le futur simple, le comparatif et le superlatif des adjectifs, les prépositions qu'il faut utiliser devant un nom de pays ou de continent) et prendront part à des activités orales et écrites. Dans les enregistrements, les élèves découvriront l'accent québécois.

1 Mise en route

Page 95

Les élèves regardent la photo et répondent aux questions. Cette activité permet de réviser le vocabulaire déjà connu.

Réponse possible

Il fait beau et chaud. Le ciel est bleu, mais il y a un peu de brume. La fille est grande et mince. Elle a les cheveux longs. Elle porte un short, un débardeur bleu et des chaussures de marche. Elle a un sac à dos contre sa jambe. Elle est en vacances. Elle est sur une montagne et regarde le paysage.

Vous pouvez ensuite leur poser d'autres questions, auxquelles ils devront donner des réponses personnelles : *À votre avis, qu'est-ce qu'il y a dans son sac ? À votre avis, quel(s) sport(s) aime-t-elle ? Quel âge a-t-elle ? Comment s'appelle-t-elle ? C'est quel moment de la journée ? Qu'est-ce qu'elle va faire ? Aimez-vous la montagne ? Pourquoi / Pourquoi pas ?*

Vous pouvez aussi demander aux élèves d'écrire une bulle indiquant ce que pourrait dire/penser la fille.

2 Parlez

Page 95

Cette activité peut se faire avec toute la classe, où chaque élève apporte sa contribution en répondant aux questions posées par le professeur, ou elle peut se faire à deux, avec l'élève A posant les questions et l'élève B répondant et vice versa. Ou encore, l'élève A peut essayer de deviner les vacances idéales de son/sa partenaire. Par exemple, l'élève A peut demander : *Tu aimes aller en vacances à la montagne ?*, et l'élève B répond: *Oui, j'adore la montagne, surtout l'hiver parce que j'aime faire du ski. / Non, je déteste la montagne ; c'est trop ennuyeux.* Encourager les élèves à développer leurs réponses est une bonne préparation à l'examen oral.

Destination vacances.

1 Parlez

Page 96

Les élèves identifient d'abord les pays d'après les photos, puis indiquent sur quel continent ceux-ci se situent. Cet exercice permet d'introduire les différents noms de pays et de continents, ainsi que de travailler la prononciation.

Réponse

1

1 les États-Unis

2 la Chine

3 l'Australie

4 le Brésil

5 la Russie

6 les Émirats Arabes Unis

7 le Japon

8 le Royaume-Uni

9 le Kenya

10 l'Inde

11 l'Italie

12 l'Égypte

2

Le Kenya et l'Égypte sont en Afrique.

Les États-Unis et le Brésil sont en Amérique.

La Chine, les Émirats Arabes Unis, le Japon et l'Inde sont en Asie.

Le Royaume-Uni et l'Italie sont en Europe.

L'Australie est en Océanie.

La Russie est en partie en Asie et en partie en Europe.

Pour aider les élèves à mémoriser les noms de pays et leur prononciation, ils peuvent jouer au loto. Les élèves écrivent sur une feuille de papier six noms de pays qu'ils choisissent parmi les douze dans l'encadré *Vocabulaire*. Puis, au fur et à mesure que le professeur lit au hasard les noms de pays, les élèves les cochent sur leur liste. Le premier qui coche six noms de pays crie « loto ! » et doit lire tout haut le nom des six pays pour vérifier qu'il/elle a coché les bonnes réponses et qu'il/elle prononce les noms correctement.

2 Recherchez

Page 96

Pour encourager les élèves à élargir leur vocabulaire, demandez-leur dans un temps limité de trouver dans le dictionnaire le nom français de pays qu'ils aimeraient visiter. Attribuez ensuite deux points à l'élève qui a la liste la plus longue, et à chaque élève un point par pays, avec un bonus de trois points si ce pays n'a encore été mentionné par personne d'autre.

Ils peuvent également chercher des noms de pays ou de villes qui commencent par chaque lettre de leur nom, par exemple : WILLIAM : **W** (Wellington en Nouvelle-Zélande), **I** (Italie), **L** (Lima au Pérou), **L** (Lyon en France), **I** (Irlande), **A** (Angleterre), **M** (Maroc).

Quatre jeunes Québécois, William, Rosalie, Florence et Jacob, ont fini leurs examens. Ils préparent un grand voyage.

1 Écoutez et lisez

Page 97

Les élèves écoutent d'abord la conversation à livre fermé et essaient de répondre aux questions. Ensuite, à livre ouvert, ils réécoutent la conversation et complètent leurs réponses. Demandez-leur de déduire d'après le contexte le sens des mots *découvrir, Grande Muraille, chinois, varié, l'empereur, attractions, un festival* ainsi que les mots dans l'encadré *Vocabulaire*.

Audio

Rosalie	Un mois de vacances ! On va où ?
William	Aux États-Unis ! J'aimerais bien voir le Grand Canyon.
Florence	Moi, je suis déjà allée aux États-Unis. C'était super, mais je voudrais découvrir un nouveau pays… comme le Japon ou la Chine, par exemple.
Jacob	La Chine, cool ! J'aimerais bien voir la Grande Muraille.
Rosalie	La Chine, bof ! En plus, nous ne parlons pas chinois.
William	Et l'Europe ? Vous êtes déjà allés en Europe ?
Florence	Moi, je suis allée en Italie avec mes grands-parents, à Venise. C'était fantastique !
Jacob	Moi, je ne suis jamais allé en Europe.
Rosalie	Moi non plus. C'est une bonne idée. Je voudrais bien aller en France.
William	En France, on parle français ! C'est plus facile, hein, Rosalie !
Florence	J'aimerais visiter Paris, pour voir la tour Eiffel et visiter tous les musées.
Jacob	Paris ! Cool… Par contre, je ne voudrais pas rester un mois à Paris ! La France est un pays très varié : il y a des régions intéressantes que j'aimerais visiter comme la Bretagne dans l'ouest, et les Alpes et les Pyrénées, les montagnes dans le sud.
Rosalie	Et la Corse, l'île où l'empereur Napoléon est né !
William	J'ai un cousin qui habite près d'Avignon. Il dit que c'est super parce que c'est une jolie ville, avec beaucoup d'attractions, et un grand festival de théâtre.
Florence	Super ! On va en France, alors ?
Jacob	Oui, alors d'abord Paris et ensuite Avignon ?
Rosalie	Moi, ça m'est égal. Tout m'intéresse !
William	D'accord, alors Paris et après Avignon.

Réponse

1 l'Europe
2 les États-Unis, le Japon, la Chine, l'Italie, la France
3 Venise, Paris, Avignon
4 la Corse

2 Parlez

Page 97

Par groupes de quatre, les élèves pratiquent la lecture de la conversation, ce qui leur permettra de travailler la prononciation ainsi que l'intonation utilisée dans une conversation.

3 Compréhension

Page 97

Cet exercice permet de tester la compréhension globale du texte.

Réponse

1 William
2 Florence
3 Florence
4 Florence
5 Jacob
6 William

Au point de vue grammatical, il y a dans ce texte une variété de temps : vous pouvez demander aux élèves de les identifier et de les écrire dans un tableau. Vous pouvez aussi leur demander de trouver l'infinitif de ces verbes, par exemple :

présent	on va → aller
imparfait	c'était → être
passé composé	je suis déjà allée → aller
conditionnel*	j'aimerais → aimer
infinitif	voir

* Le conditionnel sera couvert en détail dans le chapitre 9, mais les élèves ont déjà rencontré à plusieurs reprises *je voudrais* (dans les chapitres 4 et 7) et *j'aimerais* (dans le texte qu'ils viennent de lire).

Les élèves peuvent aussi écrire des phrases vraies ou fausses sur le texte, qu'ils lisent ensuite à leur partenaire. Celui-ci doit alors dire si elles sont vraies ou fausses et les rectifier si besoin est. Par exemple, *Jacob a déjà visité la France. Faux, il n'est jamais allé en Europe.*

Grammaire en contexte

Page 97

Les prépositions

Expliquez aux élèves que si on va ou on reste dans une ville, on utilise la préposition *à* devant le nom de la ville ; que si on va ou on reste dans un continent ou un pays féminin, on utilise la préposition *en* devant le nom du continent ou du pays ; pour un pays masculin, on utilise *au*, et pour un pays pluriel, *aux*. Vous pouvez aussi leur dire qu'en règle générale, les noms de pays qui se terminent par un -e sont féminins et les autres masculins.

Vous pouvez ensuite leur lire quelques phrases dans lesquelles les élèves doivent indiquer si le pays mentionné est féminin, masculin ou pluriel. Par exemple : *Je vais en Australie* (féminin), *Il va au Luxembourg* (masculin), *Nous allons aux États-Unis* (pluriel).

 Cahier d'exercices 8/1

Page 22

Cet exercice permet aux élèves de consolider la règle de grammaire qu'ils viennent d'apprendre.

Réponse

1 **B** en Australie, 2 **C** au Brésil, 3 **K** en Chine, 4 **F** aux Émirats Arabes Unis, 5 **G** aux États-Unis, 6 **E** en Inde, 7 **J** en Italie, 8 **A** au Kenya, 9 **H** au Japon, 10 **I** au Royaume-Uni, 11 **L** en Russie, 12 **D** en Égypte

4 Écrivez

Page 97

Cet exercice permet non seulement de mettre en pratique les prépositions et les structures *je voudrais* + infinitif et *j'aimerais* + infinitif utilisées dans la conversation, mais aussi de réviser les noms de pays et le passé composé. Vous pouvez aussi demander aux élèves d'ajouter des noms de ville.

5 Parlez

Page 97

Activité à deux, basée sur les réponses écrites de l'activité précédente : l'élève A devine où l'élève B est allé et aimerait aller, puis ils inversent les rôles.

Pour rendre la tâche plus complexe, demandez à l'élève B de donner une explication, par exemple : *Non, je ne suis jamais allé(e) en Chine parce que c'est trop loin. Oui, je voudrais aller aux États-Unis parce que j'aimerais visiter New York*.

Activité de groupe : les élèves discutent pour se mettre d'accord sur une destination de vacances à l'étranger. Dites-leur d'utiliser les expressions dans l'encadré *Vocabulaire* pour exprimer leur accord ou désaccord et de donner les raisons de leur choix en utilisant soit *pour* + verbe à l'infinitif, soit *parce que*.

Quels moyens de transport choisir pour le voyage ? Les quatre amis discutent sur leur réseau social.

1 Lisez

Page 98

Le sujet des transports en commun ayant été traité dans le chapitre 5, avant de lire le texte, vous pouvez réviser les moyens de transport qu'ils connaissent en leur posant des questions comme par exemple : *Quel moyen de transport peut-on prendre pour aller au lycée, au centre-ville, à Paris... ?*

Après avoir lu le texte, les élèves essaient de trouver, d'après le contexte, le sens des mots qu'ils ne connaissent pas : *romantique, traverser, l'Atlantique, le bateau, une croisière* et cherchent dans le glossaire ou le dictionnaire ceux qu'ils n'ont pas trouvés.

Vous pouvez leur demander de relever le nom des villes mentionnées et de dire dans quel pays elles se trouvent, par exemple : *Montréal est au Canada, Paris est en France.*

Demandez-leur aussi de faire une liste des moyens de transport mentionnés dans le texte : *le bateau, l'avion, le car, la voiture, le train.*

Réponse

1 en avion / en train

2 Elle a le mal de mer. Elle est malade en car (et en voiture).

3 C'est lent, c'est cher, on risque un accident, Florence a le mal de mer.

4 Il faut avoir 21 ans pour louer une voiture.

5 romantique, lent, cher, meilleur, rapide, nul, pratique, confortable

6 200 dollars

Les élèves peuvent ensuite essayer de trouver le nom d'autres moyens de transport, par exemple : *le ferry, la moto, la mobylette, le TGV...*

Vous pouvez aussi leur donner une liste de destinations et leur demander d'écrire une phrase pour chaque destination indiquant les moyens de transport qu'ils utiliseraient pour y arriver. Par exemple : *PARIS. Pour aller à Paris, je vais d'abord prendre le bus pour l'aéroport, puis l'avion pour Paris et une fois à l'aéroport Charles de Gaulle, je vais prendre le métro pour aller au centre de Paris.*

Vous pouvez leur demander de relever toutes les opinions sur les différents transports mentionnés dans le texte : *c'est (trop) cher, c'est drôle, j'ai le mal de mer, c'est rapide, c'est nul, je suis malade.* Ils peuvent ensuite faire une activité à deux pour mettre en pratique ces expressions. Par exemple, l'élève A demande : *Tu aimes voyager en bateau ?* L'élève B répond : *Non, je déteste voyager en bateau parce que j'ai le mal de mer / parce que c'est trop long*. Puis, ils inversent les rôles.

Grammaire en contexte

Page 98

Le comparatif et le superlatif des adjectifs

Révisez la formation du comparatif (voir chapitre 6) et expliquez celle du superlatif. Demandez aux élèves de relever les adjectifs au comparatif et au superlatif dans le texte : *le plus romantique, le plus cher, le pire, le meilleur, le plus rapide, le moins cher, le plus pratique, plus rapide, plus cher, le plus confortable.*

Cahier d'exercices 8/2

Page 22

Cet exercice permet de mettre en pratique le superlatif des adjectifs.

1. Les élèves remplissent les blancs dans chaque phrase du quiz avec la forme correcte de l'adjectif au superlatif. Ils peuvent choisir le superlatif de supériorité ou d'infériorité.
2. Ils font ensuite le quiz.
3. Pour s'entraîner davantage, ils écrivent un résumé de leurs réponses à la première personne, par exemple : *Pour mon voyage de rêve, je choisis la destination la moins lointaine car je n'aime pas les longs voyages.*

Réponse

1 plus / moins lointaine, 2 plus / moins chaud, 3 plus / moins complets, 4 plus rapide, 5 moins chers, 6 plus / moins confortables, 7 plus / moins sociable, 8 plus / moins intéressants

2 Recherchez et écrivez

Page 98

Les élèves trouvent d'autres adjectifs pour parler des transports, par exemple : *dangereux, lent, écologique, sûr, fréquent.* Ils font ensuite des phrases en utilisant le comparatif et le superlatif. Demandez-leur d'écrire au moins une phrase par moyen de transport. Par exemple : *le train est plus rapide que la voiture ; l'avion est le moyen de transport le plus rapide.*

Vous pouvez aussi leur demander d'écrire des phrases avec des adjectifs au superlatif sur des destinations touristiques, par exemple : *Paris est la ville la plus romantique, l'hôtel Belle Vue est le moins confortable…*

3 Parlez

Page 98

Activité à deux : les élèves choisissent une destination page 96 et décident ensemble des moyens de transport qu'ils utiliseront pour s'y rendre à partir de leur ville. Encouragez-les à utiliser des adjectifs au comparatif et au superlatif. Ils peuvent ensuite écrire leur itinéraire.

Florence téléphone à l'agence de voyages.

Dans cette section, les élèves apprendront le langage transactionnel nécessaire pour réserver des billets d'avion.

1 Écoutez et lisez

Page 99

Après avoir écouté la conversation, les élèves répondent à la question qui teste leur compréhension globale du texte.

Réponse

Audio

Agent	Allô, bonjour, Agence de voyages Sur Mesure. Je vous écoute.
Florence	Bonjour, monsieur. Je voudrais réserver un vol Montréal–Paris.
Agent	Très bien. C'est pour combien de passagers ?
Florence	Quatre.
Agent	Pour quelles dates ?
Florence	On veut partir entre le 3 et le 7 juillet, et on revient vers le 5 août.
Agent	D'accord.
Florence	On cherche le vol le plus économique possible. Il y a des réductions pour les jeunes ?
Agent	Oui, oui, si vous avez moins de 25 ans, il y a un tarif jeune, et en classe Economy, c'est le tarif le moins cher. Les prix varient selon les jours – le week-end, les vols sont toujours plus chers. Rassurez-vous… Je vais trouver le meilleur prix pour votre voyage.
Florence	Merci.
Agent	Alors, si vous partez le 4 juillet et revenez le 3 août, il y a des places à 998 dollars aller-retour, incluant toutes les taxes et tous les frais de service. Vous préférez un vol l'après-midi ou le soir ?
Florence	L'après-midi, le plus tôt possible.
Agent	Alors, vous avez un avion qui part à 14 heures, ça va ?
Florence	Oui, ça va. Et pour le retour ?
Agent	Pour le vol Paris–Montréal, il y a un vol à dix heures quarante-cinq.
Florence	C'est d'accord. Je vais réserver ça.

B réserver un vol

2 Compréhension Page 99

Cet exercice demande une compréhension plus approfondie du texte.

Réponse

1 **VRAI**
2 **FAUX** (Il y a un tarif pour les jeunes.)
3 **FAUX** (Le week-end, les vols sont plus chers.)
4 **FAUX** (Il y a des places à 998 dollars.)
5 **FAUX** (Elle préfère un vol l'après-midi, le plus tôt possible.)
6 **FAUX** (Il part à dix heures quarante-cinq.)

Vous pouvez demander aux élèves de trouver cinq exemples d'adjectifs au comparatif ou au superlatif dans la conversation et de les traduire ensuite dans leur langue.

Réponse

le vol le plus économique possible, le tarif le moins cher, les vols sont toujours plus chers, le meilleur, le plus tôt possible

3 Écrivez Page 99

Les élèves écrivent le courriel de Florence, dans lequel elle confirme les détails du voyage à ses trois amis. Avant de leur faire écrire le courriel, vous pouvez réviser le futur proche en leur demandant d'abord de relever les verbes conjugués à ce temps dans la conversation, puis d'écrire quelques phrases avec un verbe au futur proche.

Réponse possible

Alors, voici les détails de notre voyage Montréal–Paris : Le prix du billet pour chaque personne, c'est 998 dollars, on va partir le 4 juillet, le vol est à 14h00, le vol retour quitte Paris le 3 août à 10h45.

4 Parlez Page 99

Activité à deux : les élèves jouent la conversation, puis en inventent d'autres pour des destinations différentes.

Réponse possible

A

– Je voudrais réserver un vol New York–Tokyo, s'il vous plaît.
– Très bien. C'est pour combien de passagers?
– Pour deux personnes.
– Et c'est pour quelles dates ?
– On veut partir le 10 mai et on va revenir le 20 mai.
– Vous préférez un vol le matin, l'après-midi, ou le soir ?
– L'après-midi, si possible.
– Vous avez un avion qui part à quinze heures, ça va ?
– Oui, ça va.
– Il y a des places à 1 560 dollars aller-retour.
– D'accord. Je vais réserver ça.

B

– Je voudrais réserver un vol Paris–Londres, s'il vous plaît.
– Très bien. C'est pour combien de passagers?
– Pour trois personnes.
– Et c'est pour quelles dates?
– On veut partir le 25 août et on va revenir le 3 septembre.
– Vous préférez un vol le matin, l'après-midi, ou le soir ?
– Le soir.
– Vous avez un avion qui part à 19h25, ça va ?
– Oui, ça va.
– Il y a des places à 120 dollars aller-retour.
– D'accord. Je vais réserver ça.

5 Lisez Page 99

Dans cet exercice, les élèves apprendront le langage transactionnel nécessaire pour réserver des billets de train.

Les élèves lisent la bulle et trouvent les trois erreurs sur l'écran. Une compréhension approfondie du texte et une connaissance du vocabulaire sont nécessaires pour faire les exercices qui suivent.

Réponse

1 L'aller est le 20 juillet et non le 19 juillet.
2 Ils ne voyagent pas en première, mais en seconde classe.
3 Le quatrième passager a moins de 25 ans.

Cahier d'exercices 8/3 Page 23

Les élèves lisent les détails pour un voyage en train et complètent la réservation.

Réponse

Départ : Lille

Arrivée : Paris

Aller : 11 mars 20XX

Retour : 15 mars 20XX

Cases cochées : 2nde classe, Trajets directs uniquement

Passager 1 : 13–25 ans, Passager 2 : 26–59 ans

Les quatre amis cherchent un hébergement à Avignon.

Avignon : où dormir ?

Cette activité permet aux élèves de se familiariser avec le format du dépliant touristique et le vocabulaire sur l'hébergement.

1 Compréhension Page 100

Les élèves lisent le dépliant pour identifier les informations qui leur permettront de répondre aux questions.

Réponse

1

un jardin : **A**, **D**, **E** (le camping, le gîte, les chambres d'hôte)

une piscine : **A**, **D** (le camping, le gîte)

la climatisation : **B**, **D** (l'hôtel, le gîte)

un bar : **A**, **C** (le camping, l'auberge de jeunesse)

une salle de bains privée : **B**, **E** (l'hôtel, les chambres d'hôte)

la télévision : **B**, **D** (l'hôtel, le gîte)

l'Internet : **A**, **B**, **D** (le camping, l'hôtel, le gîte)

2 Hôtel Garlande

3 Camping

4 Hôtel Garlande

2 Écoutez et écrivez Page 100

Cet exercice va permettre aux élèves d'apprendre et de pratiquer le langage transactionnel nécessaire pour choisir un hébergement de vacances et aussi pour justifier leur choix. Ils écoutent l'enregistrement, puis répondent aux questions.

Audio

William	On va choisir quel hébergement à Avignon ?
Rosalie	Regardez ce dépliant. Il y a un camping qui n'est pas cher, avec Internet, une piscine, un bar et un restaurant. C'est sympa, non ? Moi, j'aimerais bien être à la campagne, dans la nature, c'est calme !
Florence	Mais le camping est loin du centre. Et il n'y a pas beaucoup de bus.
Jacob	Il y a un gîte rural avec climatisation, jardin et piscine pour 700 euros. Génial, non ? Moi aussi, j'aime la campagne, c'est moins pollué !
Florence	Le gîte est trop loin du centre : il faut une voiture.
William	L'hôtel Garlande est très bien situé, en plein centre-ville. C'est pratique pour sortir et visiter la ville.
Florence	Oui, mais c'est beaucoup trop cher !
Jacob	Oui, c'est 200 euros la nuit pour nous quatre, aïe aïe aïe !
Rosalie	Et les chambres d'hôtes ? Regardez, Chez Marie, il y a un jardin, c'est calme et c'est à 15 minutes à pied du centre-ville. C'est l'idéal, non ?
William	Oui, mais c'est beaucoup trop cher aussi !
Florence	Je sais, on va aller à l'auberge de jeunesse : ce n'est pas trop cher et c'est pratique parce que c'est à 10 minutes à pied du centre, il y a un bar, un restaurant et même une cuisine.
William	Oui, je suis d'accord.
Jacob	C'est une bonne idée.
Rosalie	Très bien. Alors, je réserve l'auberge de jeunesse ?
Tous	Oui !

Réponse

1 camping, gîte rural, hôtel, chambres d'hôte, auberge de jeunesse

2

	avantages	inconvénients
Camping	pas cher, à la campagne, calme, Internet, piscine, bar, restaurant	loin du centre, pas beaucoup de bus
Gîte rural	climatisation, jardin et piscine, à la campagne	loin du centre, il faut une voiture
Hôtel	bien situé, en plein centre-ville, pratique pour sortir et visiter la ville	trop cher
Chambres d'hôtes	jardin, calme, à 15 minutes à pied du centre-ville	trop cher
Auberge de jeunesse	pas trop cher, pratique (à 10 minutes à pied du centre), bar, restaurant, cuisine	

3 auberge de jeunesse : pratique, près du centre, bar, restaurant et cuisine. Pas d'inconvénients

3 Parlez Page 100

Activité à deux : les élèves choisissent un hébergement pour différents types de vacanciers et en discutent les avantages et les inconvénients. Vous pouvez aussi leur demander de continuer la conversation en choisissant d'autres visiteurs, par exemple un homme d'affaires, les élèves de la classe, la famille de l'élève…

Cahier d'exercices 8/4 Page 24

Les élèves relient les questions et les réponses pour démontrer qu'ils ont bien compris le vocabulaire appris dans les textes précédents.

Réponse

1 **D**, 2 **A**, 3 **F**, 4 **C**, 5 **E**, 6 **B**

Rosalie écrit une lettre de confirmation à l'auberge de jeunesse d'Avignon.

1 Lisez Page 101

Cet exercice va familiariser les élèves avec le format et le registre de la lettre formelle et les différentes parties d'une lettre. Après la lecture de la lettre, les élèves cherchent le sens des mots nouveaux, comme par exemple : *arrivée, carte de crédit…*

Expliquez aux élèves le format et le registre d'une lettre formelle ainsi que la formule de politesse à la fin. Ils peuvent ensuite discuter des similarités et des différences dans la façon de rédiger une lettre formelle en français et dans leur propre langue.

Réponse

A 8, **B** 7, **C** 4, **D** 3, **E** 1, **F** 5, **G** 2, **H** 6

Grammaire en contexte Page 101

Le futur simple

Expliquez que le futur proche indique une action sur le point de se produire et que le futur simple indique une action à venir. Puis, expliquez la formation du futur simple (l'infinitif + les terminaisons du futur – qui ressemblent un peu au verbe *avoir* au présent). Faites-leur ensuite remarquer que pour les verbes en *-re*, il faut enlever le -e avant d'ajouter les terminaisons et que certains verbes irréguliers au présent comme *partir* sont réguliers au futur. Signalez d'autre part que certains verbes réguliers en *-er* subissent quelques petits changements, comme par exemple : *acheter → j'achèterai, appeler → j'appellerai, espérer → j'espèrerai, payer → je paierai.*

2 Lisez Page 101

Les élèves relèvent huit verbes au futur dans la lettre.

Réponse

arriverons, resterons, repartirons, recontacterai, confirmerai, prendrons, dînerons, paierons

Vous pouvez ensuite dire aux élèves d'imaginer qu'un de leurs parents écrit cette lettre pour eux et leur demander de réécrire la section 6. Pour cela, ils devront utiliser la troisième personne du singulier et du pluriel.

Réponse

Ils sont quatre – deux garçons et deux filles. Ils arriveront le 20 juillet et resteront à l'auberge douze nuits du 20 au 31 juillet. Ils repartiront le 1er août. Mon fils / Ma fille vous recontactera à la mi-juillet et vous confirmera l'heure exacte de leur arrivée le 20. Ils prendront le petit déjeuner à l'auberge et y dîneront aussi de temps en temps. Ils paieront à la fin de leur séjour par carte de crédit, si c'est possible.

Pour aider les élèves à mémoriser le futur, vous pouvez leur demander de lire tout haut la conjugaison ainsi que leur faire faire les activités suggérées dans l'Appendice *Jeux* aux pages 184-184 du livre du professeur.

3 Parlez et écrivez Page 101

1 Activité à deux : les élèves discutent pour choisir un hébergement à Avignon.

2 Ils écrivent une lettre de réservation dans laquelle ils emploient des verbes au futur simple. Cette activité permet aux élèves d'utiliser le futur simple oralement et à l'écrit.

Voir les Fiches d'activités supplémentaires Chapitre 8, page 101

Pour s'entraîner davantage, les élèves peuvent jouer au jeu de la bataille navale : voir l'Appendice *Jeux* à la page 184 du livre du professeur (chapitre 2) et les fiches d'activités supplémentaires. Remplacez les verbes au présent par des verbes au futur simple, et écrivez les noms des différents types d'hébergement dans la colonne de gauche. Photocopiez la grille et distribuez-la à chaque élève. Chaque élève place secrètement six croix sur la grille. Le but du jeu est de deviner où l'adversaire de l'élève a placé ses croix. À tour de rôle, les élèves A et B essaient de deviner l'emplacement des croix de leur adversaire en formant des phrases complètes. Par exemple, l'élève A dit : *elle choisira une belle villa*. Si c'est la bonne réponse, l'élève B dira *touché* et l'élève A mettra une croix (d'une autre couleur, pour faire la différence avec ses propres croix) dans la case appropriée sur sa grille. Si la réponse est fausse, l'élève B dira *raté* et l'élève A mettra un rond dans la case appropriée sur sa grille. Le gagnant est le premier à deviner tous les emplacements.

Quiz d'été : Vacances actives ou paresseuses ?

1 Compréhension Page 102

Les élèves lisent le texte du quiz et cherchent les mots nouveaux dans le glossaire ou le dictionnaire (par exemple : *plonger, bronzer, nager, volley, parapluie*), puis répondent à la question.

Réponse

Plus de réponses **A**.

2 Lisez et parlez Page 102

Activité à deux : les élèves font le quiz. L'élève A pose les questions et l'élève B choisit la réponse **A** ou **B**. Ils inversent ensuite les rôles.

Grammaire en contexte Page 102

Le futur simple : verbes irréguliers

Expliquez aux élèves que certains verbes irréguliers ont un radical différent au futur.

Pour mémoriser le futur simple de ces verbes irréguliers, les élèves peuvent répéter à voix haute la conjugaison, puis faire les activités suggérées dans l'Appendice *Jeux* aux pages 183-184 du livre du professeur, avec les verbes au futur au lieu du présent.

Voir les Fiches d'activités supplémentaires – Bataille navale

Ils peuvent aussi faire le Jeu de la bataille navale (voir page 184) en remplaçant le verbe *choisir* au présent par un verbe irrégulier au futur simple.

3 Lisez Page 102

Les élèves relèvent tous les verbes irréguliers dans le quiz et les traduisent ensuite dans leur langue.

Réponse

ce sera, j'aurai, je n'aurai pas, tu feras, je ferai, tu iras, j'irai, vous ferez, nous irons

Vous pouvez ensuite donner aux élèves une liste de verbes et leur demander de chercher si ce sont des verbes réguliers ou non, puis de les conjuguer. Cette liste pourrait par exemple comporter les verbes suivants : *pouvoir, visiter, lire, choisir, vouloir, découvrir.*

3 Écrivez Page 102

Pour consolider l'apprentissage du futur simple, les élèves inventent une option **C** pour les questions du quiz, avec un verbe au futur.

Les quatre amis regardent des brochures sur les attractions autour d'Avignon. Qu'est-ce qu'ils choisiront ?

1 Lisez et parlez — Page 103

Cette activité permet aux élèves de faire preuve de compréhension en relevant dans chaque texte des informations spécifiques. Elle les familiarise aussi avec le style et le vocabulaire de la brochure.

Après avoir lu les brochures, les élèves devinent les activités que les quatre jeunes feront en associant leurs goûts aux activités offertes.

Réponse possible

William : canoë, karting, parcours acrobatique

Rosalie : la ferme aux Crocs, musée de la lavande

Jacob : musée de la lavande, château de Lacoste, promenade en bateau

Florence : spectacle Boyz band à Avignon

Cahier d'exercices 8/5 — Page 24

Cette activité productive permet aux élèves de mettre en pratique par écrit le futur simple et le vocabulaire appris dans ce chapitre. Encouragez-les à écrire des phrases complexes en leur demandant de justifier les choix de Max et Marie.

2 Imaginez — Page 103

Pour s'entraîner davantage à l'écrit, les élèves imaginent ce qu'ils feront à Avignon s'ils gagnent le voyage. Avant d'entreprendre cette tâche, les élèves peuvent faire des recherches sur Avignon sur Internet, ce qui rendra leur texte plus intéressant et plus original.

William écrit à son cousin français, Pierre, qui habite à Avignon.

1 Lisez — Page 104

Faites remarquer aux élèves que dans sa lettre à son cousin, William utilise un registre familier et le format et le style d'une lettre informelle.

Demandez aux élèves de déduire d'après le contexte le sens de : *le mien, chez toi, acheter les billets à l'avance, à bientôt, amitiés, sûrement, plus tard* …

Expliquez-leur que le mistral est un vent violent qui souffle du nord ou du nord-ouest vers la mer, notamment dans la vallée du Rhône et les régions méditerranéennes.

Pour montrer qu'ils ont bien compris la lettre, les élèves relient les questions de William aux réponses de Pierre.

Réponse

1 **F**, 2 **D**, 3 **B**, 4 **A**, 5 **E**, 6 **C**

Demandez aux élèves d'identifier d'autres formes verbales que Pierre a utilisées dans sa lettre, par exemple : le présent → *on espère*, le passé composé → *nous avons organisé*, l'impératif → *réponds*, le conditionnel → *on voudrait*, l'infinitif → *faire*.

Activité à deux : l'élève A joue le rôle de Pierre et l'élève B celui de William. Ils tiennent une conversation téléphonique dans laquelle ils se posent des questions et y répondent. Les questions peuvent porter sur le voyage ou les activités possibles à Avignon quand il fait beau ainsi que quand il fait mauvais.

Révisez ensuite les phrases sur la météo que les élèves ont appris au présent dans le chapitre 6 et demandez-leur d'écrire ce qu'ils feront cet été s'il fait beau et ce qu'ils feront s'il fait mauvais.

2 Parlez — Page 104

Pour réviser les noms de vêtements (chapitre 2), demandez aux élèves d'imaginer qu'ils vont à Avignon à différentes périodes de l'année, de dire le temps qu'il fera et quels vêtements ils emporteront.

3 Parlez — Page 104

Demandez aux élèves de noter les différences entre le format de cette lettre qui est informelle et celui de la lettre à la page 101, par exemple : dans la lettre informelle, l'adresse complète de l'expéditeur et celle du destinataire ne sont pas nécessaires, les formules d'appel et les salutations finales sont différentes, dans la lettre informelle on utilise la deuxième personne du singulier tandis que dans la lettre formelle on utilise la deuxième personne du pluriel, dans les deux lettres, il y a une date et la signature de l'expéditeur.

Expliquez-leur que dans l'épreuve de rédaction de l'examen, ils perdront des points s'ils n'utilisent pas le format et le registre appropriés à la tâche.

4 Écrivez — Page 104

Après avoir relu la lettre, les élèves, seuls ou avec un partenaire, écrivent un résumé à livre fermé avec des verbes au futur simple à la troisième personne du pluriel.

Réponse possible

Ils partiront le 4 juillet / Ils quitteront Montréal le 4 juillet. Ils prendront l'avion pour Paris, où ils resteront deux semaines. Ils iront à Avignon en train le 20 juillet. Ils dormiront à l'auberge de jeunesse d'Avignon, pas loin de chez Pierre.

 Cahier d'exercices 8/6 Page 24

Cet exercice permet à nouveau de pratiquer le futur simple. Les élèves recherchent d'abord les mots nouveaux comme *la lune, spatiale, en orbite*…, puis ils remplissent les blancs dans le texte par un mot de l'encadré.

Réponse

1 partira, 2 dormiront, 3 seront, 4 auront, 5 sera, 6 restera, 7 coûtera, 8 ferons, 9 réserverai

Vous pouvez ensuite demander aux élèves d'écrire leur version des vacances du futur en utilisant des verbes au futur simple.

Une chanson sur les vacances.

La Madrague est une chanson écrite par Jean-Max Rivière, composée par Gérard Bourgeois et chantée en 1963 par Brigitte Bardot qui, à l'époque, était une actrice très célèbre. Cette chanson est accessible sur Internet et les élèves peuvent donc l'écouter.

La Madrague

1 Mise en route Page 105

Les élèves répondent aux questions pour démontrer leur compréhension globale de la chanson. Pour cela, ils n'ont pas besoin de connaître tous les mots du texte.

Réponse

1 la fin, 2 triste, 3 elle reviendra à la plage

2 Lisez et écrivez Page 105

Les élèves relisent le texte de la chanson et répondent aux questions, qui demandent une compréhension un peu plus approfondie. Ils peuvent se servir du dictionnaire pour trouver les mots-clés qu'ils ne connaissent pas.

Réponse

1 Non, elle est abandonnée. (ligne 1)
2 Non, dans une maison. (ligne 12)
3 Non, elle va voyager en train. (ligne 22)
4 Non, elle habite en ville. (ligne 23)
5 Il pleuvra. (ligne 23)
6 Elle retournera à la plage en été. (ligne 26)
7 refleurira, reviendrons, brûlera, emmènera, sera, garderai, reviendrons

Voir les Fiches d'activités supplémentaires Chapitre 8, page 105

Vous pouvez aussi leur demander à quoi se réfèrent certains mots dans le texte :

Dans la phrase…	le mot…	se rapporte à…
Sur la plage abandonnée… (ligne 1)	« abandonnée »	la plage
… déplorent la perte… (ligne 3)	« déplorent »	coquillages et crustacés
… la perte de l'été qui depuis … (lignes 3 et 4)	« qui »	l'été
… il va me manquer… (ligne 16)	« il »	le mistral
… je le garderai… (ligne 25)	« le »	mon chagrin

3 Imaginez Page 105

Les élèves essaient d'écrire un petit poème sur leurs vacances.

Point info Page 105

Après avoir lu les statistiques, les élèves peuvent faire des recherches de statistiques pour leur pays et discuter ensuite des raisons qui font que la France arrive en tête des destinations touristiques. Cette activité leur permettra de réviser le vocabulaire sur la nourriture (chapitre 4), la ville (chapitre 5), les aspects géographiques et climatiques (chapitre 6), les festivals (chapitre 6) et les activités de loisirs (chapitre 7).

Révisions

Vacances à Orange, une ville historique près d'Avignon.

1 Lisez

Page 106

Les élèves lisent les documents et en identifient les formats.

Réponse

1 et **3** un horaire, **4** une carte de visite, **5** et **6** un extrait de brochure, **2** un tarif

2 Écrivez

Page 106

Avant d'entreprendre cette tâche, les élèves peuvent faire des recherches sur la ville d'Orange. Puis, ils imaginent qu'ils iront dans cette ville l'année prochaine : ils écrivent les détails de leur voyage et ce qu'ils feront pendant leur séjour, en utilisant le futur simple. Encouragez-les aussi à se servir de connecteurs logiques.

Pour s'entraîner davantage, ils peuvent ensuite refaire cette même activité avec une ville de leur choix. Ils peuvent aussi jouer au cadavre exquis : voir l'Appendice *Jeux* à la page 185 du livre du professeur.

Pour les devoirs, vous pouvez demander aux élèves d'imaginer qu'ils sont à Orange et qu'avant de rentrer, ils écrivent une carte postale à un(e) ami(e), dans laquelle ils racontent ce qu'ils ont fait et comment était leur séjour.

Pour terminer ce chapitre, les élèves peuvent retourner à l'image de la jeune fille au début du chapitre (à la page 95 du livre de l'élève) et imaginer ce qu'elle a fait avant d'arriver au sommet de la montagne et ce qu'elle fera après ou plus tard.

9 Au lycée

<table>
<tr><td>Thèmes et sujets</td><td>Individu et société
Enseignement
Loisirs et travail
Monde du travail</td></tr>
<tr><td>Points lexicaux</td><td>La vie scolaire
Les matières
La journée et l'année scolaires
Les locaux et les équipements
Les activités périscolaires
Le règlement
Le personnel du lycée
Les nombres ordinaux</td></tr>
<tr><td>Points grammaticaux</td><td>Les pronoms relatifs ce qui, ce que
Le conditionnel
Pouvoir au présent de l'indicatif
Les questions</td></tr>
<tr><td>Textes</td><td>Réceptifs
Messages sur réseau social, emploi du temps, courrier du cœur, questionnaire, organigramme
Productifs
Message sur réseau social, questionnaire, sondage, podcast</td></tr>
<tr><td>Coin IB</td><td>Théorie de la connaissance
• Les avantages et les inconvénients de vacances scolaires longues
• Le programme scolaire idéal pour former les élèves de l'avenir à devenir de bons citoyens du monde
• L'importance du nom donné à un établissement scolaire
• L'importance et le contenu d'un règlement dans un établissement scolaire
• La laïcité et le port de symboles religieux à l'école
• Les avantages et les inconvénients du redoublement
• L'importance de CAS et de la théorie de la connaissance dans le programme scolaire
Travail écrit
• Comparaison de certains aspects du système scolaire de l'élève à ceux d'un pays francophone
CAS
• Réflexion sur une activité périscolaire
• Examen oral individuel
• Décrire un stimulus visuel qui représente une scène de la vie scolaire
• Créer un podcast sur son lycée
L'épreuve de rédaction
• Exprimer des opinions sur le lycée, le système scolaire, les matières enseignées et les professeurs
• Écrire un article pour le magazine du lycée pour suggérer des changements au calendrier scolaire et expliquer les bénéfices de ces changements
• Rédiger un questionnaire
• Rédiger un poster ou un courriel pour annoncer une nouvelle activité périscolaire
• Écrire une brochure sur le lycée pour des visiteurs francophones</td></tr>
</table>

Ce chapitre traite des thèmes *Individu et société* et *Loisirs et travail* et couvre le sujet de l'enseignement ; il touche aussi le sujet du monde du travail. Les élèves apprendront le vocabulaire se rapportant à la vie scolaire (matières, journée et année scolaire), aux locaux et équipement scolaires, aux activités périscolaires, au personnel et au règlement d'un établissement scolaire. Ils couvriront aussi les points grammaticaux suivants : les pronoms relatifs *ce qui, ce que*, les phrases interrogatives, l'inversion sujet–verbe, les pronoms, adverbes et adjectif interrogatifs, le présent du conditionnel et le verbe *pouvoir* au présent de l'indicatif. Ils découvriront aussi le système d'éducation en France.

1 Mise en route

Page 107

Cet exercice permet aux élèves d'acquérir dès le début un certain nombre de mots de vocabulaire qui leur seront utiles dans ce chapitre.

2 Parlez

Page 107

Pour les aider à se familiariser avec les mots de l'image, les élèves parlent de ce qui est important pour eux dans leur lycée idéal. Ils peuvent aussi exprimer leurs propres idées à ce sujet en utilisant d'autres mots qu'ils auront trouvés dans le dictionnaire.

Pour qu'ils mémorisent bien le vocabulaire, les élèves peuvent faire les activités qui suivent.

L'élève A épelle en français un mot de l'image et l'élève B dit le mot le plus vite possible : élève A : R-E-N... élève B : Rentrée ! L'élève B obtient un point s'il/elle dit le mot avant que l'élève A n'ait fini de l'épeler.

Les élèves peuvent chercher d'autres mots qui se rapportent au lycée.

Demandez aux élèves de créer des phrases avec un ou deux mots de l'image, par exemple : Il y a 25 élèves dans ma classe.

Pour vérifier si les élèves ont bien mémorisé les mots, vous pouvez leur faire faire une dictée qu'ils traduisent ensuite dans leur langue : *Dans le lycée, il y a beaucoup d'équipements et de locaux, comme les salles de classe et la cantine. Le proviseur et les professeurs sont sévères. Les élèves étudient des matières comme le français, la chimie et les mathématiques. Chaque élève a un emploi du temps et des manuels. Il doit respecter le règlement, faire ses devoirs et passer des examens chaque trimestre. Le matin, il y a une récréation. Après le lycée, on peut aller à l'université.*

Les matières.

1 Mise en route

Page 108

Les élèves se familarisent avec le nom des matières étudiées dans les lycées français. Ils les comparent à celles qu'ils étudient dans leur lycée et identifient les différences et les similarités. Ils cherchent ensuite dans le dictionnaire le nom des matières qu'ils étudient et qui ne figurent pas dans la liste.

Expliquez-leur qu'en France, tous les élèves doivent étudier certaines matières, comme les maths, le français, l'histoire-géo, etc. et que ces matières sont appelées matières obligatoires ; les élèves peuvent aussi choisir d'étudier d'autres matières, appellées options. L'accompagnement personnalisé est un dispositif mis en place depuis la rentrée 2010 pour aider les élèves à s'adapter au lycée et à se préparer à l'enseignement supérieur.

Cahier d'exercices 9/1

Page 25

Cet exercice aidera les élèves à mémoriser les noms de matières.

Réponse

1 le français
2 l'histoire-géographie
3 la physique-chimie
4 les mathématiques
5 la musique
6 les langues vivantes

2 Écoutez

Page 108

Les élèves identifient les matières que les quatre lycéens aiment ou n'aiment pas et pour quelle(s) raison(s). Cet exercice permet de mettre en pratique le nom des matières et d'acquérir le vocabulaire nécessaire pour exprimer une opinion sur ces matières.

Audio

1 Je n'aime pas les maths parce que c'est trop difficile. Ma matière préférée, c'est le français, parce que c'est intéressant.

2 Moi, je déteste la physique-chimie ; c'est nul, surtout la physique, parce que je trouve ça complètement inutile ! Par contre, j'adore l'histoire-géo. Je trouve ça passionnant !

3 Ce que je préfère au lycée, c'est l'EPS parce que pour moi, c'est facile. Je déteste l'anglais, par contre. Je trouve ça très ennuyeux.

4 Ma matière préférée, c'est SVT. C'est utile et très intéressant. Ce que je n'aime pas du tout, ce sont les arts plastiques ; je trouve ça vraiment ennuyeux.

Réponse

1 ☹ maths trop difficile, ☺ français intéressant

2 ☹ physique-chimie nul, surtout physique inutile, ☺ histoire-géo passionnant

3 ☺ EPS facile, ☹ anglais très ennuyeux

4 ☺ SVT utile et intéressant, ☹ arts plastiques ennuyeux

Expliquez aux élèves que l'article défini, normalement utilisé devant les noms de pays, est omis si le nom suit la préposition *en* (*J'aime la France* mais *Je vais en France*) et que l'article défini devant les noms de matières est omis si le nom suit le verbe *faire* ou *avoir* (*J'étudie les maths* mais *Je fais maths et anglais, On a maths à 9h30 lundi*).

3 Parlez Page 108

1 Les élèves discutent ensemble des matières qu'ils étudient et de l'importance de ces différentes matières.

2 Pour réviser le superlatif des adjectifs et exprimer leurs opinions personnelles, ils disent ensuite quelles matières ils trouvent les plus faciles, les plus difficiles, les plus utiles, les plus intéressantes. Vous pouvez aussi leur demander d'ajouter une justification.

Pour élargir la discussion, ils peuvent dire quelles matières au programme des lycées français ils aimeraient ou n'aimeraient pas étudier et pourquoi ils pensent que les élèves français devraient étudier certaines matières au programme des lycées de leur pays mais qui ne sont pas proposées dans les lycées français.

4 Écrivez et parlez Page 108

1 Les élèves recherchent d'autres mots pour exprimer ou justifier leurs opinions. Ils écrivent ensuite des phrases indiquant ce qu'ils pensent des matières qu'ils étudient et pourquoi

2 Ils lisent ensuite ces phrases à leur partenaire pour savoir s'il / si elle est d'accord.

Activité à deux : l'élève A dit qu'il/elle aime ou n'aime pas une matière et l'élève B doit deviner pourquoi, puis ils inversent les rôles. Par exemple, l'élève A dit : *Je déteste les maths.* L'élève B répond : *Tu détestes les maths parce que c'est difficile ?* L'élève A : *Oui, c'est trop difficile pour moi. / Non, je déteste les maths parce que c'est très ennuyeux.*

Les élèves peuvent aussi discuter du principe des matières optionnelles et décider si c'est une bonne idée ou pas, et pourquoi.

5 Compréhension Page 109

En lisant les messages, les élèves déduisent d'après le contexte ou cherchent dans le dictionnaire le sens des mots qu'ils ne connaissent pas, comme *la technologie, le travail manuel, le bricolage, la biologie humaine, les premiers secours, sauver des vies, apprendre la théorie, indispensable, d'expériences scientifiques.*

Ces messages permettent aux élèves de réviser le superlatif des adjectifs, souvent utilisé lorsqu'on exprime une opinion, ainsi que d'apprendre le vocabulaire pour donner son opinion. Avant de faire l'exercice, demandez aux élèves de relever les différentes façons d'exprimer une opinion dans le texte : *ce qui m'intéresse, j'adore, ce que je déteste, préférée, le plus intéressant*… Faites-leur aussi remarquer que lorsqu'on exprime un souhait, on utilise souvent le conditionnel. Par exemple : *il y aurait, je voudrais, ça serait utile.*

Les élèves écrivent des phrases à choix multiple pour la classe. Cet exercice leur permet d'utiliser le vocabulaire dans les messages pour créer leurs propres phrases et en même temps montrer qu'ils ont bien compris chaque message. Par exemple :

1 Lucie aime beaucoup

A l'anglais

B la physique-chimie

C les maths

D l'histoire

2 Djamel trouve la biologie

A inutile

B ennuyeuse

C intéressante

D indispensable

Réponse

1 **B**, 2 **C**

Grammaire en contexte Page 109

Les pronoms relatifs *ce qui, ce que*

Pour mettre une phrase en relief, on emploie *ce qui* ou *ce que* au début. Dans ce cas, il ne faut pas oublier de reprendre *ce/c'* dans la deuxième partie de la phrase. Par exemple : *Ce qui m'intéresse le plus, c'est la technologie ; Ce que je déteste le moins, c'est l'histoire. Ce qui* est sujet du verbe qui suit et *ce que* est complément d'objet direct du verbe qui suit.

Rappelez aux élèves la règle suivante : *qui* ne s'élide jamais, mais *que* s'élide devant une voyelle ou un *h* muet.

6 Lisez Page 109

Les élèves relèvent des exemples de *ce qui / ce que* dans les messages.

Réponse

Anaëlle : Ce qui m'intéresse

Gaëtan : Ce que je déteste

Djamel : ce qui est le plus intéressant / ce que je voudrais

Lucie : ce que je voudrais

 Cahier d'exercices 9/2 Page 25

Cet exercice permet de consolider l'emploi de *ce qui / ce que* en début de phrase.

Réponse

1 **C**, 2 **E**, 3 **A**, 4 **B**, 5 **F**, 6 **D**

7 Écrivez Page 109

Cet exercice permet aux élèves de travailler un peu plus l'emploi de *ce qui / ce que.*

Réponse

1 ce que, 2 Ce qui, 3 ce que, 4 ce qui

Pour aller plus loin, vous pouvez ensuite demander aux élèves de créer leurs propres phrases avec *ce qui* et *ce que* pour indiquer ce qu'ils aiment ou n'aiment pas au lycée.

Grammaire en contexte Page 109

Le conditionnel

Expliquez d'abord la formation du présent du conditionnel (infinitif + terminaisons du conditionnel : *-ais, -ais, -ait, -ions, -iez, -aient*). Signalez que, comme au futur pour les verbes en *-re*, il faut enlever le *-e* avant d'ajouter les terminaisons, que certains verbes irréguliers au présent, comme *partir*, sont réguliers au conditionnel. Par contre, certains verbes réguliers en *-er* subissent quelques petits changements : *acheter* → *j'achèterais* ; *appeler* → *j'appellerais* ; *espérer* → *j'espèrerais* ; *payer* → *je paierais*.

Pour aider les élèves à mémoriser cette conjugaison, choisissez quelques-unes des activités suggérées dans l'Appendice *Jeux* aux pages 183-184 du livre du professeur, dans lesquelles vous remplacez le présent de l'indicatif par le présent du conditionnel.

Quand ils auront appris l'imparfait (chapitre 11), faites-leur remarquer que les terminaisons du présent du conditionnel ressemblent à celles de l'imparfait.

Expliquez que, dans ce chapitre, le présent du conditionnel est utilisé pour exprimer des souhaits et pour parler d'une action ou de quelque chose qui n'est pas encore réel, par exemple, pour décrire les cours ou les professeurs dans un lycée idéal et imaginaire. Dans le chapitre 13, ils apprendront à l'utiliser pour exprimer une action dépendant d'une condition, après la conjonction *si*.

Ensuite, vous pouvez leur demander de relever tous les verbes au présent du conditionnel dans les messages.

Cahier d'exercices 9/3 Page 25

Cet exercice permet aux élèves de mettre en pratique le présent du conditionnel.

Réponse

1 aimerais, 2 serait, 3 adoreraient, 4 aurait, 5 passerions, 6 seraient, 7 étudieriez, 8 serais

8 Parlez Page 109

Les élèves discutent en groupe de l'utilité dans la vie de tous les jours de tout ce qu'ils étudient et font au lycée, y compris la théorie de la connaissance et CAS. Encouragez-les à exprimer et justifier leurs opinions. Ils peuvent ensuite continuer la discussion dans la langue d'instruction du lycée.

9 Imaginez Page 109

Pour mettre en pratique le présent du conditionnel et *ce qui / ce que*, les élèves imaginent quel serait le programme idéal du lycée du futur pour former de bons citoyens du monde, dans le contexte d'un forum de discussion sur l'éducation.

Ils peuvent ensuite lire à la classe ce qu'ils ont écrit et demander aux autres s'ils sont d'accord ou pas, puis comparer leur programme idéal à celui d'un(e) autre élève.

L'emploi du temps et le calendrier scolaire.

L'emploi du temps d'Olivier, en seconde dans un lycée à Paris.

1 Lisez Page 110

Ici, les élèves se familiarisent mieux avec les matières étudiées par un lycéen français typique et le déroulement de sa journée et de sa semaine. Ils doivent sélectionner des détails pertinents pour montrer une bonne compréhension du document. Encouragez-les à former des phrases complètes, pour qu'ils prennent l'habitude de formuler des phrases plus longues.

Abréviations utilisées (voir aussi les matières à la page 108 du livre de l'élève) : ECJS – Éducation civique, juridique et sociale, EPS – Éducation physique et sportive, SVT – Sciences de la Vie et de la Terre.

Reponse

1 Il n'a pas cours le mercredi après-midi, le samedi ni le dimanche.
2 Les cours commencent à 8h00 / à huit heures.
3 Il a cinq cours le mardi.
4 La pause déjeuner dure 1h45 / une heure quarante-cinq minutes.
5 Il étudie l'anglais, l'espagnol et le latin. (Donc, deux langues vivantes et une langue ancienne. Il étudie aussi le français.)
6 Il a quatre heures de maths par semaine.
7 Il a trois heures de physique-chimie par semaine.
8 Sa journée la plus chargée, c'est mardi ou jeudi.

Voir les Fiches d'activités supplémentaires Chapitre 9, page 110 (1)

Questions supplémentaires sur l'emploi du temps :

1. Quelles sont les matières où il a le plus d'heures de cours ? (français et maths)
2. À quelle heure finit le dernier cours de la journée ? (17h45)
3. À quelle heure finissent les cours du matin ? (12h15)
4. À quelle heure commencent les cours de l'après-midi ? (14h00)
5. Combien de temps durent les récréations du matin et de l'après-midi ? (15 minutes)
6. Quelle est la différence entre la récréation du matin et celle de l'après-midi ? (la récréation du matin a lieu après deux heures de cours et la récréation de l'après-midi a lieu après une heure de cours)
7. Quel jour a-t-il trois cours de langue ? (mardi)
8. Est-ce qu'il fait du sport tous les jours ? (Non, seulement le jeudi)
9. Quels jours n'a-t-il aucun cours de sciences ? (lundi et mercredi)
10. Combien d'heures de cours a-t-il le mercredi ? (quatre heures)

Les élèves peuvent ensuite comparer oralement l'emploi du temps d'Olivier au leur et discuter des similarités et des différences. Demandez-leur de réfléchir aux raisons possibles de ces différences, à quel emploi du temps ils préfèrent et pourquoi.

2 Écrivez Page 110

En se servant de leur propre emploi du temps, les élèves répondent aux questions de l'activité 1. Comme ci-dessus, encouragez les élèves à former des phrases complètes.

3 Lisez Page 110

Ces témoignages permettent aux élèves d'élargir leur vocabulaire, de réviser le superlatif des adjectifs et de découvrir l'emploi du temps d'autres jeunes dans divers pays francophones. Les élèves répondent aux questions pour démontrer une compréhension plus approfondie des textes.

Reponse

1 Caroline, 2 Silver, 3 Silver, 4 Caroline, 5 Silver, 6 réponses personnelles

Voir les Fiches d'activités supplémentaires Chapitre 9, page 110 (2)

Activité à deux : les élèves peuvent écrire des phrases « vrai / faux » qu'ils montrent ensuite à leur partenaire qui doit dire si elles sont vraies ou fausses et corriger les phrases fausses.

Autre activité possible : donnez une liste de phrases une liste de phrases « vrai / faux » à la classe, par exemple :

1. Malia doit se lever tôt le matin pour aller au lycée. (**VRAI**)
2. Malia n'a pas beaucoup de temps pour déjeuner. (**FAUX**. Elle a une heure, vingt minutes.)
3. L'après-midi, les cours de Malia commencent à 12h30. (**VRAI**)
4. Malia aime le vendredi. (**VRAI**)
5. Le mercredi Malia finit à 11h10. (**FAUX**)
6. Silver commence les cours à 6h45. (**FAUX**. Le premier cours commence à 7h00.)
7. Les cours de Silver durent moins d'une heure. (**VRAI**)
8. La récréation de Silver est à 10h00. (**FAUX**. Elle est à 9h55.)
9. Silver mange son déjeuner au lycée. (**FAUX**. Il rentre à la maison.)
10. Silver n'a pas cours le mercredi et le samedi après-midi. (**VRAI**)
11. Caroline arrive au lycée quinze minutes avant le début des cours. (**VRAI**)
12. Caroline a une récréation le matin qui dure six minutes. (**FAUX**. C'est l'intercours qui dure six minutes. Elle n'a pas de récréation.)
13. Les cours de Caroline durent toujours plus d'une heure. (**VRAI**)
14. Caroline a une heure pour le déjeuner. (**FAUX**. La pause-déjeuner dure 50 minutes.)
15. Le mercredi, Caroline finit plus tôt que les autres jours. (**VRAI**)

4 Écrivez Page 110

Les élèves écrivent ensuite une bulle semblable à celles qu'ils viennent de lire pour décrire leur semaine scolaire. Encouragez-les à réutiliser le vocabulaire dans les bulles et à inclure leur opinion.

5 Écoutez et lisez Page 111

Avant de faire l'exercice, révisez avec les élèves les noms de mois et de saisons. Les élèves écoutent ensuite l'enregistrement et remplissent les blancs.

Audio

En France, l'année scolaire est divisée en trois trimestres. Elle commence début septembre. Les dates de vacances dépendent de la région où on habite. Fin octobre, on a deux semaines de vacances pour la Toussaint, et fin décembre, il y a les vacances de Noël, qui durent aussi deux semaines. Les vacances d'hiver sont en février ou en mars, alors on a encore une quinzaine de jours de libre. Les vacances de printemps sont en avril ou en mai.

On appelle les vacances d'été les grandes vacances parce qu'elles sont les plus longues : elles commencent début juillet. Alors, en tout, il y a 36 semaines de classe par an.

Réponse

1 trois, 2 septembre, 3 deux, 4 février, 5 printemps, 6 grandes, 7 juillet, 8 trente-six / 36

Vous pouvez ensuite poser d'autres questions, par exemple : *À quels moments de l'année est-ce que les élèves français ont deux semaines de vacances ? (À la Toussaint, à Noël et fin février-début mars).*

Vous pouvez leur demander de comparer leurs dates de vacances à celles des élèves français et de donner leur opinion. Ils peuvent aussi faire des recherches sur Internet afin de trouver les dates de vacances en France dans les différentes zones pour l'année scolaire en cours. En effet en France, tous les élèves ne sont pas en vacances en même temps ; les dates dépendent de la région où l'on habite. Ceci évite que tout le monde parte en vacances en même temps et que les régions touristiques soient surpeuplées. Vous pouvez aussi demander aux élèves de discuter des avantages et désavantages de ce système.

6 Parlez

Page 111

Avant d'entreprendre cette tâche, vous pouvez demander aux élèves de faire quelques recherches sur Internet concernant la Nouvelle-Calédonie. Les élèves observent ensuite le calendrier scolaire des élèves de Nouméa et le comparent à celui d'un élève français. Ils essaient d'en expliquer les différences. Ils peuvent ensuite dire lequel ils préfèrent et pourquoi.

Réponse possible

La rentrée est en septembre en France, en février en Nouvelle-Calédonie. Les grandes vacances / Les vacances d'été sont en décembre / janvier en Nouvelle-Calédonie, en juillet / août en France.

Comme la Nouvelle-Calédonie est dans l'hemisphère sud et la France dans l'hémisphère nord, les saisons sont inversées.

7 Écrivez et parlez

Page 111

Les élèves décrivent leur année scolaire et la comparent avec celles des autres pays mentionnés sur la page. Ils peuvent ensuite lire ce qu'ils ont écrit au reste de la classe ou à leur partenaire et partager leurs opinions. Vous pouvez également leur demander de créer leur calendrier scolaire idéal.

L'année scolaire idéale.

Après une première lecture des deux textes où quelques jeunes donnent leurs opinions sur la longueur des vacances scolaires, les élèves trouvent le sens des mots qu'ils ne connaissent pas, par exemple : *oublié, logique, surtout, suffirait…*

Pour qu'ils développent leur compréhension, vous pouvez leur poser les questions suivantes :

1 Pourquoi est-ce qu'Hugo aimerait des vacances moins longues ? (Parce qu'il voudrait des journées plus courtes et après des vacances trop longues il a tout oublié.)

2 Pourquoi est-ce que Marie-Jo voudrait des vacances plus longues l'été ? (Parce qu'il fait beau et chaud.)

3 Pourquoi est-ce que Marie-Jo préfèrerait avoir une journée continue ? (Parce qu'elle voudrait commencer sa journée plus tard le matin.)

Vous pouvez leur demander de relever les adjectifs au comparatif et les verbes au présent du conditionnel.

1 Parlez

Page 111

1 Après une seconde lecture des deux textes, les élèves expliquent avec qui ils sont d'accord et pourquoi.

2 Ensuite, ils discutent à deux ou en groupe des avantages et des inconvénients des vacances longues.

2 Écrivez

Page 111

Les élèves écrivent ensuite un article pour le magazine du lycée, dans lequel ils suggèrent des changements à leur calendrier scolaire et expliquent pourquoi ces changements seraient bénéfiques. Rappelez-leur qu'un article doit avoir un titre, le nom de l'auteur et des paragraphes. Encouragez-les à utiliser le présent du conditionnel et les pronoms relatifs *ce qui* et *ce que*.

Les locaux et les équipements.

1 Mise en route

Page 112

1 Pour se familiariser avec le vocabulaire, les élèves relient les mots de vocabulaire dans l'encadré aux photos de la page.

Réponse

A un laboratoire, **B** une salle d'informatique, **C** la cantine, **D** la salle de sport / le gymnase, **E** la bibliothèque, **F** une salle de classe

2 Ils cherchent ensuite le nom d'autres locaux dans leur lycée pour les ajouter à la liste ou écrire des phrases (encouragez-les à utiliser des adjectifs qui pourraient décrire ces locaux, par exemple : *grand, petit, vieux, moderne, confortable, agréable, sombre, clair*).

2 Écoutez

Page 112

À la première écoute, les élèves notent les locaux mentionnés. À la seconde écoute, ils ajoutent des détails sur chacun des locaux.

Audio

1

Dans mon lycée, il y a une grande salle de sport mais par contre, les salles de classe sont trop petites.

2

Les locaux de mon lycée ne sont pas agréables, surtout les laboratoires qui sont très vieux. La bibliothèque est aussi très sombre.

3

J'aime bien mon lycée : les salles d'informatique sont très claires et très modernes. On a également une cantine très confortable.

Réponse

1 **D** grande, **F** trop petites

2 **A** très vieux, **E** très sombre

3 **B** très claires, très modernes, **C** très confortable

Point info

Page 112

Les élèves peuvent rechercher sur Internet quelques noms d'écoles françaises et les comparer aux noms des écoles dans leur pays.

Puis, ils essaient de répondre aux questions de réflexion suivantes (en français ou dans la langue d'instruction du lycée) : *Faut-il donner un nom aux écoles ou pas ? Pensez-vous qu'il est nécessaire/important de leur donner un nom de personne célèbre ou pas ? Est-ce que vous aimez le nom de votre lycée ? Quel nom aimeriez-vous donner à votre lycée ?*

3 Lisez

Page 113

Les élèves lisent les messages de Djamel et Mariama. Quand ils en auront compris le sens, ils lisent les phrases A–H et identifient parmi elles les cinq qui sont vraies.

Réponse

C, D, F, G, J

Lycée : attention, danger !

4 Lisez

Page 113

1 Les élèves lisent les messages du forum sur le sac d'école et relèvent tous les noms de fournitures scolaires.

Réponse

le sac, la trousse, le stylo, les crayons de couleur, les feutres, le compas, la règle, la gomme, la colle, les classeurs, les cahiers, les cahiers de brouillon, les feuilles, les manuels, les affaires de sport, les livres, les tablettes

2 Ils essaient de deviner le sens de ces mots, puis cherchent dans le glossaire ou le dictionnaire ceux dont ils n'ont pas deviné la signification. Demandez-leur aussi d'indiquer le genre des noms.

5 Recherchez

Page 113

Les élèves font une liste du contenu de leur sac. Ils cherchent les mots qu'ils ne connaissent pas dans le dictionnaire.

6 Parlez

Page 113

Ce jeu de mémoire, qui est une activité où toute la classe participe, aidera les élèves à retenir le vocabulaire nouveau. Chacun à leur tour, les élèves doivent nommer un article qu'ils ont dans leur sac, mais en répétant d'abord toutes les fournitures déjà mentionnées et dans l'ordre. Pour rendre l'exercice compétitif, vous pouvez ajouter que celui qui fait une erreur est éliminé.

Autre activité possible : les élèves disent leur nom et chaque article qu'ils imaginent dans leur sac doit commencer par une lettre de leur nom, par exemple : *Je m'appelle **M-a-r-c** et dans mon sac, j'ai des **m**anuels, mes **a**ffaires de sport, une **r**ègle, des **c**ahiers.*

7 Écrivez

Page 113

Les élèves écrivent leur contribution au forum en haut de la page pour donner et expliquer leur solution au problème des sacs d'école trop lourds.

Il existe sur Internet une chanson amusante que vous pouvez leur faire écouter, intitulée *J'ai un sac trop lourd !*

Le règlement et la vie scolaire.

1 Compréhension Page 114

1 Les élèves lisent les commentaires des élèves sur le règlement de leur lycée et essaient de trouver le sens des mots nouveaux. Ils font alors correspondre les commentaires aux photos. Faites-leur remarquer qu'il y a huit phrases mais seulement six photos, et donc deux phrases sans photo.

Réponse

1 **A**, 4 **F**, 5 **C**, 6 **B**, 7 **D**, 8 **E**

Voir les Fiches d'activités supplémentaires Chapitre 9, page 114 (1)

2 Vous pouvez ensuite leur poser les questions suivantes sur les commentaires :

1 Est-ce que tous les élèves français doivent porter un uniforme ? (Non, le lycée de l'élève A est l'un des rares lycées en France où il faut porter un uniforme.)

2 Quels vêtements est-ce que les élèves ne peuvent pas porter dans les écoles françaises ? (Bonnet, casquette ou signes religieux comme le voile.)

3 Qu'est-ce que les élèves ne peuvent pas faire dans les écoles françaises ? (Avoir un portable, sortir quand ils n'ont pas cours, fumer.)

4 Qu'est-ce qui se passe si les élèves ne font pas leurs devoirs ? (Ils sont punis / ils ont une colle.)

Voir les Fiches d'activités supplémentaires Chapitre 9, page 114 (2)

Vous pouvez ensuite leur poser des questions plus personnelles :

1 Est-ce que vous portez un uniforme ? Est-ce que vous êtes pour ou contre le port de l'uniforme ? Pourquoi ?

2 Quels vêtements est-ce que vous ne pouvez pas porter dans votre lycée ? Quels vêtements est-ce qu'on devrait interdire au lycée ? Quels vêtements est-ce que vous aimeriez porter au lycée ?

3 Est-ce que vous pouvez avoir un portable dans votre lycée ? Est-ce que vous êtes pour ou contre l'utilisation du portable au lycée ? Pourquoi ?

4 Est-ce qu'on devrait avoir le droit de quitter le lycée entre les cours ? Pourquoi ?

5 Est-ce qu'on devrait avoir le droit de fumer au lycée ? Pourquoi ?

2 Parlez Page 114

En groupes ou à deux, les élèves donnent leur opinion personnelle sur les règles mentionnées et les comparent au règlement de leur lycée.

Ils peuvent ensuite discuter en classe dans la langue d'enseignement de la laïcité dans les écoles françaises et de l'interdiction de porter des signes religieux ostensibles comme le voile.

Grammaire en contexte Page 114

Pouvoir au présent de l'indicatif

Faites remarquer aux élèves que *pouvoir* est un verbe irrégulier souvent utilisé dans la langue française. Il est donc important de bien savoir le conjuguer. Reportez-vous à l'Appendice *Jeux* aux pages 183-184 du livre du professeur pour trouver des idées d'exercices et de jeux qui les aideront à retenir la conjugaison de ce verbe.

Les élèves peuvent inventer des phrases en utilisant le verbe *pouvoir* à la forme affirmative et négative. Par exemple : *Dans mon lycée je peux porter un pantalon noir. Dans mon lycée, on ne peut pas fumer.*

3 Lisez Page 114

Les élèves cherchent tous les exemples du verbe *pouvoir* dans les messages du forum et les traduisent dans leur langue. Rappelez-leur que le verbe qui suit le verbe *pouvoir* est toujours à l'infinitif.

Réponse

2 je ne peux pas porter, 3 on ne peut pas porter,
4 on ne peut pas se servir, 5 nous ne pouvons pas sortir

4 Écrivez Page 114

Après avoir exprimé leurs opinions oralement, les élèves peuvent maintenant donner leur avis par écrit en produisant un commentaire pour un forum sur certains aspects du règlement de leur école avec lesquels ils sont ou ne sont pas d'accord, et indiquent leurs raisons. Encouragez-les à utiliser les différentes formes du verbe *pouvoir* et le vocabulaire qu'ils ont appris dans ce chapitre.

Les activités périscolaires.

Les activités périscolaires dans votre lycée

1 Lisez et écrivez Page 115

Cet exercice permet aux élèves de réviser les mots interrogatifs. Les élèves notent les mots interrogatifs qui complètent le questionnaire, en les choisissant dans la liste de l'encadré *Vocabulaire*. Ils pourront entendre tous ces mots interrogatifs et vérifier qu'ils ont bien choisi dans l'enregistrement qui suit.

Réponse

1 quelles

2 Combien

3 Quand (À quelle heure)

4 Qui

5 Lesquelles

6 où
7 Quand
8 Pourquoi

2 Écoutez

Page 115

1. Les élèves écoutent l'enregistrement une première fois pour vérifier leurs réponses à l'exercice précédent.
2. À la seconde écoute, ils notent les réponses de Mathéo à chaque question.

Audio

Présentatrice	Aujourd'hui, je parle à Mathéo des activités périscolaires dans les lycées. Mathéo, bonjour !
Mathéo	Bonjour.
Présentatrice	Mathéo, vous aimez la musique ?
Mathéo	Oui.
Présentatrice	Dans votre lycée, en dehors des classes, quelles activités musicales peut-on faire ?
Mathéo	On peut chanter dans une chorale ou jouer d'un instrument dans un orchestre ou un groupe de musique.
Présentatrice	Combien d'orchestres ou groupes musicaux y a-t-il dans votre lycée ?
Mathéo	Il y a deux chorales : une chorale traditionnelle et une chorale gospel. En plus, il y a un grand orchestre, un orchestre de jazz et un groupe rock.
Présentatrice	Y a-t-il des clubs dans votre lycée ?
Mathéo	Oui, il y a quelques clubs : un club de lecture, un club de web radio, un club d'échecs, etc.
Présentatrice	Quand ? À midi ? Après les cours ? Le week-end ?
Mathéo	En général, les clubs ont lieu après les cours ou à midi. Il n'y a pas de club le week-end.
Présentatrice	Qui organise les activités périscolaires ?
Mathéo	Ce sont les professeurs, ou le documentaliste pour le club de lecture.
Présentatrice	Y a-t-il des équipes sportives?
Mathéo	Oui, il y a des équipes sportives…
Présentatrice	Lesquelles ?
Mathéo	Il y a une équipe de football, une équipe de volley et une équipe de handball.
Présentatrice	Si vous faites des voyages scolaires, allez-vous à l'étranger ? Si oui, où allez-vous ?
Mathéo	On fait des voyages scolaires, mais normalement, on reste en France.
Présentatrice	Quand partez-vous, pendant le trimestre ou pendant les vacances ?
Mathéo	On part pendant le trimestre.
Présentatrice	À votre avis, est-ce que les activités périscolaires sont importantes?
Mathéo	Oui, pour moi, c'est important.
Présentatrice	Pourquoi ?
Mathéo	Parce que pendant ces activités, on s'amuse et on se fait de nouveaux amis.

Réponses

1. Chanter dans une chorale, jouer d'un instrument dans un orchestre ou un groupe de musique.
2. Deux chorales (une chorale traditionnelle et une chorale gospel), un grand orchestre, un orchestre de jazz, un groupe rock.
3. Oui, un club de lecture, un club de web radio, un club d'échecs, etc. En général, ils ont lieu après les cours ou à midi. Il n'y a pas de club le week-end.
4. Les professeurs, ou le documentaliste pour le club de lecture.
5. Oui, une équipe de football, de volley, de handball.
6. Non, on reste en France.
7. Pendant le trimestre.
8. Oui, parce que pendant ces activités, on s'amuse et on se fait de nouveaux amis.

Grammaire en contexte Page 115

Les questions

Rappelez aux élèves qu'ils ont rencontré jusqu'ici deux façons de poser des questions : il y a celle qui fait partie du langage familier et qui suit le modèle *sujet + verbe + complément +... ?* et qui est déterminée par l'intonation de la voix : *Tu étudies les maths ?* Puis il y a celle qui fait partie du langage courant et qui consiste à faire précéder le sujet de *est-ce que* : *Est-ce que tu étudies les maths ?*

Demandez-leur de regarder comment certaines questions sont formulées dans le texte et d'essayer d'en déduire la règle.

Puis expliquez-leur qu'il y a une troisième façon de poser des questions en français, consistant à placer le sujet après le verbe et appartenant au langage soutenu : *Étudies-tu les maths ? Quelles activités musicales peut-on faire ?*

Faites-leur ensuite remarquer qu'un trait d'union apparaît entre le verbe et le sujet, qui se retrouve alors après le verbe : *verbe + trait d'union + sujet + complément + ... ?*. À la troisième personne du singulier un *-t-* est utilisé après le verbe si celui-ci se termine par une voyelle pour faciliter la prononciation : *Parle-t-il / elle / on aux élèves ? Y a-t-il des clubs dans votre lycée ?* Faites-leur aussi remarquer que si le sujet du verbe est un nom, c'est le pronom équivalent qui est placé après le verbe et non pas le nom lui-même : *Le lycée est-il grand ou petit ?*

Cette troisième façon de poser des questions sera celle qui sera dorénavant la plus utilisée dans les chapitres qui vont suivre.

Cahier d'exercices 9/4 Page 25

Cet exercice permet aux élèves de mettre en pratique les mots interrogatifs.

Réponse

1 Pourquoi, 2 Quelle, 3 combien, 4 Qui, 5 lesquelles, 6 À quelle heure

 Cahier d'exercices 9/5 Page 26

Cet exercice permet aux élèves de mettre en pratique la formulation de questions dans le langage courant et soutenu.

Réponse

1 Est-ce qu'on fait maths et chimie ?
Fait-on maths et chimie ?

2 Est-ce que tu as EPS aujourd'hui ?
As-tu EPS aujourd'hui ?

3 Est-ce qu'elle finit à 16h00 ?
Finit-elle à 16h00 ?

4 Est-ce qu'ils rentrent en janvier ?
Rentrent-ils en janvier ?

5 Est-ce que vous avez votre emploi du temps ?
Avez-vous votre emploi du temps ?

6 Est-ce qu'il y a des élèves dans la cour ?
Y a-t-il des élèves dans la cour ?

7 Est-ce qu'il aime les activités périscolaires ?
Aime-t-il les activités périscolaires ?

Les élèves peuvent ensuite continuer cette activité à deux, oralement. Les élèves se posent des questions sur leur lycée, les matières qu'ils étudient et leur journée scolaire en utilisant l'inversion, de même que la formule *est-ce que*.

3 Parlez et écrivez Page 115

Pour travailler le vocabulaire qu'ils viennent d'apprendre, les élèves répondent au questionnaire en bas de la page 115 par rapport à leur lycée. Ils peuvent faire cette activité oralement avec leur partenaire, individuellement par écrit, ou les deux.

4 Imaginez Page 115

Pour consolider le conditionnel et le vocabulaire nouveau, les élèves imaginent quelles activités périscolaires il y aurait dans leur lycée idéal et pourquoi. Cet exercice pourrait avoir le format d'un blog que les élèves posteraient sur leur réseau social.

Vous pouvez aussi demander aux élèves d'écrire une réflexion pour leur journal de CAS sur une activité périscolaire qu'ils ont faite. Ils mentionnent l'activité, pourquoi ils l'ont choisie, où, quand et combien de temps ils ont fait cette activité, quels ont été les résultats pour eux et pour ceux qui y ont participé avec eux. Ils peuvent aussi mentionner la prochaine activité qu'ils aimeraient faire et pourquoi, ce qui leur permettra d'utiliser le conditionnel.

Vous pourriez aussi leur demander d'imaginer qu'ils veulent promouvoir dans l'école une nouvelle activité et de rédiger soit un poster, soit un e-mail pour annoncer cette activité à leurs camarades et les inviter à y participer.

5 Écrivez Page 115

1 Activité à deux : les élèves inventent un questionnaire sur les informations des pages 112–114 (locaux, équipement et règlement).

Cette activité permet aux élèves de consolider la forme interrogative et le vocabulaire appris dans ce chapitre. Encouragez-les à utiliser l'inversion et la formule *est-ce que*.

2 Ils demandent ensuite à d'autres élèves de le remplir.

Le personnel du lycée.

1 Mise en route

Page 116

Dans cette section, les élèves vont apprendre un vocabulaire qui va leur permettre de parler de leurs professeurs. Avec leur partenaire, ils peuvent d'abord essayer de deviner d'après le contexte le sens des mots nouveaux : *sévère, juste, obsédé, les notes, fort, clairement, enthousiastes, passionnés, gentils, compréhensifs.* Expliquez aux élèves que l'adjectif *sympathique* s'accorde avec le nom qu'il décrit mais que la forme abrégée *sympa* est invariable.

2 Lisez et écrivez

Page 116

Les élèves différencient les opinions positives et les opinions négatives en les classant en deux groupes. Ils expliquent ensuite avec lesquelles ils sont d'accord.

Réponse

Positives : 1, 6, 7, 8, Négatives : 2, 3, 4, 5

Demandez ensuite aux élèves d'élargir leur vocabulaire en ajoutant d'autres opinions sur leurs professeurs, en utilisant des mots qu'ils connaissent déjà (voir chapitre 2) et en en cherchant de nouveaux dans le dictionnaire qu'ils partagent ensuite avec le reste de la classe.

3 Écrivez et parlez

Page 116

Par groupes de deux ou trois, les élèves discutent des qualités du prof idéal puis écrivent une description de ce professeur reprenant les éléments de leur discussion. Encouragez-les à utiliser le présent du conditionnel, de nombreux adjectifs et quelques adverbes.

4 Lisez

Page 116

Cet exercice permet aux élèves d'apprendre le nom de la profession des personnes qui travaillent dans un établissement scolaire et de réviser le pronom relatif *qui*. Faites-leur remarquer que le mot *prof* est une abréviation du mot *professeur(e)* utilisée uniquement par les élèves, et que le féminin de *le professeur* est *la professeur* ou *la professeure.*

Vous pouvez leur expliquer que le nom donné aux chefs d'établissements scolaires dépend de l'établissement scolaire : au lycée, c'est *le proviseur*, au collège, *le principal / la principale* et à l'école primaire, *le directeur / la directrice*. Cela dit, dans cet excercice, il s'agit d'un lycée.

Les élèves font correspondre les mots à leur définition et cherchent dans le glossaire ou le dictionnaire les mots qu'ils ne connaissent pas.

Réponse

A l'infirmier / l'infirmière

B le surveillant / la surveillante

C le proviseur

D le/la CPE

E le/la responsable d'internat

F le proviseur adjoint / la proviseur(e) adjointe

G le/la documentaliste

H le professeur principal / la professeur(e) principale

5 Écrivez

Page 116

1 Le but de cet exercice est d'encourager les élèves à faire une comparaison avec leur lycée et à former des phrases similaires à celles des définitions (activité 4).

2 Pour s'entraîner davantage tout en élargissant leur vocabulaire, les élèves peuvent chercher les professions d'autres personnes travaillant dans leur lycée et écrire une définition pour chacune. Par exemple : *le/la secrétaire, le/la cuisinier/ière, le/la concierge, le/la réceptioniste, le/la conseiller/ère d'orientation, l'assistant(e) de langues étrangères.*

Le système d'éducation en France.

1 Lisez

Page 117

Avec l'aide du document figurant sur la page, expliquez d'abord aux élèves l'organisation des études en France.

Pour tester leur compréhension du document, demandez aux élèves d'indiquer ensuite si les phrases données se rapportant à ce document sont vraies ou fausses et de corriger les phrases fausses.

Réponse

1 **FAUX** (On peut entrer à l'école maternelle à deux ans.)

2 **VRAI**

3 **FAUX** (Elle est au collège.)

4 **FAUX** (On commence en 6e / en sixième.)

5 **FAUX** (L'examen à la fin du collège s'appelle le brevet des collèges.)

6 **VRAI**

7 **FAUX** (Il y a trois classes au lycée : la seconde, la première et la terminale.)

8 **FAUX** Après le lycée d'enseignement général, on continue ses études à l'université, dans un Institut universitaire de technologie (IUT) ou dans des classes préparatoires au concours des grandes écoles.

2 Parlez

Page 117

Les élèves comparent le système d'éducation en France à celui de leur pays et réfléchissent sur les raisons de ces différences.

Vous pouvez aussi expliquer aux élèves le système de redoublement, auquel on a recours en France lorsque les élèves ont des difficultés à suivre.

Le système scolaire sera de nouveau traité plus en détail dans le second manuel.

Cahier d'exercices 9/6

Page 27

1 Cet exercice permet de vérifier si les élèves ont assimilé tout ce qu'ils ont appris sur le système d'éducation en France pour pouvoir ensuite le comparer au leur. S'ils ne se souviennent pas de toutes les informations, ils peuvent relire les sections sur l'emploi du temps, le calendrier scolaire et le système d'éducation, aux pages 108–117 du livre de l'élève.

2 Les élèves utilisent ensuite la grille pour écrire une comparaison entre un lycée en France et un lycée dans leur pays.

Réponse

	en France	dans mon pays
La rentrée, c'est quand ?	en septembre	(réponses personnelles)
À quelle heure commencent les cours ?	vers 8h00	
À quelle heure finissent les cours ?	17h00–18h00	
Va-t-on en classe le mercredi ?	le matin	
Combien d'heures de classe y a-t-il par semaine dans une école secondaire ?	entre 28h30 et 31h30	
Porte-t-on un uniforme ?	non	
Comment s'appelle la dernière année du lycée ?	terminale	
Quand passe-t-on des examens ?	en juin	
Combien de semaines durent les vacances d'été ?	neuf semaines	

Révisions

La brochure de votre lycée.

1 Écrivez

Page 118

1 En groupes, les élèves préparent une brochure sur leur lycée pour des visiteurs francophones. Ils commencent par recopier et compléter la carte heuristique sur les sujets à couvrir.

2 Ensuite, ils utilisent leur carte heuristique pour rédiger une brochure. Ils peuvent ajouter des photos s'ils le souhaitent.

2 Parlez

Page 118

Pour faire connaître leur lycée, les élèves créent un podcast en français pour le site Internet de leur établissement. Ils peuvent inclure une visite guidée du lycée, des interviews d'élèves et de membres du personnel ou d'autres choses, comme par exemple une présentation sur les matières enseignées, les activités périscolaires, les événements et les visites organisées par le lycée.

3 Écrivez

Page 118

Avant de faire cet exercice, les élèves peuvent avoir une discussion sur les renseignements qu'ils aimeraient obtenir. Ils rédigent ensuite leur questionnaire. Encouragez-les à utiliser la forme interrogative avec l'inversion pour consolider ce qu'ils ont appris dans ce chapitre.

10 Faites la fête !

Thèmes et sujets	**Loisirs et travail** Divertissements **Individu et société** Aliments et boissons **Environnements urbains et ruraux** Voisinage
Points lexicaux	Les fêtes nationales Les fêtes de famille Les sorties et les invitations Les recettes de cuisine Les plats typiques
Points grammaticaux	Les pronoms disjoints Le présent continu : *en train de* + infinitif *Devoir* et *vouloir* au présent de l'indicatif *Devoir*, *pouvoir*, *vouloir* au conditionnel Révision du passé composé et de l'impératif
Textes	**Réceptifs** Affiche, calendrier, article sur Noël, dialogues, recette, messages sur forum, invitation, compte-rendu d'une fête **Productifs** Présentation orale, court article, tweet, recette, podcast / clip vidéo, message sur forum, invitation, affiche, compte-rendu
Coin IB	**Théorie de la connaissance** • Pourquoi célèbre-t-on des fêtes ? Origines et significations des fêtes • Les fêtes nationales : sont-elles nécessaires et que représentent-elles ? • Pourquoi certaines fêtes sont-elles associées à des spécialités culinaires ? • Les fêtes sont-elles devenues trop commerciales ? **Travail écrit** • Comparer une fête de son pays à une fête dans un pays francophone • Comparer les spécialités culinaires de son pays à celles d'un pays francophone • Comparer les façons de célébrer la même fête (par exemple, Noël, Pâques) dans son pays et dans un pays francophone **CAS** • Organiser ou aider à organiser une fête ou un événement dans son lycée **Examen oral individuel** • Décrire un stimulus visuel représentant une fête • Faire une présentation orale sur une fête **Épreuve de rédaction** • Rédiger un poster ou une affiche pour une fête • Écrire une invitation • Répondre à une invitation • Écrire une recette • Poster un message sur un forum à propos d'une fête • Écrire le compte-rendu d'une fête

Ce chapitre aborde certains aspects des thèmes *Individu et société*, *Travail et loisirs*, et *Environnements urbains et ruraux*, tout en couvrant le sujet des fêtes. Les élèves apprendront le vocabulaire se rapportant aux fêtes nationales et familiales, aux sorties et aux invitations, aux recettes de cuisine et aux plats typiques. Ils apprendront plusieurs points grammaticaux : les pronoms disjoints, le présent continu, les verbes *devoir* et *vouloir* au présent de l'indicatif (ayant appris *pouvoir* dans le chapitre précédent), ainsi que *devoir, pouvoir* et *vouloir* au présent du conditionnel. Ils réviseront aussi le passé composé et l'impératif. Ils découvriront des coutumes et des célébrations importantes dans différents pays francophones qu'ils compareront aux leurs. Ils apprendront enfin à organiser une fête et à en faire le compte-rendu.

1 Mise en route Page 119

Les élèves répondent aux questions et expliquent ce qu'est pour eux une fête nationale, disent s'il en existe une dans leur pays et indiquent quand et comment celle-ci est célébrée.

Vous pouvez aussi leur demander de rechercher sur Internet l'origine de la fête nationale française. La fête nationale du 14 juillet commémore la prise de la Bastille du 14 juillet 1789 et chaque année, il y a un grand défilé militaire sur les Champs-Élysées en présence du président de la République ainsi qu'un feu d'artifice et des bals populaires dans toutes les villes de France.

Expliquez aux élèves que la pétanque est un jeu de boules très populaire en France.

Réponse

1 une affiche

2 la Fête nationale française

3 On peut écouter de la musqiue française, on peut danser, on peut regarder une exposition de photos et peintures, on peut déguster la cuisine française / des spécialités régionales, on peut jouer à la pétanque.

4 Réponses personnelles

2 Recherchez Page 119

Les élèves recherchent la date de la fête nationale dans d'autres pays francophones. Ils peuvent aussi retrouver l'origine de cette fête pour chacun de ces pays et expliquer comment elle est célébrée. Ils peuvent ensuite réfléchir sur les différences et les similarités entre toutes ces fêtes. Ceci pourrait être un bon sujet de recherche pour le Travail écrit. Exemples :

Belgique : 21 juillet – Prestation de serment du roi Léopold Ier en 1831.

Bénin : 1er août – Anniversaire de l'accession à l'indépendance en 1960.

La Côte d'Ivoire : 7 août – Anniversaire de l'accession à l'indépendance en 1960.

République du Congo : 15 août – Anniversaire de l'accession à l'indépendance en 1960.

Gabon : 17 août – Anniversaire de l'accession à l'indépendance en 1960.

Madagascar : 26 juin – Anniversaire de l'accession à l'indépendance en 1960.

Pourquoi ne pas organiser une fête francophone dans votre lycée ? Pour vous aider à choisir laquelle, découvrez d'abord le calendrier français.

Les dates importantes du calendrier français

1 Lisez Page 120

** Notez que les noms de fêtes suivis d'un astérisque sont des jours fériés.*

Les élèves relient chaque définition à une date ou une fête sur le calendrier. Cet exercice permet aux élèves d'élargir leurs connaissances culturelles de la France et de réviser les noms des jours de la semaine et des mois de l'année. Rappelez aux élèves que les dates de Mardi Gras, Pâques, l'Ascension, la Fête des mères et la Fête des pères sont mobiles.

Le 1er novembre, c'est la fête de « tous les saints » que l'Église catholique honore ; c'est pour cela qu'on appelle ce jour-là la Toussaint. La Toussaint est un jour férié. Le 2 novembre, c'est la fête des morts, mais comme ce n'est pas un jour férié, beaucoup de gens rendent hommage à leurs défunts le 1er novembre, en allant dans les cimetières mettre des chrysanthèmes (des fleurs de saison associées à cette célébration) sur la tombe de leurs proches.

Réponse

A le premier janvier / le Jour de l'An

B le 14 juillet / la Fête nationale

C le 6 janvier / l'Épiphanie

D le 25 décembre / Noël

E le 1er novembre / la Toussaint

F le 14 février / la Saint-Valentin

Voir les Fiches d'activités supplémentaires Chapitre 10, page 120

Vous pouvez aussi poser des questions de compréhension :

1 Quand est-ce que les enfants reçoivent de l'argent ? (Le Jour de l'An / le premier janvier)

2 Quand est-ce que les français envoient des cartes à leurs amis ? (Au mois de janvier)

3 Qu'est-ce qui s'est passé en 1789 ? (La Révolution française)

4 Quand peut-on danser dans la rue ? (Le 14 juillet)
5 Qu'est-ce qu'il faut faire pour devenir roi ou reine ? (Trouver la fève dans la galette des rois le 6 janvier)
6 Quand est-ce qu'on décore les maisons ? (En décembre / à Noël)
7 Qui célèbre la Saint Valentin ? (Les amoureux)
8 Où vont les français le jour de la Toussaint ? (Au cimetière)

Pour qu'ils puissent retenir les différentes fêtes, les élèves peuvent faire l'activité suivante à deux : l'élève A dit une date ou un mot associé à une fête et l'élève B dit le nom de la fête. Par exemple : le 6 janvier / la galette – l'Épiphanie.

Sur les calendriers français, un nom de saint figure à côté de chaque date; c'est parce que beaucoup de français portent le prénom d'un saint et qu'il est traditionnel de fêter également ce saint dont on porte le nom, même si, de nos jours, cette coutume n'est plus aussi répandue.

Vous pouvez demander aux élèves de consulter un calendrier français sur Internet pour voir si leur prénom y figure. S'il n'y figure pas, vous pouvez leur demander quel prénom français ils aimeraient avoir et quand serait leur fête s'ils portaient ce nom.

2 Écrivez et parlez Page 121

1 Les élèves font une liste des fêtes célébrées dans leur pays avec les dates. Ils peuvent aussi indiquer ce qui est célébré.
2 Ils discutent ensemble des différences et des similarités entre leurs fêtes et les fêtes françaises.

3 Recherchez et parlez Page 121

Les élèves font des recherches sur une fête française de leur choix (quand elle est fêtée, son origine, ce qu'on célèbre et pourquoi, comment on la célèbre, si cette fête a la même signification ou la même importance qu'autrefois, etc.) et font ensuite une présentation à la classe. Ceci est une bonne préparation non seulement à l'épreuve orale mais aussi à la tâche écrite.

Quelles sont les fêtes préférées des jeunes en France ?

1 Écoutez et lisez Page 122

Ces textes permettront aux élèves de découvrir différentes façon de célébrer les fêtes et d'enrichir leur vocabulaire. Demandez-leur de relever tous les termes qui permettent de donner une raison, par exemple : *parce que, alors, à cause de…*

Audio

Léa Salut, je m'appelle Léa et j'ai 16 ans.

Ma fête préférée, c'est Noël. J'adore l'ambiance : les décorations, le sapin, les cadeaux, les repas avec les huîtres, la dinde et la bûche au chocolat. C'est moi qui prépare la dinde. Chaque année, toute la famille se réunit chez nous pour le réveillon du 24 décembre : grands-parents, oncles, tantes, cousins, cousines. C'est sympa de faire la fête avec eux.

Mon frère et moi recevons toujours beaucoup de cadeaux. Cette année, lui, il a eu des vêtements et des jeux vidéo et moi, j'ai eu des livres et des bijoux. Les cadeaux, c'est bien, mais pour moi, Noël, c'est le partage. Il y a beaucoup de gens défavorisés et je veux faire quelque chose pour eux : l'année dernière, j'ai travaillé comme bénévole aux Restos du Cœur pendant les fêtes de fin d'année.

Thomas Salut ! Je m'appelle Thomas et j'ai 18 ans.

Moi, ma fête préférée, c'est le réveillon de la Saint-Sylvestre, le 31 décembre. On ne reste pas en famille. Mes parents, eux, vont manger dans un restaurant avec leurs amis. Moi, je préfère retrouver mes copains : on écoute de la musique et on danse, chez moi ou chez eux. À minuit, on s'embrasse sous le gui.

Comme je suis d'origine chinoise, j'aime aussi le nouvel an chinois en janvier ou février, avec le défilé de rue ici à Paris. J'ai vu le spectacle l'année dernière et c'était très beau. En général après le défilé des dragons, on va voir tous les membres de ma famille chinoise qui habitent à Paris pour souhaiter la bonne année.

Karima Salut ! Je m'appelle Karima et moi, j'ai 15 ans.

Ma fête préférée, c'est mon anniversaire ! Comme j'ai une sœur jumelle, je fais une fête avec elle. Normalement, c'est un simple repas en famille ou avec quelques amis. On n'a pas beaucoup de cadeaux mais on reçoit des cartes d'anniversaire et on a un peu d'argent. Cette année, ma grand-mère a acheté, spécialement pour nous, un énorme gâteau d'anniversaire avec de belles bougies.

Chez nous, comme on est d'origine marocaine, on célèbre aussi certaines fêtes musulmanes, comme l'Aïd el-Fitr à la fin du Ramadan. C'est l'occasion de remercier Allah et de partager un repas traditionnel avec mes grands-parents. Ce sont eux qui invitent en général. À vrai dire, je trouve que les fêtes, c'est génial. Sans elles, on s'ennuierait !

Réponse

1 La photo va avec le texte de Karima.

2

1 … des livres et des bijoux.

2 … a travaillé comme bénévole aux Restos du Cœur pendant les fêtes de fin d'année.

3 … écoutent de la musique, dansent et (à minuit ils) s'embrassent sous le gui.

4 … du défilé de rue / du spectacle.

5 … elle a une sœur jumelle.

6 … elle est d'origine marocaine.

Activité à deux : les élèves écrivent des questions se rapportant aux textes, auxquelles leur partenaire répond.

Voir les Fiches d'activités supplémentaires Chapitre 10, page 122

Vous pouvez aussi leur donner l'exercice suivant :

Parmi les affirmations **A** à **M**, indiquez celles qui sont correctes.

A Chez Léa, les célébrations de Noël commencent la veille de Noël.

B Pour Noël, Léa a reçu des vêtements.

C Léa aime aider les autres.

D Léa partage ses cadeaux avec les gens défavorisés.

E La Saint-Sylvestre est une fête religieuse.

F Le 31 décembre se fête en famille chez Thomas.

G Thomas mange au restaurant avec ses amis le 31 décembre.

H À minuit Thomas fait la bise à ses amis.

I Le 1er janvier, les Chinois célèbrent le nouvel an.

J Les Chinois célèbrent le nouvel an avec des défilés dans la rue.

K Karima reçoit beaucoup de cartes et de cadeaux le jour de son anniversaire.

L Karima célèbre les fêtes musulmanes.

M Karima aime les fêtes.

Réponse

Affirmations vraies : **A, C, H, J, L, M.**

Grammaire en contexte Page 122

Les pronoms disjoints

Expliquez l'utilisation des pronoms disjoints.

2 Lisez Page 122

Les élèves relisent les textes et relèvent toutes les phrases comportant des pronoms disjoints, indiquent à quoi chaque pronom se réfère, puis le traduisent dans leur langue. Ils peuvent ensuite discuter si la même structure existe dans leur langue.

Réponse

Texte de Léa

C'est **moi** qui prépare la dinde. (moi = Léa)

C'est sympa de faire la fête avec **eux**. (eux = les membres de la famille de Léa)

Mon frère et **moi** recevons toujours beaucoup de cadeaux. (moi = Léa)

Cette année, **lui**, il a eu des vêtements et des jeux vidéo (lui = son frère)

et **moi**, j'ai eu des livres et des bijoux. (moi = Léa)

mais pour **moi,** Noël, c'est le partage. (moi = Léa)

je veux faire quelque chose pour **eux** (eux = les gens défavorisés)

Texte de Thomas

Moi, ma fête préférée, c'est le réveillon de la Saint-Sylvestre (moi = Thomas)

Mes parents, **eux**, vont manger dans un restaurant (eux = les parents de Thomas)

Moi, je préfère retrouver mes copains (moi = Thomas)

on danse chez **moi** (moi = Thomas)

ou chez **eux**. (eux = les copains de Thomas)

Texte de Karima

Je m'appelle Karima et **moi**, j'ai 15 ans. (moi = Karima)

je fais une fête avec **elle**. (elle = la sœur jumelle de Karima)

spécialement pour **nous** (nous = Karima et sa sœur.)

Chez **nous** (nous = Karima et sa famille)

Ce sont **eux** qui invitent en général (eux = mes grands-parents)

Sans **elles**, on s'ennuierait (elles = les fêtes)

Cahier d'exercices 10/1 Page 28

Cet exercice permet de mettre en pratique les pronoms disjoints.

Réponse

1 lui, 2 elle, 3 eux, 4 toi, 5 moi, 6 eux, nous, 7 elles, 8 vous

3 Écoutez

Page 122

Avec cet exercice, les élèves continuent à découvrir d'autres fêtes et les façons de les célébrer, tout en élargissant leur vocabulaire sur ce sujet.

Audio

Nathalie Salut ! Je m'appelle Nathalie. Moi, ma fête préférée, c'est Pâques. Le côté religieux de la fête n'est pas très important pour moi. Par contre, pour moi, cette fête signale le printemps, le retour du beau temps. J'achète un lapin en chocolat pour ma mère, et je cache de petits œufs en chocolat dans le jardin pour mon petit frère.

Une fête que je n'aime pas vraiment, c'est Noël. Je trouve que ça commence beaucoup trop tôt et que c'est devenu trop commercial.

Martin Moi, je m'appelle Martin. Ma fête préférée, c'est le 14 juillet : d'abord parce que c'est en été et il fait toujours beau. Les défilés militaires et les concours de pétanque ne m'intéressent pas du tout, mais j'aime beaucoup les feux d'artifice. Et tout le monde est heureux parce qu'on a un jour de congé. Avec mes copains, on va en ville, où il y a un concert ou des animations.

Une fête que je n'aime pas trop, c'est la Saint-Valentin parce que je ne suis pas du tout romantique !

Réponse

Nathalie aime Pâques, parce que la fête signale le printemps, le retour du beau temps ; elle n'aime pas Noël, parce que ça commence beaucoup trop tôt et que c'est devenu trop commercial.

Martin aime le 14 juillet / la Fête nationale, parce qu'il aime le beau temps en été, les feux d'artifice et que tout le monde a un jour de congé ; il n'aime pas la Saint-Valentin, parce qu'il n'est pas (du tout) romantique.

4 Écrivez

Page 122

Pour mettre en pratique ce qu'ils viennent d'apprendre, les élèves écrivent un e-mail à Nathalie ou Martin (ou un(e) ami(e) francophone) pour décrire leur fête préférée et expliquer pourquoi ils aiment cette fête. Encouragez-les à utiliser les pronoms disjoints et les différentes façons de donner une raison.

5 Parlez

Page 122

Les élèves choisissent une fête francophone qu'ils aimeraient célébrer dans leur lycée et discutent en classe de ce qu'ils vont faire pour la célébrer.

Comment célèbre-t-on Noël dans les pays francophones?

Les élèves connaissent assez de vocabulaire et de structures pour être maintenant exposés à des textes plus longs, comme ceux de l'épreuve de compréhension écrite. Ces textes pourraient aussi être le point de départ d'une recherche pour un travail écrit sur le sujet des fêtes. Après voir lu les textes, les élèves peuvent faire une liste de tous les termes qui se rapportent au sujet des fêtes, en ajoutant le sens de ces mots dans leur langue. Ils peuvent ensuite travailler à deux pour essayer de mémoriser le plus de vocabulaire possible en se posant des questions. Par exemple : *Comment traduirais-tu le mot « guirlande » ?*

Noël à travers le monde

1 Lisez et écrivez

Page 123

Après avoir répondu aux questions, les élèves peuvent écrire d'autres questions auxquelles leur partenaire doit répondre. Ils peuvent ensuite répondre au questionnaire dans le cahier d'exercices.

Réponse

1 les Québécois et les Caldoches
2 une bûche de Noël ou un gâteau aux fruits
3 en octobre
4 du rhum, des oranges, des épices
5 On réveillonne à la française et on se promène sur la plage.
6 depuis la colonisation européenne – les Africains se sont convertis au christianisme
7 en 4x4 climatisé / en voiture
8 Il fait froid au Québec. Il fait chaud à la Guadeloupe, en Nouvelle-Calédonie et au Burkina Faso.

Cahier d'exercices 10/2

Page 28

Cet exercice permet de consolider la compréhension du texte que les élèves viennent de lire.

Réponse

1 **B**, 2 **C**, 3 **A**, 4 **B**, 5 **B**, 6 **C**, 7 **C**, 8 **B**

Voir les Fiches d'activités supplémentaires Chapitre 10, page 122

Pour montrer qu'ils ont bien compris le texte, ils peuvent aussi faire l'exercice qui suit.

Dites si les phrases suivantes sont vraies ou fausses. Justifiez votre réponse en utilisant des mots du texte.

1 Au Québec, à Noël, il y a des décorations dans les rues. (**VRAI**. *les rues sont décorées*)

2 Au Québec, le Père Noël arrive dans les magasins le jour de Noël. (**FAUX**. *Dès novembre, le Père Noël arrive*)

3 Au Québec, le soir de Noël, on donne à manger et à boire au Père Noël. (**VRAI**. *Le soir de Noël, ils laissent un biscuit et un verre de lait pour lui au bord d'une fenêtre*.)

4 À la Guadeloupe, on prépare les boissons de Noël en Octobre. (**VRAI**. dès le mois d'octobre, *quand on fabrique les boissons de Noël*)

5 À partir du 1er décembre, on se réunit à la Guadeloupe pour préparer le repas de Noël. (**FAUX**. *pour les Chanté Nwèl / pour les chants de Noël*)

6 À la Guadeloupe, on met des lumières sur les sapins. (**FAUX**. *les palmiers* décorés de petites lumières)

7 En Nouvelle-Calédonie, le père Noël arrive le jour de Noël. (**FAUX**. *le soir du 24 décembre*)

8 En Nouvelle-Calédonie, à Noël, on mange la même chose qu'en France. (**VRAI**. *on réveillonne à la française*)

9 Au Burkina Faso, il neige à Noël. (**FAUX**. *on voit les images traditionnelles du Noël européen, le Père Noël blanc, les lutins et la neige*)

10 Au Burkina Faso, le père Noël vient voir certains enfants en voiture. (**VRAI**. *Dans certains quartiers riches, le Père Noël passe en 4X4*)

Les élèves peuvent aussi relever les similarités et les différences entre ces pays. Par exemple : en Nouvelle-Calédonie et à la Guadeloupe, on va sur la plage à Noël, mais pas au Québec car il fait froid; dans les quatre pays, on mange un repas spécial à Noël. Ils peuvent suggérer les raisons de ces différences. Par exemple : à Noël, c'est l'été à la Guadeloupe et aux Antilles mais c'est l'hiver au Québec. Ils peuvent ensuite discuter de la façon dont ils fêtent Noël ou d'autres fêtes religieuses et comparer leurs célébrations à celles des pays francophones, ce qui est une bonne préparation au travail écrit.

2 Parlez

Page 123

Activité à deux : les élèves disent à leur partenaire comment ils célèbrent les fêtes de fin d'année chez eux. Ils peuvent aussi se poser des questions l'un à l'autre.

3 Écrivez

Page 123

Cet exercice permet aux élèves de mettre en pratique par écrit tout le vocabulaire sur les fêtes qu'ils viennent d'apprendre. C'est une bonne préparation au travail écrit car ils peuvent comparer leur façon de célébrer les fêtes de fin d'année à celle d'un des pays francophones de l'article. Ils peuvent aussi dire ce qui les surprend dans les célébrations du pays francophone, expliquer les raisons de ces différences entre les deux pays et mentionner ce qui surprendrait une personne du pays francophone choisi si elle venait célébrer les fêtes de fin d'année dans le pays de l'élève.

Le 14 juillet, les jeunes Français aiment sortir.

Ces deux pages présentent le langage qu'on utilise pour inviter quelqu'un, pour accepter ou refuser une invitation, et pour se mettre d'accord avec quelqu'un sur le lieu et l'heure d'un rendez-vous.

1 Compréhension

Page 124

Les élèves démontrent leur compréhension globale des conversations en faisant correspondre chaque conversation à une image.

Réponse

A 2, **B** 1, **C** 1, **D** 3, **E** 3, **F** 2

Grammaire en contexte

Page 124

Le présent continu : *être en train de* + infinitif

Cette structure est utilisée lorsqu'on veut souligner qu'une action est en train de se passer. Elle permet aussi aux élèves de réviser le présent du verbe être. Pour mettre en pratique cette structure, vous pouvez leur poser des questions : *Qu'est-ce que tu es en train de faire ? À ton avis, qu'est-ce que ta mère / ton père / ton ami … est en train de faire* ?

Vous pouvez aussi leur demander de découper des photos dans un magazine et de décrire ce que les personnes sont en train de faire.

Ils peuvent réviser le futur proche et faire ensuite l'activité suivante à deux : l'élève A dit *Tu vas aller au cinéma ?* et l'élève B répond *Non, je suis en train de faire mes devoirs*. Puis, ils inversent les rôles.

2 Écrivez

Page 124

Pour consolider la structure *en train de* + infinitif, les élèves écrivent des tweets (d'un maximum de 140 caractères) basés sur les photos.

Réponse possible

A Je suis en train de danser.

B Je suis en train de regarder le feu d'artifice.

C Je suis en train de regarder le défilé militaire.

D Je suis en train de pique-niquer.

E Je suis en train de faire un concours de pétanque.

F Je suis en train de me bronzer sur la plage / de nager dans la mer.

3 Écoutez et lisez

Page 125

Les élèves écoutent maintenant les trois conversations de l'activité 1. Pour démontrer une compréhension plus approfondie, ils recopient et remplissent la grille avec les informations requises. (La dernière ligne de la grille servira plus tard quand ils arriveront à l'activité 7.)

Audio

Conversation 1

Anne	Allô ?
Jules	Salut Anne ! C'est Jules. Tu es libre ce matin ? On va au défilé du 14 juillet ?
Anne	Euh non, je ne peux pas, je suis en train de faire un gâteau.
Jules	Alors, tu veux aller au feu d'artifice avec moi ce soir ?
Anne	Oui. Je veux bien. J'adore les feux d'artifice !
Jules	Bon, on se retrouve à 22h30, devant la mairie ?
Anne	D'accord. À ce soir !

Conversation 2

Sophie	Allô ?
Marie	Sophie ? Salut, c'est Marie. Qu'est-ce que tu fais aujourd'hui ? Je vais à la plage avec Manon, tu voudrais venir avec nous ?
Sophie	Ah non… je regrette mais je dois rester à la maison : je dois garder mon petit frère.
Marie	Tu peux sortir ce soir, alors ?
Sophie	Oui. D'accord.
Marie	On va danser au bal du 14 juillet, rue de la République ?
Sophie	Oui, bonne idée. J'adore danser !
Marie	On se retrouve chez moi à huit heures et demie ?
Sophie	D'accord. À plus tard !

Conversation 3

Nejma	Tu viens faire un pique-nique avec moi ?
Djamel	Ah, je suis désolé mais je suis en train de travailler au restaurant de mon oncle.
Nejma	Tu veux sortir plus tard, alors ? Il y a un concours de pétanque pour le 14 juillet. C'est à cinq heures. Tu seras libre ?
Djamel	Oui, pas de problème. Je serai libre à partir de quatre heures. On se retrouve où ?
Nejma	À l'arrêt de bus devant le restaurant.
Djamel	D'accord. À quelle heure ?
Nejma	À quatre heures et demie… ça va ?
Djamel	Oui, super ! À cet après-midi, alors. Salut !

Réponse

	Activité proposée	Activité acceptée ou refusée ? Pourquoi ?	Heure et lieu de rendez-vous
1 Jules / Anne	*regarder le défilé*	*NON : elle fait un gâteau*	*X*
	regarder le feu d'artifice	OUI : elle adore les feux d'artifice	22h30, devant la mairie
2 Marie / Sophie	aller à la plage	NON : elle doit garder son petit frère	X
	danser au bal du 14 juillet	OUI : elle adore danser	20h30, chez Marie
3 Nejma / Djamel	faire un pique-nique	NON : il travaille au restaurant de son oncle	X
	faire un concours de pétanque	OUI : il sera libre à partir de 4h	16h30, à l'arrêt de bus devant le restaurant
Éva / Yanis (activité 7)			

4 Lisez

Page 125

Cet exercice encourage les élèves à noter et à apprendre des phrases utiles qu'ils pourront réutiliser dans un autre contexte. Rappelez aux élèves qu'ils doivent faire preuve d'autonomie et de curiosité dans l'apprentissage de la langue et qu'en faisant régulièrement ce genre d'exercice, ils élargiront leur vocabulaire.

Réponse

Conversation 1

1 Tu es libre… ?, On va… ?, Tu veux aller… ?

2 Non, je ne peux pas. Je suis en train de…

3 Oui. je veux bien. D'accord.

4 On se retrouve à…

Conversation 2

1 Qu'est-ce que tu fais… ?, Tu voudrais venir… ? Tu peux sortir… ? On va… ?

2 Ah non, je regrette mais… Je dois…

3 Oui. d'accord. Oui, bonne idée.

4 On se retrouve… ?

Conversation 3

1 Tu viens faire… avec moi ? Tu veux sortir… ? Tu seras libre ?

2 Ah, je suis désolé mais… Je suis en train de…

3 Oui. pas de problème. D'accord.

4 On se retrouve où ? À quelle heure ?

5 Parlez

Page 125

Les élèves jouent les trois conversations avec un(e) camarade pour travailler leur prononciation et leur intonation.

Grammaire en contexte

Page 125

Devoir et *vouloir* au présent de l'indicatif

Les élèves ont appris la conjugaison du verbe *pouvoir* au présent de l'indicatif dans le chapitre 9. Vous pouvez donc attirer leur attention sur les ressemblances dans la conjugaison des verbes *pouvoir* et *vouloir*.

Pour les aider à mémoriser la conjugaison des verbes *vouloir*, *pouvoir* et *devoir,* vous pouvez leur faire faire les activités suggérées dans l'Appendice *Jeux* aux pages 183-184 du livre du professeur. Voici une idée pour adapter l'une des activités de groupe tirée de l'Appendice *Jeux*: à tour de rôle, les élèves lancent un dé deux fois de suite ; la première fois détermine à quelle personne le verbe sera conjugué (1 = je, 2 = tu, 3 = il/elle, 4 = nous, 5 = vous, 6 = ils/elles) et la deuxième fois détermine le verbe et la forme du verbe (1 = *pouvoir* à la forme affirmative, 2 = *pouvoir* à la forme négative, 3 = *vouloir* à la forme affirmative, 4 = *vouloir* à la forme négative, 5 = *devoir* à la forme affirmative, 6 = *devoir* à la forme négative). Par exemple : 1 + 4 = *je ne veux pas aller au cinéma*, 5 + 5 = *vous devez finir vos devoirs.* Si la phrase est incorrecte, le joueur est éliminé ou il passe un tour. Pour chaque phrase correcte, le joueur marque un point. Celui qui a le plus de points gagne la partie.

Cahier d'exercices 10/3

Page 29

Cet exercice permet aux élèves de travailler les verbes *devoir*, *pouvoir* et *vouloir* au présent de l'indicatif.

Réponse

1 veux, 2 peux, 3 dois, 4 doit, 5 peut, 6 veux, 7 peuvent, 8 pouvons, 9 veux, 10 voulez, 11 devez, 12 pouvez, 13 peut

6 Parlez

Page 125

1. Les élèves révisent le vocabulaire de la ville (chapitre 5) et des activités de loisirs (chapitre 7).
2. Ils créent leurs propres conversations, dans lesquelles ils s'invitent et se mettent d'accord sur l'heure et le lieu de leur rendez-vous. Ils peuvent ensuite enregistrer leurs conversations ou les partager avec d'autres élèves.

7 Écoutez

Page 125

Avant de faire l'exercice, dites aux élèves d'ajouter une autre ligne au bas de la grille qu'ils ont utilisée pour l'exercice 3, ce qui leur permettra d'y écrire leurs réponses. Cet exercice teste la compréhension aurale des élèves car ils doivent compléter la grille avec les informations qu'ils entendent.

Audio

Éva	Salut Yanis ! C'est Éva. Ça va ?
Yanis	Ah, salut ! Oui, ça va. Et toi ?
Éva	Oui. Dis...Tu es libre ce matin ? On va à la plage ? Il y a des jeux pour le 14 juillet.
Yanis	Ah non, désolé, je ne peux pas. Je suis en train de jouer au tennis avec Lucas.
Éva	Alors, tu voudrais venir aux animations sur la grande place avec moi ce soir ?
Yanis	Hmm... ben... d'accord, si tu veux.
Éva	Super ! Alors, on se retrouve à la gare à vingt heures, d'accord ?
Yanis	D'accord. À ce soir !

Réponse

	Activité proposée	**Activité acceptée ou refusée ? Pourquoi ?**	**Heure et lieu de rendez-vous**
Éva / Yanis	aller à la plage (jeux pour le 14 juillet)	refusée ; il joue au tennis (avec Lucas)	X
	aller aux animations (sur la grande place)	oui	20h00, à la gare

8 Parlez

Page 125

Activité à deux : cet exercice aide les élèves à mémoriser le vocabulaire nécessaire pour formuler une invitation et accepter ou refuser une invitation.

9 Imaginez !

Page 125

Cette activité permet aux élèves d'être créatifs avec le vocabulaire qu'ils viennent d'apprendre et d'utiliser le présent du conditionnel.

Ils peuvent ensuite réfléchir à la signification et l'origine de leur fête nationale, puis la comparer à celle de la France ou d'un autre pays francophone (les similarités et les différences entre les deux fêtes, les raisons de ces différences, ce qui les étonne dans la fête nationale du pays francophone et ce qu'une personne francophone trouverait surprenant dans leur fête nationale). Ils peuvent ensuite aller plus loin et discuter dans la langue d'instruction du lycée de l'utilité et l'importance d'une fête nationale, de ce qu'elle devrait commémorer, à quelle date elle devrait être célébrée, comment elle devrait être célébrée, etc.

Préparez des recettes françaises ou francophones pour votre fête au lycée.

L'Épiphanie est une fête chrétienne fixée au 6 janvier, ou au dimanche situé entre le 2 et le 8 janvier (car le 6 janvier n'est pas un jour férié). Elle célèbre la présentation de Jésus aux rois mages venus d'Orient à Bethléem pour l'adorer et lui offrir des cadeaux. Depuis le XIXe siècle, on appelle cette fête « le Jour des rois » ou la « Fête des rois ». La coutume de la galette des rois (qui est un gâteau dans lequel on a dissimulé une fève) remonte au XIVe siècle et symbolise l'offrande des rois mages. Il existe deux types de gâteaux des rois : la galette feuilletée ronde, plate et dorée, fourrée à la frangipane, dégustée dans le Nord de la France, qui symbolise le retour de la lumière après l'hiver, tandis que dans le sud et le sud-ouest, on déguste un gâteau ou une brioche en forme de couronne, fourrée aux fruits confits. La personne qui a la fève (souvent remplacée de nos jours par une figurine en céramique) dans sa part est symboliquement couronnée roi ou reine.

Avant de faire l'exercice de compréhension, il serait bon de réviser l'impératif appris au chapitre 5. Les élèves peuvent aussi chercher le sens des mots qu'ils ne connaissent pas dans la recette.

La galette des rois

1 Lisez et écoutez Page 126

1. Les élèves cherchent d'abord la signification des verbes dans l'encadré.
2. Ils complètent ensuite la recette et vérifient leurs réponses en écoutant l'enregistrement. Faites remarquer aux élèves que, dans les recettes, les verbes peuvent être à l'impératif ou à l'infinitif.

Réponse

Audio

Aujourd'hui, nous allons faire une galette des rois pour fêter l'Épiphanie.

Tout d'abord, préchauffez le four à 200° C.

Mélangez le beurre mou avec le sucre et les amandes en poudre. Ajoutez les deux œufs.

Ensuite, étalez une pâte feuilletée ronde sur une plaque recouverte de papier sulfurisé. Posez la crème d'amande au centre de la pâte. Et mettez la fève, n'oubliez pas !

Puis mettez la seconde pâte feuilletée sur la première. Après cela, refermez bien les bords de la galette avec les doigts.

Mélangez un œuf avec une cuillère à café de lait, et étalez sur le dessus de la galette.

Pour finir, dessinez des lignes sur la galette avec une fourchette.

Faites cuire 30 minutes à 200° C.

Servez tiède ou froid. Et voilà, bon appétit… et attention à la fève !

1 préchauffez, 2 mélangez, 3 ajoutez, 4 étalez, 5 posez, 6 mettez, refermez, 7 mélangez, étalez, 8 dessinez, 9 faites, 10 servez

2 Écoutez Page 126

En réécoutant la recette, les élèves peuvent noter les expressions utiles pour indiquer les différentes étapes de la recette. Cela leur permet de réviser les adverbes de séquence vus au chapitre 3.

Réponse

Tout d'abord, Ensuite, Puis, Après cela, Pour finir

3 Recherchez Page 126

1. Les élèves relèvent dans le texte les mots utiles pour expliquer une recette.
2. Ils cherchent d'autres mots utiles et peuvent ensuite partager leur liste avec le reste de la classe.

Réponse

1 préchauffer le four, mélanger, étaler, une plaque, le papier sulfurisé, poser, mettre, une cuillère, une fourchette, faire cuire, servir

4 Écrivez et parlez Page 126

1. Les élèves choisissent ensuite une spécialité de leur pays et en écrivent la recette.
2. Puis, ils préparent un podcast ou un clip vidéo pour la présenter à un public francophone.

Ceci pourrait aussi être une préparation au travail écrit, car ils peuvent comparer les spécialités culinaires de leur pays à celles d'un pays francophone.

Cahier d'exercices 10/4 Page 29

Cet exercice permet de réviser l'impératif et de travailler le vocabulaire associé aux recettes de cuisine. Faites remarquer aux élèves les cinq adverbes de séquence utilisés dans les étapes de la recette.

Réponse

1 mettez, 2 ajoutez, 3 mélangez, 4 laissez, 5 faites, Faites

Des idées et astuces pour organiser et réussir votre fête francophone.

Dans cette section, les élèves vont apprendre le vocabulaire nécessaire pour organiser une fête (ce qu'ils pourraient faire dans le cadre de leurs activités pour CAS). Après une première lecture, demandez aux élèves de noter à quels temps sont la majorité des verbes et d'en tirer des conclusions. Puis, expliquez-leur que lorsqu'on donne des conseils ou des ordres, on utilise l'impératif ou le conditionnel. Vous pouvez ensuite leur demander de relever le vocabulaire utile pour organiser une fête et de rechercher le sens des mots qu'ils ne connaissent pas.

1 Lisez Page 127

Cet exercice permet de tester la compréhension globale des textes et constitue également une bonne pratique pour l'épreuve de compréhension écrite de l'examen.

Réponse

Camille **G**, Yanis **F**, Clara **I**, Antoine **K**, Gabriel **J**, Louise **H**

2 Lisez et parlez Page 127

Cet exercice teste une compréhension plus approfondie du texte.

Réponse possible

1 dans les couloirs

2 parce qu'il faut limiter le nombre d'invités

3 le rouge

4 Ça casserait l'ambiance.

5 On pourrait créer à l'avance une longue playlist de chansons.

6 Chaque invité pourrait apporter quelque chose.

Vous pouvez ensuite demander aux élèves d'ajouter à la liste un ou plusieurs conseils, qu'ils partagent ensuite avec les autres pour savoir s'ils sont d'accord ou pas. Par exemple : *Vous ne devriez pas servir de boissons alcoolisées. Vous pourriez faire payer les billets pour la fête et donner l'argent collecté à une association humanitaire.*

Grammaire en contexte Page 127

Devoir, pouvoir et *vouloir* au conditionnel

Soulignez aux élèves l'importance de bien connaître la conjugaison de ces trois verbes irréguliers, dont l'utilisation est fréquente dans la langue française.

Pour aider les élèves à mémoriser la conjugaison de ces verbes, vous pouvez répéter l'activité avec les dés suggérée aux pages 183-184 du livre du professeur et au début de ce chapitre, mais au lieu de former des phrases avec des verbes au présent de l'indicatif, les élèves font des phrases avec des verbes au présent du conditionnel. Vous pouvez aussi leur donner des phrases avec des verbes au présent de l'indicatif qu'ils doivent répéter en mettant les verbes au présent du conditionnel : *nous voulons aller au cinéma* → *nous voudrions aller au cinéma*. C'est une activité qui peut aussi se faire à deux.

3 Lisez et écrivez Page 127

Après avoir relevé dans les textes tous les verbes au présent du conditionnel, les élèves créent des phrases différentes en réutilisant ces mêmes verbes au présent du conditionnel.

Réponse

1 voudrais, devriez, pourriez, mettrais, distribuerais, devrais, pourrais, intéresserait, donnerait, casserait, auriez, pourrait

2 Réponses personnelles

4 Écrivez Page 127

Pour consolider l'emploi des verbes *devoir, pouvoir* et *vouloir* au présent du conditionnel, les élèves ajoutent leurs conseils sur le forum pour les titres qui n'étaient pas mentionnés dans les textes de l'exercice 1 (titres **A**, **B**, **C**, **D**, **E**, **L**). Ils peuvent aussi faire des recherches sur Internet afin de trouver d'autres bons conseils pour organiser une fête, ou encore écrire leurs propres conseils.

5 Parlez Page 127

Activité à deux ou en groupe : les élèves présentent leurs astuces à la classe, qui leur attribue une note (du genre de celles qu'on attribue sur les réseaux sociaux) pour chaque bonne astuce.

Comment préparer les invitations pour votre fête.

Dans cette section, les élèves vont apprendre à rédiger une invitation, ce qui est une bonne préparation à l'épreuve de rédaction de l'examen. Indiquez aux élèves que *RSVP* est l'acronyme de : *répondez s'il vous plaît.* Faites-leur remarquer que le registre change selon le type d'invitation et le destinataire.

1 Lisez Page 128

Dans cet exercice, les élèves apprennent les différents éléments d'une invitation, qu'ils pourront ensuite réutiliser pour écrire leurs propres invitations.

Réponse

A 7, **B** 1, **C** 6, **D** 3, **E** 4, **F** 2, **G** 5

2 Compréhension Page 128

Pour approfondir la compréhension du texte, les élèves répondent aux questions.

Réponse

1 **FAUX** (la Fête de la musique)

2 **VRAI** (18h30)

3 **VRAI** (RSVP)

4 **VRAI** (Lycée Anna Rodier, salle polyvalente)

5 **FAUX** (invitation nécessaire)

3 Parlez Page 128

Les élèves discutent en groupe des différences entre une affiche publicitaire et une invitation. Ils peuvent ensuite écrire une liste de tous les éléments nécessaires (à laquelle ils pourront se référer chaque fois qu'on leur demandera de rédiger une affiche ou une invitation) pour chacun des formats.

4 Écrivez Page 128

À deux, les élèvent créent une invitation et / ou une affiche publicitaire pour la fête de leur lycée. Puis la classe vote pour sélectionner les meilleures.

Voici le compte-rendu de la fête francophone au lycée Blaise Pascal.

Blog du Comité des Fêtes / Blaise Pascal

Les exercices qui suivent permettent de tester la compréhension d'un texte plus long et de réviser le passé composé et les pronoms disjoints ; il donne aussi aux élèves un exemple de compte-rendu. L'imparfait sera couvert en détail dans le chapitre 11. Pour faciliter la compréhension du texte, dites aux élèves que les formes *était* et *avait* sont utilisées pour des descriptions au passé.

1 Compréhension Page 129

Ce premier exercice permet de tester la compréhension globale de chaque paragraphe.

Réponse

1 **D**, 2 **A**, 3 **C**

2 Lisez Page 129

1 Cet exercice sur le premier paragraphe permet aux élèves de réviser les pronoms disjoints (qu'ils ont appris à la page 122 du livre de l'élève).

Réponse

nous = les membres du comité + Océane ; lui = le principal ; moi = Océane ; eux = Katya et Luc ; elle = Anya ; lui = Paul

2 Révisez d'abord le passé composé des verbes pronominaux (couvert dans le chapitre 7) pour préparer les élèves à faire l'exercice. Les élèves font ensuite l'exercice sur le deuxième paragraphe qui leur permettra de consolider le passé composé.

Réponse

1 ont préparé, 2 ont organisé, 3 a eu, 4 ont gagné, 5 a été, 6 s'est occupé, 7 a créé, 8 se sont amusés, 9 a dansé.

3 Cet exercice permet d'approfondir la compréhension du troisième paragraphe et de réviser le vocabulaire sur la nourriture. Encouragez les élèves à écrire des phrases complètes.

Réponse

1 Ils ont bu des jus de fruits

2 Ils ont mangé des chips, du pain, du fromage, des quiches lorraines, des mini-éclairs au chocolat, des spécialités françaises et des crêpes.

3 Avec l'argent du comité, ils ont acheté des chips, du pain, du fromage et des jus de fruits. Les invités ont apporté des spécialités françaises et la mère d'une élève a fait des crêpes.

4 Oui, parce que le texte dit : « C'était une fête réussie » et « Tout le monde s'est bien amusé et il y avait une bonne ambiance ». Et aussi : « il y avait un buffet absolument génial ! C'était délicieux. » « Les gens se sont amusés. Même le principal a dansé ! » « Le concours de pétanque a eu beaucoup de succès. »

3 Écrivez et parlez Page 129

Les élèves écrivent six questions sur le texte, qu'ils posent ensuite à la classe. Encouragez-les à poser les deux types de questions, avec l'inversion et avec *Est-ce que*.

4 Écrivez Page 129

Cet exercice permet aux élèves de mettre en pratique par écrit tout ce qu'ils ont appris dans ce chapitre et sert en même temps d'entraînement pour l'épreuve de rédaction de l'examen.

En se basant sur le compte-rendu qu'ils viennent de lire, les élèves écrivent le compte-rendu pour le site web de leur lycée d'une fête qu'ils ont organisée dans leur établissement. S'ils n'ont pas organisé de fête, ils peuvent écrire le compte-rendu d'une fête imaginaire. Rappelez aux élèves que les verbes doivent être au passé et qu'ils peuvent inclure, comme dans le compte-rendu qu'ils ont lu, *il y avait* et *c'était*.

Révisions

Les fêtes.

1 Mise en route

Page 130

Les élèves commencent par une discussion sur les photos pour essayer d'établir de quelles fêtes il s'agit, où, quand et comment elles sont célébrées.

Réponse

1 Noël, 2 la Saint-Valentin, 3 Pâques, 4 la fête de la musique, 5 la Chandeleur, 6 l'Épiphanie

2 Écrivez et parlez

Page 130

1 Cet exercice permet de travailler l'écriture d'un petit texte en temps limité et de vérifier si les élèves ont bien mémorisé tout ce qu'ils ont couvert dans ce chapitre.

2 Chaque élève lit ensuite son texte au reste de la classe. Pour encourager les élèves à écouter attentivement leurs camarades, vous pouvez rendre cette activité compétitive en attribuant un point par information correcte et deux points pour chaque information qu'il/elle est le/la seul(e) à donner.

3 Parlez

Page 130

Pour terminer ce chapitre, les élèves peuvent engager une discussion sur la commercialisation excessive des fêtes de nos jours, les raisons de ces tendances et les effets de la commercialisation sur ces fêtes : est-ce qu'elle les dévalorise ou est-ce qu'elle les rend plus populaires ?

11 La santé pour tous

Thèmes et sujets	**Individu et société** Santé physique ; Aliments et boissons **Loisirs et travail** Monde du travail
Points lexicaux	La santé Le corps Les maladies Les métiers de la santé La forme physique Le régime alimentaire Chez le médecin Les accidents
Points grammaticaux	L'imparfait Les expressions avec *avoir* Le passé récent : *venir de* + infinitif La négation : *ne… pas / jamais / rien / plus* L'imparfait ou le passé composé ?
Textes	**Réceptifs** Informations sur des pages web, quiz, interview, article sur la vie d'un généraliste, blagues, article sur le végétarisme, conversations chez le docteur, déclaration d'accident **Productifs** E-mail, liste de résolutions, page web avec conseils de santé, compléter une déclaration d'accident, conversation avec les urgences
Coin IB	**Théorie de la connaissance** • Est-ce que l'aide humanitaire mène à la dépendance ? • Est-ce que dans les pays sinistrés, les pays donateurs lient leur aide à une présence économique, voire militaire ? • Est-ce que l'aide peut être un prélude à l'installation de forces étrangères sur le territoire sinistré ? • « L'aide est toujours la bienvenue mais elle ne résout pas tous les problèmes, notamment celui de la stabilité. Elle permet à la population de survivre sans plus. » Êtes-vous d'accord ? • Est-ce que l'aide économique ne devrait être gérée que par les ONG ou l'ONU ? • Quelle sorte d'aide est la meilleure pour les pays en voie de développement ? **Travail écrit** • Comparer le système de santé, les maladies ou les habitudes alimentaires de son pays à ceux d'un pays francophone **CAS** • Organiser un événement au lycée pour collecter des fonds pour une association humanitaire • Participer à une aide humanitaire **Examen oral individuel** • Décrire un stimulus visuel représentant un accident, une scène chez le médecin ou dans un hôpital **Épreuve de rédaction** • Écrire le texte d'une annonce pour rester en bonne santé • Remplir une déclaration d'accident de la route • Écrire un dialogue entre un patient et un médecin • Écrire un article pour le magazine du lycée sur les habitudes alimentaires des élèves du lycée et pour leur donner des conseils pour rester en bonne santé • Écrire un article sur le végétarisme

Ce chapitre a trait au thème *Individu et société*, et plus particulièrement à la santé physique, de même qu'au thème *Loisirs et travail*, où le milieu du travail est abordé. Les élèves apprendront le vocabulaire se rapportant au corps, aux maladies, aux métiers de la santé, à la forme physique, au régime alimentaire, aux visites chez le médecin et aux accidents. Ils couvriront aussi les points grammaticaux suivants : l'imparfait, les locutions verbales avec *avoir*, le passé récent (*venir de* + infinitif), et la forme négative avec *ne... rien* et *ne... plus*. Ils apprendront le langage transactionnel utilisé lors d'un accident et quand on va à l'hôpital ou chez le médecin. Ils réfléchiront sur l'importance de l'aide humanitaire et compareront leur système de santé, les habitudes alimentaires et les maladies de leur pays à ceux des pays francophones.

1 Mise en route

Page 131

Les élèves regardent la photo et inventent des questions pour la classe. Encouragez-les à formuler des questions avec *est-ce que* et avec l'inversion ; ils peuvent également se servir de la liste de mots interrogatifs à la page 115 de leur livre (chapitre 9). Recommandez-leur d'utiliser un dictionnaire pour trouver les mots qu'ils ne connaissent pas.

Cette activité leur fait non seulement réviser la forme interrogative, mais elle les encourage à rechercher de nouveaux mots qui leur seront utiles dans ce chapitre. Elle peut aussi servir d'entraînement à l'épreuve orale de l'examen si vous leur demandez de faire une présentation orale d'une minute sur cette photo.

Réponse possible

Qui sont les personnes sur la photo ?

Où se passe la scène ?

Qu'est-ce que le médecin est en train de faire ?

Pourquoi la maman est-elle venue voir le médecin ?

Dérivez la maman.

Décrivez le médecin.

À votre avis, qu'est-ce que la femme avec le petit garçon dans les bras va faire ?

Pourquoi est-ce que le médecin travaille dans une tente ?

Quel temps fait-il ? Comment le savez-vous ?

2 Recherchez

Page 131

Cet exercice encourage les élèves à développer leur indépendance dans l'apprentissage de la langue, car, pour répondre aux questions, ils doivent d'abord faire des recherches sur l'association MSF.

Médecins Sans Frontières (MSF) est une association médicale humanitaire internationale, créée le 21 décembre 1971 à Paris par des médecins et des journalistes, qui apporte une aide médicale aux populations victimes d'une guerre, d'une épidémie, d'une famine ou d'une catastrophe naturelle.

ONG est l'acronyme d'*organisations non-gouvernementales*. Les ONG sont financées par des dons privés et travaillent dans l'humanitaire, par exemple : MSF, la Croix-Rouge, le Croissant-Rouge, Oxfam.

Réponse

1 MSF est une organisation humanitaire internationale qui apporte des soins d'urgence aux populations en détresse.

2 la France, 1971

3 +/- 70 (34 000 employés)

4 réponse personnelle

5 réponse personnelle

Les problèmes de santé sont-ils les mêmes dans tous les pays ?

1 Mise en route

Page 132

Pour mémoriser le vocabulaire nouveau, les élèves peuvent jouer au pendu, ce qui leur permettra en même temps de réviser l'alphabet. Pour la règle du jeu, voir le chapitre *Jeux*, à la page 183 du livre du professeur.

Cahier d'exercices 11/1

Page 30

Cet exercice permet aux élèves d'élargir davantage leur vocabulaire sur les différentes parties du corps.

Réponse

1 la tête, 2 l'œil, 3 le nez, 4 la bouche, 5 le bras, 6 le coude, 7 le dos, 8 le poignet, 9 la jambe, 10 le genou, 11 la cheville, 12 le pied, 13 le cou, 14 la gorge, 15 l'épaule, 16 la poitrine, 17 le cœur, 18 l'estomac, 19 la main, 20 le doigt

Médecins Sans Frontières : les métiers

2 Lisez

Page 132

Ces textes permettent aux élèves de retrouver en contexte le vocabulaire qu'ils viennent d'apprendre ainsi que de continuer à élargir leur vocabulaire. Avant de chercher les mots nouveaux dans le dictionnaire, les élèves essaient d'abord d'en deviner le sens, soit d'après le contexte, soit par association avec des mots similaires dans leur langue ou qu'ils connaissent déjà. Ils peuvent ensuite se servir du dictionnaire pour trouver les mots plus difficiles.

Réponse

1

1 une jambe, un bras, un poignet

2 malaria, tuberculose, méningite, maladie du sommeil

3 Haïti, Congo, Angola, Soudan, Italie

2

1 **FAUX** (Il est biologiste et technicien de laboratoire.)

2 **VRAI** (Sa première mission avec MSF, c'était en Angola.)

3 **FAUX** (Il a travaillé dans un programme de lutte contre la maladie du sommeil.)

4 **FAUX** (Elle est chirurgienne plasticienne.)

5 **VRAI** (La petite fille a dû être amputée d'une jambe.)

6 **FAUX** (Elle peut à nouveau utiliser sa main.)

3 Testez vos connaissances

Page 132

Cet exercice permet aux élèves d'élargir leur connaissance des noms de maladies et de développer leur confiance et leur compréhension lorsqu'ils font face à des mots de vocabulaire apparemment inconnus et difficiles.

Réponse

1 **B**, 2 **E**, 3 **C**, 4 **A**, 5 **G**, 6 **D**, 7 **F**

Les élèves peuvent ensuite créer leurs propres définitions pour d'autres maladies qu'ils connaissent et demander à leur partenaire de deviner la maladie, par exemple : *une angine → infection de la gorge, appendicite → inflammation de l'appendice, migraine → mal à la tête...*

4 Parlez

Page 133

La question (*Est-ce que ces maladies sont fréquentes dans votre pays ?*) invite les élèves à réfléchir sur les problèmes de santé dans le monde. La discussion peut commencer en français, puis continuer dans la langue d'instruction du lycée.

Il convient de noter que la différence entre pays pauvres et pays à hauts revenus persiste. Ces derniers totalisent davantage de victimes âgées de plus de 70 ans et de maladies chroniques (maladies cardiovasculaires, cancers, diabète), tandis que dans les pays pauvres, les maladies infectieuses, respiratoires, le sida, le paludisme, la tuberculose et les complications à l'accouchement prédominent.

Enfin, une autre grande cause de mortalité dans le monde est représentée par les accidents de la route, nouveaux arrivants au palmarès des 10 premières causes de mortalité, en 9ème position.

Sur le site de l'Organisation mondiale de la Santé, vous trouverez des informations utiles à ce sujet, notamment sur les principales causes de mortalité dans le monde.

La vie d'une infirmière en mission

5 Écoutez et lisez

Page 133

Cette interview fait connaître aux élèves la vie quotidienne d'une infirmière qui travaille pour MSF et leur permet de continuer à élargir leur vocabulaire sur la santé et les maladies touchant différents pays, ainsi que de réviser les temps appris jusqu'ici et les nombres. Ils essaient d'abord de deviner le sens des mots nouveaux d'après le contexte avant de les chercher dans le dictionnaire (*pédiatrie, une épidémie de rougeole, mortalité infantile, ...*).

Les élèves doivent écouter attentivement afin de pouvoir remplir les blancs dans le texte. Vous pouvez pauser l'enregistrement entre les différentes sections pour leur donner le temps d'écrire leurs réponses.

Réponse

1 ai fait, 2 ai travaillé, 3 suis partie, 4 suis revenue, 5 cinq, 6 quinze, 7 sept, 8 seize, 9 savez, 10 ce sont, 11 suis rentrée, 12 aimerais, 13 sera, 14 seront

Audio

Interviewer	Sarah, parlez-nous de vous.
Sarah	Alors, j'ai 32 ans, je suis de Paris où j'ai fait mes études d'infirmière pendant trois ans. J'ai travaillé deux ans en pédiatrie dans un hôpital parisien. Comme je voulais travailler dans l'humanitaire, je suis partie en mission pendant trois ans, avec une ONG, essentiellement dans les pays africains. Je suis revenue en France et maintenant je travaille en hôpital.
Interviewer	Parlez-nous de la vie quotidienne d'une infirmière en mission.
Sarah	Difficile ! Les missions changeaient toujours. Une fois, c'était une épidémie de rougeole et après, c'était le choléra. Les journées n'étaient jamais les mêmes mais, en général, les conditions de vie étaient dures : on se levait vers 5 heures du matin, on mangeait très mal, on dormait à 15 sous une tente, on travaillait 7 jours sur 7, 14 ou 16 heures par jour.
Interviewer	Vous vous occupiez d'enfants malades, c'est ça ?
Sarah	Oui. Là-bas, beaucoup d'enfants meurent de la malaria, du Sida et de malnutrition. Mais vous savez, deux des principales causes de mortalité infantile, ce sont la diarrhée et les infections respiratoires.
Interviewer	D'accord. C'est très différent en France ! Vous êtes revenue en France l'année dernière, c'est ça ?
Sarah	Oui et depuis que je suis rentrée, je m'occupe d'enfants qui souffrent de maladies causées par une nourriture trop riche, comme l'obésité et le diabète. C'est complètement différent !
Interviewer	Allez-vous repartir en mission un jour ?
Sarah	J'aimerais bien mais ce sera plus difficile parce que j'ai deux enfants maintenant. Peut-être plus tard, quand ils seront grands.
Interviewer	Eh bien, merci pour ce témoignage, Sarah, c'était très intéressant.

6 Compréhension

Page 133

Cet exercice permet de tester la compréhension générale du texte.

Réponse

1 **A**, 2 **E**, 3 **B**, 4 **D**, 5 **C**

Demandez aux élèves de relever tous les noms de maladies (*rougeole, choléra, malaria, sida, malnutrition, diarrhée, infection respiratoire, obésité, diabète*).

Voir les Fiches d'activités supplémentaires Chapitre 11, page 133

Vous pouvez aussi leur demander de faire l'exercice suivant :

Parmi les affirmations **A** à **H**, indiquez celles qui sont vraies.

A Les études d'infirmière durent deux ans.

B Après ses études, Sarah a travaillé dans un hôpital à Paris.

C À 34 ans, Sarah est allée travailler en Afrique.

D En Afrique, les conditions de travail sont très bonnes.

E En Afrique, Sarah habitait dans une maison.

F En Afrique, la mortalité infantile est élevée.

G Les enfants africains souffrent des mêmes maladies que les enfants français.

H Sarah a quitté son travail en Afrique à cause de ses enfants.

Affirmations vraies : **B**, **C**, **F**, **H**.

Demandez ensuite aux élèves d'identifier dans le texte les temps utilisés qu'ils connaissent et de donner un exemple pour chaque temps (*j'ai* → présent, *j'ai fait* → passé composé, *j'aimerais* → conditionnel, *sera* → futur, *c'était* → imparfait).

Dans le chapitre 10, page 129, les élèves ont vu *il y avait* et *c'était*, utilisés pour une description au passé ; vous pouvez leur demander de relever dans ce texte tous les verbes qui ont des terminaisons semblables, c'est-à-dire les verbes à l'imparfait à la troisième personne du singulier (*on se levait, on mangeait, on dormait, on travaillait*). Ils peuvent essayer de deviner la formation de ce nouveau temps et son utilisation.

Grammaire en contexte Page 133

L'imparfait

Tous les verbes à l'imparfait de l'indicatif forment leur radical à partir de la première personne du pluriel du présent de l'indicatif. On supprime la terminaison *-ons* du présent de l'indicatif pour obtenir le radical, puis on ajoute à ce radical les terminaisons de l'imparfait. Faites remarquer aux élèves que ces terminaisons sont les mêmes que celles du présent du conditionnel (chapitre 9, page 109). La formation du radical de l'imparfait est toujours régulière sauf pour le verbe *être*, dont le radical de l'imparfait est *ét-* .

Expliquez aux élèves que pour les verbes en *-cer*, le *-c* devient *-ç* devant les terminaisons qui commencent par un *-a* : *je commençais, ils commençaient*. Pour les verbes en *-ger*, il faut ajouter un -e devant les terminaisons qui commencent par un *-a* : *je mangeais, ils nageaient*.

Le nom *imparfait* provient du latin *imperfectus*, signifiant *inachevé, incomplet* ; l'imparfait est donc utilisé pour exprimer une action passée inachevée dont on ne connaît pas le début, la fin ou la durée ; de ce fait, on l'utilise pour exprimer une description, une habitude ou une action interrompue par une autre.

Pour aider les élèves à mémoriser la conjugaison de l'imparfait, vous pouvez faire les activités suggérées dans l'Appendice *Jeux* aux pages 183-184 du livre du professeur.

Les élèves peuvent ensuite réécouter l'enregistrement en se concentrant cette fois sur la prononciation des verbes à l'imparfait.

Cahier d'exercices 11/2 Page 31

Cet exercice permet aux élèves de mettre en pratique l'imparfait.

Réponse

1 Ils travaillaient dans un hôpital.

2 Nous étions en mission en Afrique.

3 Le virus affectait ma respiration et je ne pouvais pas faire d'exercice.

4 Les bactéries attaquaient les nerfs et on avait très mal.

5 Tu étais infirmière indépendante ou tu faisais partie d'une équipe à l'hôpital ?

6 Vous tombiez souvent malade, alors vous consultiez régulièrement un médecin ?

7 Parlez Page 133

Pour continuer à travailler la prononciation des terminaisons de l'imparfait, les élèves lisent à deux et à voix haute l'interview de Sarah.

8 Écrivez Page 133

Cet exercice permet de consolider l'imparfait et d'approfondir la compréhension de l'interview.

Réponse

1 Elle habitait à Paris.

2 Elle travaillait dans un hôpital parisien.

3 Elle voulait travailler dans l'humanitaire.

4 Elle s'occupait d'enfants malades.

5 Les conditions de vie étaient dures parce que les journées étaient longues et elle mangeait et dormait mal.

9 Parlez Page 133

Les élèvent discutent en français ou dans la langue d'instruction du lycée des maladies qui affectent le plus les jeunes dans leur pays et essaient de voir si elles sont les mêmes dans tous les pays.

Est-ce que vous aimeriez partir en mission pour MSF ? Qu'est-ce que vous aimeriez faire ?

1 Lisez Page 134

Cette section couvre les métiers de la santé et permet aux élèves d'apprendre le langage pour définir et parler de ces métiers.

Réponse

1 accoucheur / sage-femme, 2 chirurgien / chirurgienne, 3 infirmier / infirmière, 4 technicien / technicienne, 5 pharmacien / pharmacienne, 6 médecin généraliste

2 Recherchez Page 134

1 Pour élargir leur vocabulaire des métiers de la santé, les élèves cherchent dans le dictionnaire le nom des spécialistes qui soignent les parties du corps mentionnées sur la liste.

2 Ils cherchent ensuite le nom d'autres spécialistes.

Réponse possible

1

1 Le dentiste soigne les dents et les gencives.

2 L'ophtalmologiste / L'optométriste / L'opticien soigne les yeux.

3 Le/La cardiologue soigne les problèmes de cœur.

4 Le/La psychiatre / psychologue soigne les problèmes psychologiques.

2 Un neurologue soigne les nerfs. Un pédiatre soigne les enfants. Un dermatologue soigne les problèmes de peau. Un pneumologue soigne les poumons.

3 Écoutez Page 134

Faites écouter l'enregistrement une première fois en entier et demandez aux élèves d'identifier le sujet de conversation des deux adolescents. La seconde fois, pausez l'enregistrement à intervalles réguliers pour donner le temps aux élèves de répondre aux questions dans le manuel.

Audio

La fille	Tu aimerais partir en mission avec MSF, Léo ?
Léo	Oui. Mon oncle est chirurgien et il est parti deux fois avec MSF. Il m'a beaucoup parlé de ses expériences et ça m'a vraiment donné envie de partir comme lui un jour.
La fille	Tu voudrais être chirurgien aussi, comme lui ?
Léo	Ah non, je ne suis pas assez habile de mes mains, et c'est trop technique. Par contre, je sais déjà que j'aimerais aider les gens dans mon futur métier, et je pense qu'être infirmier me plairait davantage.
La fille	Pourquoi est-ce que tu as tant envie d'aider les gens ?
Léo	Ce que mon oncle m'a raconté de ses voyages m'a beaucoup touché. On ne se rend pas toujours compte à quel point on est privilégié ici. Partir avec MSF me permettrait de me sentir utile et de contribuer, à mon échelle, à améliorer la vie des populations dans les pays en crise.
La fille	Et tu ferais quoi exactement en tant qu'infirmier ?
Léo	Eh bien, par exemple, j'organiserais la distribution de médicaments, je ferais les pansements ou bien je m'occuperais de la vaccination et pendant ce temps-là, je pourrais parler aux gens pour mieux connaître leur culture. Ça me plairait bien de faire ça parce que je pense que, ce qui est le plus enrichissant dans une mission humanitaire, c'est l'échange avec la population locale.
La fille	Est-ce que tu penses que les populations locales bénéficient toujours de l'aide extérieure ? Je veux dire, est-ce que l'action humanitaire est toujours une bonne chose ?
Léo	Je pense que les actions de MSF sont positives parce qu'elles répondent toujours à un besoin très précis et interviennent dans des situations de crise réelle où elles sont utiles et efficaces. Par contre, je pense aussi qu'il y a sans doute des actions humanitaires plus discutables, qui risquent d'encourager la dépendance des populations locales plutôt que leur indépendance.

Réponse

1 chirurgien et infirmier

2 Il préfère infirmier à chirurgien : il n'est pas assez habile de ses mains pour être chirurgien et c'est trop technique. Il aimerait être infirmier, organiser la distribution de médicaments et parler aux gens.

Les élèves écoutent à nouveau l'enregistrement et font l'exercice 11/3 dans le cahier d'exercice.

Cahier d'exercices 11/3 Page 31

Cet exercice, qui se rapporte au même enregistrement que celui de l'exercice 3 ci-dessus, permet aux élèves de lire le texte de l'interview de Léo, dans le cahier d'exercices. Il les aide à consolider le vocabulaire qu'ils viennent d'apprendre et à réviser le présent du conditionnel.

Réponse

1 1 mission, 2 chirurgien, 3 infirmier, 4 médicaments, 5 pansements, 6 vaccination, 7 parce que, 8 toujours, 9 Par contre, 10 qui

2 aimerais, voudrais, j'aimerais, plairait, permettrait, ferais, organiserais, ferais, occuperais, pourrais, plairait

Demandez ensuite aux élèves de donner l'infinitif de ces verbes et de les traduire dans leur langue, par exemple : *tu aimerais* → *aimer* → traduction…

Voir les Fiches d'activités supplémentaires Chapitre 11, page 134

Vous pouvez aussi leur demander de répondre aux questions suivantes, qui testent leur compréhension du texte :

1 Pourquoi Léo mentionne-t-il son oncle ? (parce qu'il est chirurgien et qu'il travaille pour MSF et c'est lui qui lui a donné envie de travailler pour MSF)

2 Pourquoi Léo ne veut-il pas être chirurgien ? (parce qu'il n'est pas habile de ses mains et c'est trop technique pour lui)

3 Pourquoi Léo veut-il être infirmier ? (parce qu'il veut aider les gens)

4 Pourquoi Léo aimerait-il travailler pour MSF ? (parce qu'il veut se sentir utile et contribuer, à son échelle, à améliorer la vie des populations dans les pays en crise)

5 Qu'est-ce qu'un infirmier doit faire dans son travail ? (Il doit faire la distribution de médicaments, faire les pansements et s'occuper de la vaccination.)

6 Pourquoi, selon Léo, est-ce enrichissant de travailler avec MSF ? (parce qu'on apprend à mieux connaître les gens qu'on aide et leur culture)

7 Qu'est-ce que Léo pense de MSF ? (Il pense que les actions de MSF sont positives.)

Les élèves peuvent aussi faire l'exercice qui suit.

Faites correspondre la première partie de la phrase à gauche avec la fin de phrase appropriée parmi les propositions à droite. Attention : il y a plus de fins de phrase que de débuts de phrase.

1	Pour être chirurgien	☐	A	il faut avoir une bonne technique.
			B	pour travailler avec son oncle.
2	Léo veut devenir infirmier	☐	C	il faut être habile de ses mains.
			D	est une tâche difficile.
			E	pour aider les gens.
3	Léo pense qu'une mission humanitaire	☐	F	toutes les actions humanitaires sont positives.
			G	est une expérience enrichissante.
4	Selon Léo	☐	H	la plupart des actions humanitaires sont positives.

Réponse

1 **C**, 2 **E**, 3 **G**, 4 **H**

Activité à deux : les élèves lisent à deux l'interview dans le cahier d'exercices.

Ils peuvent aussi faire une interview plus personnelle. Par exemple, l'élève A demande : *Qu'est-ce que tu aimerais faire comme métier et pourquoi ?* et *Qu'est-ce que tu n'aimerais pas faire comme métier et pourquoi ?* L'élève B répond, puis ils inversent les rôles.

4 Recherchez et écrivez

Page 134

Pour élargir leur vocabulaire, les élèves recherchent d'autres métiers utiles aux missions humanitaires. Ils mettent en pratique ce vocabulaire et le présent du conditionnel en expliquant ce qu'ils aimeraient et n'aimeraient pas faire s'ils partaient en mission.

5 Écoutez et parlez

Page 134

Cette discussion permet aux élèves de travailler oralement ce qu'ils ont appris.

Réponse

1 Son oncle a parlé de ses expériences à MSF, et Léo a eu envie de partir. Il aimerait aider les gens dans son futur métier. Il pourrait se sentir utile et contribuer à améliorer la vie des populations dans les pays en crise.

2 Les actions de MSF sont positives parce qu'elles répondent à un besoin précis et elles sont utiles et efficaces.

3 Certaines actions humanitaires n'encouragent pas assez l'indépendance des populations locales.

Ils peuvent ensuite élargir la discussion en discutant des aspects positifs et négatifs des actions humanitaires et aller plus loin en réfléchissant dans la langue d'instruction du lycée aux questions ci-dessous (ce qui les aidera à faire ensuite les exercices à la page suivante) :

1 Est-ce que l'aide humanitaire mène à la dépendance ?

2 Est-ce que l'aide humanitaire peut conduire à une présence économique, voire militaire, dans les pays sinistrés ?

3 L'aide est toujours la bienvenue mais est-ce qu'elle résout tous les problèmes ?

4 Est-ce que l'aide économique ne devrait être gérée que par les ONG ou l'ONU ?

5 Quelle sorte d'aide est la meilleure pour les pays en voie de développement ?

L'aide humanitaire : oui, mais...

Les textes dans cette section (coupures de journaux) sont un peu plus longs et plus difficiles ; il est donc important que les élèves les lisent d'abord en entier et identifient les mots-clés qu'ils ont besoin de comprendre afin de saisir le sens général des textes.

Vous pouvez diviser la classe en trois groupes et attribuer un extrait à chacun ; demandez à chaque groupe de rechercher le vocabulaire difficile et de le partager ensuite avec le reste de la classe. Exemples :

Extrait A : un don, inadapté, il s'agit de, le tsunami, Indonésie, des tonnes, les besoins des survivants, périmé, inutilisable, lire les notices

Extrait B : un outil, contre, la détresse, les populations sinistrées, la politique étrangère, les gouvernements donateurs, présence, économique, militaire, le terrain, la frontière, claire

Extrait C : crise, résoudre, à long terme, mener à la dépendance, s'auto-développer, par conséquent, autonome, un cercle vicieux, faire face à, intervention

1 Lisez Page 135

Cet exercice demande une compréhension du sens général de chaque coupure de journal.

Réponse

1 **C**, 2 **A**, 3 **B**

2 Recherchez et écrivez Page 135

Cet exercice permet aux élèves de réfléchir et de trouver une réponse à une question importante, et en même temps de mettre en pratique le vocabulaire qu'ils viennent d'apprendre.

3 Recherchez et parlez Page 135

Dans cette tâche, les élèves pourront exprimer en français leur opinion sur la valeur des aides humanitaires. Encouragez-les à utiliser les expressions dans l'encadré *Vocabulaire* de même que le présent du conditionnel.

Une journée dans la vie d'un médecin-généraliste

Cette section permet aux élèves d'acquérir un vocabulaire transactionnel lié au sujet de la santé, ainsi que d'élargir leurs connaissances culturelles. Elle permet aussi de réviser le passé composé et l'accord du participe passé. Expliquez aux élèves que le participe passé des verbes réflexifs s'accorde avec le complément d'objet direct quand celui-ci est placé devant le verbe, par exemple : *elle s'est cassé* ***la jambe****, elle* ***s'****est blessée, elle* ***s'****est coupée au pied...*

1 Mise en route Page 137

1 Le premier exercice teste la compréhension du sens général du texte.

Réponse

1 **B**, 2 **D**, 3 **C**, 4 **H**, 5 **A**, 6 **G**, 7 **E**, 8 **F**

2 Le deuxième exercice invite les élèves à réfléchir sur le travail du docteur Courgeat. Les élèves peuvent donner une réponse personnelle ou dire, par exemple : *Je suis surpris(e) que le docteur rende visite aux personnes âgées et bavarde avec elles ; je pense que c'est un médecin qui s'occupe bien de ses malades.*

2 Lisez et parlez Page 137

Les élèves jouent à deux la conversation pour prendre un rendez-vous. Ceci les aidera avec la tâche qui suit.

3 Écoutez Page 137

Cet exercice permet aux élèves de comprendre et de consolider le langage transactionnel qu'ils viennent d'apprendre, ainsi que de réviser l'alphabet, l'heure et la forme interrogative.

Audio

Conversation 1

Réceptionniste	Allô, la maison de santé, j'écoute.
Patiente	Bonjour, je voudrais prendre un rendez-vous avec le docteur Courgeat, s'il vous plaît.
Réceptionniste	Oui, quand voulez-vous venir ?
Patiente	C'est possible demain matin ?
Réceptionniste	Non, demain matin le docteur est complet, mais c'est possible demain soir à 18h15.
Patiente	D'accord.
Réceptionniste	Bien, c'est noté, demain mardi, à 18h15. C'est à quel nom ?
Patiente	Alors, Sophie Clémentin, C–L–E accent aigu–M–E–N–T–I–N.

Audio

Conversation 2

Réceptionniste	Allô, la maison de santé, j'écoute.
Patient	Bonjour. J'ai besoin de voir le docteur Courgeat.
Réceptionniste	Ça ne va pas être possible aujourd'hui. Et il est complet demain matin.
Patient	Hmmm, alors jeudi ou vendredi matin, c'est possible ?
Réceptionniste	Oui, demain soir aussi, à 18h30, si c'est urgent.
Patient	Non, ce n'est pas très urgent. Je préfère jeudi matin.
Réceptionniste	D'accord, alors jeudi matin, à 11h30 ?
Patient	Parfait.
Réceptionniste	Je vais prendre votre nom, s'il vous plaît.
Patient	Monsieur Notte, Simon Notte, N–O–deux T–E.

Réponse

1 demain / mardi, à 18h15, Sophie Clémentin ;
2 jeudi matin, à 11h30, Simon Notte

4 Parlez Page 137

À deux, les élèves mettent en pratique les conversations qu'ils ont entendues en imaginant et en jouant un dialogue entre la réceptionniste de la maison de santé et un client du Dr Courgeat qui a besoin d'un rendez-vous urgent.

5 Écoutez et lisez Page 137

Cet exercice permet aux élèves d'améliorer leur prononciation et leur intonation. Après avoir répondu aux questions, les élèves peuvent ensuite jouer les conversations à deux.

Audio

1

Médecin	Bonjour, Mlle Guillon. Entrez. Qu'est-ce qui ne va pas ?
Mlle Guillon	Je ne me sens pas bien. J'ai très mal à la tête et à la gorge, j'ai envie de vomir.
Médecin	D'accord, je vais vous examiner et prendre votre température.
Mlle Guillon	J'ai chaud, j'ai froid, j'ai de la fièvre, c'est sûr !
Médecin	Oui, 39°, c'est beaucoup. Ça fait mal quand vous toussez ?
Mlle Guillon	Oui, ça me fait mal à la poitrine. C'est grave, docteur ?
Médecin	C'est une grippe, avec une infection de la gorge. Je vais vous faire une ordonnance pour un antibiotique. Vous prendrez un comprimé trois fois par jour pendant sept jours. Sucez aussi des pastilles pour la gorge. Et vous avez besoin de repos. Je vous fais un arrêt de travail pour quelques jours. Restez au lit, reposez-vous et buvez beaucoup.
Mlle Guillon	D'accord, docteur, merci.

2

Médecin	Bonjour, Mme Deltond. Ça ne va pas aujourd'hui ?
Mme Deltond	Je suis tombée, docteur, et je me suis coupée au pied.
Médecin	Hmmm… Vous avez mal ?
Mme Deltond	Pas vraiment.
Médecin	Heureusement, vous ne vous êtes pas cassé la jambe ! Bon, je vais désinfecter la blessure avec cette crème antiseptique et faire un pansement. L'infirmière passera demain pour changer le pansement.
Mme Deltond	Ah, vous êtes un ange, docteur !
Médecin	Je sais, Mme Deltond, je sais !
Mme Deltond	Vous avez soif ? Vous voulez prendre un café ? Avec un petit morceau de gâteau ?
Médecin	Désolé, j'aimerais bien mais je n'ai pas le temps. Je repasserai vous voir après-demain. Il faut bien boire et bien manger, hein, Mme Deltond ! Et surtout, n'oubliez pas vos médicaments pour le cœur !
Mme Deltond	D'accord, docteur. À bientôt.

Réponse

Mlle Guillon :

1 Elle ne se sent pas bien, elle a envie de vomir.

2 Elle a mal à la tête et à la gorge.

3 Il examine Mlle Guillon et prend sa température.

4 Il fait une ordonnance pour un antibiotique. Elle doit prendre un antibiotique / des comprimés et des pastilles pour la gorge. Elle a besoin de repos (un arrêt de travail pour quelques jours). Elle doit rester au lit, se reposer, boire beaucoup.

Madame Deltond :

1 Elle est tombée, elle s'est coupée au pied.

2 Pas vraiment. / Elle n'a pas mal.

3 Il désinfecte la blessure avec une crème antiseptique et fait un pansement.

4 Il faut bien boire et bien manger. Il ne faut pas oublier les médicaments pour le cœur.

Grammaire en contexte Page 137

Les expressions avec *avoir*

Expliquez aux élèves que ce sont des expressions idiomatiques qui ne se traduisent pas nécessairement littéralement dans les autres langues.

6 Lisez Page 137

Après avoir relevé toutes les expressions avec *avoir* dans l'article page 136, et les avoir traduites dans leur langue, les élèves peuvent faire des recherches pour en trouver d'autres et les partager avec la classe. D'autres expressions avec *avoir* seront présentées dans le chapitre 13 à la page 156.

Réponse

Elle a l'air d'avoir de la fièvre, J'ai très mal à la tête et à la gorge, j'ai envie de vomir, j'ai chaud, j'ai froid, j'ai de la fièvre, vous avez besoin de repos, j'ai besoin de mon repos du midi, vous avez mal ?, vous avez soif ?, je n'ai pas le temps, j'ai faim, j'ai très envie de dormir

7 Écoutez

Page 137

Cet exercice teste la compréhension des conversations qu'ils vont entendre. Les élèves notent dans leur langue les symptômes des patients et les conseils du Dr Courgeat. Ils peuvent ensuite se servir de leurs notes pour reproduire et jouer ces consultations avec un(e) partenaire.

Audio

1

Docteur	Bonsoir. Entrez, asseyez-vous. Qu'est-ce que je peux faire pour vous ?
Patiente	Bonsoir, docteur. J'ai joué au tennis hier et maintenant, j'ai très mal au bras.
Docteur	D'accord, montrez-moi. Ça fait mal quand j'appuie là ?
Patiente	Aïe ! Oui !!
Docteur	Est-ce que vous avez mal à la main et aux doigts ?
Patiente	Non, juste au coude ici, dans l'articulation.
Docteur	Bon, je vais vous faire une ordonnance pour une crème anti-inflammatoire. Vous mettrez cette crème sur votre bras trois fois par jour. Reposez votre bras le plus possible pendant deux ou trois jours et revenez me voir si ça ne va pas mieux.
Patiente	Et pour la douleur, docteur ? Je peux prendre un médicament ?
Docteur	Si ça fait très mal, prenez de l'aspirine.
Patiente	D'accord, merci Docteur.

2

Patient	Bonsoir, docteur.
Docteur	Bonsoir, c'est Monsieur Dubois, c'est ça ?
Patient	Oui, c'est ça. J'ai pris rendez-vous ce matin parce que depuis trois jours, j'ai très, très mal au ventre, en bas à droite.
Docteur	D'accord. Allongez-vous, je vais vous examiner. Vous mangez bien ?
Patient	Non, j'ai des nausées et je vomis depuis hier. J'ai de la fièvre aussi, 38° et j'ai soif.
Docteur	Ça fait mal là ?
Patient	Aïe ! Oui, très mal.
Docteur	Hmm... Vous avez besoin d'aller à l'hôpital immédiatement, Monsieur Dubois. Il faut vous opérer.
Patient	M'opérer ?
Docteur	Oui, je pense que vous avez une appendicite. Il faut faire vite maintenant. J'appelle l'ambulance.
Patient	Euh, d'accord, docteur...

8 Parlez

Page 137

Activité à deux : les élèves inventent puis jouent d'autres consultations, avec des symptômes et des problèmes différents. Encouragez-les à donner une personnalité aux clients.

Pour utiliser les verbes à la troisième personne du singulier, les élèves pourraient imaginer une conversation dans laquelle l'élève A joue l'interprète pour un ami qui ne parle pas français et l'élève B le docteur.

Cahier d'exercices 11/4

Page 32

1 Dans cet exercice, les élèves identifient d'abord les phrases du docteur.

2 Ils remettent la conversation dans l'ordre.

3 Ils imaginent ensuite la conversation de la personne sur les trois images avec le docteur. Ils peuvent chercher dans le dictionnaire d'autres mots qu'ils voudraient utiliser.

Réponse

1 Phrases du docteur : **B**, **D**, **E**, **F**

2 Ordre des phrases de la conversation : 1 **D**, 2 **H**, 3 **E**, 4 **C**, 5 **B**, 6 **G**, 7 **F**, 8 **A**

3 Réponse possible :

Docteur : Bonjour. Qu'est-ce qui ne va pas ?

Patiente : Je ne me sens pas bien, j'ai mal à la tête et j'ai de la fièvre.

Docteur : Vous avez pris du paracétamol ?

Patiente : Non, j'ai mal à l'estomac et j'ai envie de vomir.

Docteur : Qu'est-ce que vous avez mangé ?

Patiente : Des fruits de mer, docteur.

Docteur : C'est un empoisonnement alimentaire. Buvez beaucoup d'eau et ne mangez rien aujourd'hui.

Patiente : D'accord, merci docteur.

9 Lisez Page 137

Les élèves lisent les blagues et cherchent dans le dictionnaire les mots qu'ils ne comprennent pas. Ils disent ensuite quelle blague ils préfèrent, puis ils en racontent une qu'ils connaissent ou en inventent une.

Attirez aussi leur attention sur le verbe *venir* dans les textes (*vient de fêter ses 100 ans* et *Un passant vient à son aide*) et expliquez-leur la différence entre les deux formes verbales.

Grammaire en contexte Page 137

Le passé récent : *venir de* + infinitif

Expliquez aux élèves que cette structure (*venir de* + infinitif) est utilisée pour indiquer qu'une action vient juste de se passer. Il y aura d'autres exemples de cette structure dans les textes qui suivent.

Pour la mettre en pratique, vous pouvez leur poser des questions auxquelles ils doivent répondre en utilisant cette structure : *Est-ce qu'il a vu le docteur ? Oui, il vient de voir le docteur. Est-ce qu'ils sont arrivés ? Oui, ils viennent d'arriver. Est-ce que tu as fini tes devoirs ? Oui, je viens de finir mes devoirs.*

Comment garder ou retrouver la forme ?

Vous pouvez commencer cette section en demandant aux élèves ce qu'ils font ou devraient faire pour rester en bonne santé.

1 Mise en route Page 138

Les élèves lisent les messages et démontrent leur compréhension du sens général en reliant les messages aux photos. Ils peuvent ensuite chercher le sens des mots nouveaux.

Demandez-leur de trouver les formes verbales avec *venir de* + infinitif (*je viens d'apprendre, C'est ce que je viens de faire*).

Réponse

A Marco, **B** Lili, **C** Louane, **D** Damien

2 Lisez et écrivez Page 138

Cet exercice permet aux élèves de montrer qu'ils ont compris le texte et les mots de liaison dans l'encadré. Dites-leur d'identifier dans les débuts de phrase si on leur demande de donner une raison (*parce que / pour*) ou une conséquence (*alors, donc, par conséquent*).

Réponse possible

1 il fumait.

2 il commence à se sentir beaucoup mieux.

3 elle a commencé à faire de la marche.

4 elle adore la nature / ça l'aide à retrouver la forme

5 combattre la fatigue et la déprime.

6 parler à ses parents / aller voir un médecin / demander de l'aide.

3 Écrivez et parlez Page 138

1 Demandez aux élèves d'écrire des résolutions, avec les raisons et les conséquences de ces résolutions. Par exemple : *Mon pantalon est trop petit, c'est pour ça que je vais aller courir tous les jours car je voudrais perdre du poids.*

2 Activité à deux : l'élève A pose des questions à l'élève B pour essayer de deviner ses résolutions, ainsi que les raisons et les conséquences de ses résolutions.

Grammaire en contexte Page 139

La négation : *ne... pas / jamais / rien / plus*

Dans cette section, les élèves vont pouvoir réviser les adverbes de négation qu'ils ont déjà rencontrés dans les chapitres 2, 3 et 4, de même qu'en apprendre de nouveaux (*ne... rien* et *ne... plus*) et les utiliser avec des temps autres que le présent et le passé composé.

4 Lisez Page 139

Les élèves démontrent leur compréhension des adverbes de négation en relevant tous les verbes à la forme négative dans le texte et en les traduisant dans leur langue.

Réponse

Marie-Jo : je ne suis plus en forme

Damien : Je ne fume plus, ne va pas au lit trop tard

Lili : je n'aimais pas le sport, je ne faisais jamais d'exercice, je ne faisais rien, je n'étais pas en forme, je ne faisais jamais de marche

Louane : je n'avais jamais d'énergie, ça ne marchait jamais, je ne prends plus ces drogues, Ne fais donc pas comme moi, ne te tourne jamais vers la drogue, je ne mange plus de céréales complètes et plus de légumes

Marco : je ne sais pas comment, on ne peut plus rien faire

Demandez-leur ensuite soit de dire à leur partenaire, soit d'écrire les choses qu'ils ne feront pas, ne feront plus ou ne feront jamais afin de rester en bonne santé, par exemple : *Je ne fumerai jamais parce que je fais des compétitions sportives.*

Pour leur donner aussi l'occasion de réviser l'imparfait, amenez-les à dire ce qu'ils faisaient avant et pourquoi ils ne le feront plus : *Avant, je mangeais des hamburgers avec des frites, mais maintenant, je n'en mange plus parce que je ne veux pas grossir.*

5 Parlez

Page 139

Activité à deux : les élèves jouent à « ange ou diable ». Cet exercice permet aux élèves de mettre en pratique le vocabulaire nouveau et les adverbes de négation. Rappelez-leur que *du / de la / de l' / des* / deviennent *de / d'* après un verbe à la forme négative.

Pour rendre l'exercice un peu plus difficile, vous pouvez demander à l'élève A de dire une phrase négative au présent et à l'élève B de répondre avec un verbe au futur ou au passé composé. Par exemple, l'élève A dit : *Je ne fume pas.* L'élève B répond : *Moi, je n'ai jamais fumé* ou *Moi, je ne vais jamais fumer.*

6 Écrivez

Page 139

Cette activité aide les élèves à consolider la forme négative, l'imparfait, le futur proche et l'impératif. Encouragez-les aussi à utiliser les mots de liaison appris plus tôt.

7 Imaginez

Page 139

Cette tâche donne la possibilité aux élèves d'utiliser de façon créative ce qu'ils ont appris dans ce chapitre. Ils peuvent ensuite enregistrer leur annonce et faire écouter l'enregistrement à la classe, pour que la classe vote pour la meilleure. Pour ceux qui préfèrent s'exprimer par écrit, ils peuvent créer une page web.

Les élèves peuvent faire une enquête dans leur lycée sur les habitudes alimentaires de leurs camarades ; ils écrivent ensuite un article dans le magazine ou journal du lycée, pour donner les résultats de leur enquête et une liste de conseils pour rester en bonne santé.

8 Lisez et écrivez

Page 139

Le but de cet exercice c'est de pratiquer l'imparfait tout en s'amusant. Pour cela les élèves doivent deviner les réponses et écrire ensuite une phrase avec des verbes à l'imparfait.

Réponse

1 **B**, 2 **A**, 3 **D**, 4 **C**

9 Recherchez et parlez

Page 139

Les élèves font des recherches pour trouver s'il existait aussi dans leur pays des remèdes bizarres et les expliquent à la classe en formant des phrases à l'imparfait.

Le végétarisme est-il l'avenir de la santé dans le monde ?

Pourquoi devenir végétarien ?

Cet article permet aux élèves de continuer à élargir leur vocabulaire sur les sujets de la santé et des habitudes alimentaires ainsi que d'exprimer leurs opinions sur le végétarisme.

1 Compréhension

Page 140

Demandez aux élèves de donner leur définition du végétarisme et de dire tout simplement s'ils sont pour ou contre. Discutez des questions posées dans l'activité, pour vérifier que les élèves ont compris le sens général de l'article.

2 Lisez

Page 140

Les élèves montrent qu'ils ont bien compris le texte en répondant aux questions. Ils peuvent chercher dans le glossaire ou le dictionnaire le sens des mots nouveaux.

Réponse

1. Il y a des études qui démontrent les bienfaits du végétarisme.
2. La viande contient des substances nocives pour la santé, comme les graisses saturées, le cholestérol, les toxines, etc.
3. Ils produisent des céréales. Les animaux destinés à l'alimentation des pays riches consomment les céréales.
4. le gavage des oies, l'élevage des poules en cage
5. Il gaspille l'eau et entraîne la déforestation.

3 Lisez et écrivez

Page 140

Cet exercice renforce l'importance des connecteurs logiques dans une phrase.

Réponse possible

1. car / parce que / puisque
2. alors / par conséquent / donc
3. car / parce que / puisque
4. alors / par conséquent
5. car / parce que / puisque
6. alors / par conséquent / c'est pour ça qu'

4 Recherchez et parlez Page 140

Les élèves font des recherches sur le végétarisme et établissent une liste d'arguments pour et contre. Ils entreprennent ensuite une discussion en classe en utilisant les expressions de l'encadré *Vocabulaire* à la page 135.

5 Écrivez Page 140

Cette tâche permet aux élèves de consolider le vocabulaire qu'ils viennent d'apprendre et d'écrire leurs opinions sur le végétarisme.

Les élèves peuvent aussi faire des recherches sur les différences entre végétarien et végétalien, sur les populations qui sont presque entièrement végétariennes et sur les différences entre l'état de santé de ces populations et celui des populations qui ne sont pas végétariennes. Ils peuvent aussi comparer les façons de rester en bonne santé dans leur pays à celles d'un pays francophone.

Comment faire face à une urgence.

Dans cette section, les élèves apprendront le vocabulaire transactionnel utilisé dans les cas d'urgence.

1 Écoutez et lisez Page 141

Tout d'abord, les élèves lisent et écoutent la conversation. Puis, ils peuvent rechercher les mots qu'ils ne connaissent pas et répondre ensuite aux questions qui testent leur compréhension des détails du texte.

Audio

Jeune fille	Allô, police-secours ?
Homme	Oui, j'écoute…
Jeune fille	On a besoin d'une ambulance. Mon copain a eu un accident.
Homme	D'accord. Vous êtes où ?
Jeune fille	Nous sommes rue Royale, au coin de l'avenue de Grenelle, au feu rouge. Une voiture qui sortait du parking a heurté mon copain et il est tombé de sa moto.
Homme	Est-ce que votre copain est blessé ?
Jeune fille	Oui, il saigne de la tête et je crois qu'il s'est cassé la jambe.
Homme	Est-ce qu'il y a d'autres blessés ?
Jeune fille	Non, je ne crois pas. Le conducteur de la voiture et son passager sont choqués mais ils ne sont pas blessés.
Homme	Très bien. Ne bougez pas. Les secours seront là dans dix minutes. Pouvez-vous me donner votre nom… ?

Réponse

1 Rue Royale, au coin de l'avenue de Grenelle, au feu rouge.

2 Une voiture sortait du parking et a heurté un motocycliste qui est tombé de sa moto.

3 Oui, le motocycliste.

4 Le motocycliste saigne de la tête et il s'est peut-être cassé la jambe. Le conducteur de la voiture est choqué, mais il n'est pas blessé.

5 Les secours vont arriver sur les lieux de l'accident.

Voir les Fiches d'activités supplémentaires Chapitre 11, page 141

Les élèves peuvent ensuite faire l'exercice suivant :

Parmi les affirmations **A** à **K**, indiquez celles qui sont vraies.

A La jeune fille appelle l'hôpital.

B La jeune fille a besoin d'un taxi.

C La jeune fille est blessée.

D La jeune fille se trouve près de l'avenue Grenelle.

E L'accident s'est passé dans un parking.

F Le copain de la jeune fille roulait à moto.

G Une voiture a renversé le copain de la jeune fille.

H Le conducteur de la voiture est blessé.

I Le copain de la fille a du sang sur sa tête.

J Les secours arrivent immédiatement.

K La jeune fille doit dire comment elle s'appelle.

Phrases vraies : **D**, **F**, **G**, **I**, **K**

Vous pouvez aussi leur demander de dire quels temps sont utilisés dans ce dialogue et de relever un exemple pour chaque temps. Par exemple : J'écoute (présent), a eu (passé composé), sortait (imparfait), bougez (impératif), seront (futur), donner (infinitif).

Activité à deux : les élèves jouent le dialogue.

2 Lisez et écrivez Page 141

Les élèves relèvent dans le texte les informations pertinentes pour remplir les blancs dans la déclaration d'accident de la route.

Réponse

1 rue Royale, au coin de l'avenue de Grenelle, au feu rouge, 2 moto, 3 une voiture, 4 parking, 5 blessés, 6 ambulance

Grammaire en contexte

Page 141

L'imparfait ou le passé composé ?

Rappelez aux élèves que l'imparfait est utilisé pour exprimer une action passée inachevée et qu'on l'utilise pour exprimer une description, une habitude ou une action interrompue par une autre. Par contre, le passé composé est utilisé pour exprimer une action passée achevée ; de ce fait, on l'utilise quand une action passée arrive à un moment précis ou quand elle interrompt une autre action dans le passé.

Vous pouvez ensuite demander aux élèves de relever les verbes au passé dans le dialogue et d'expliquer la raison pour laquelle ils sont à l'imparfait ou au passé composé, par exemple : *a eu un accident* – l'action d'avoir un accident est achevée *; sortait du parking* – cette action n'a pas été achevée parce qu'elle a été interrompue.

 Cahier d'exercices 11/5

Page 32

Dans cet exercice, les élèves peuvent mettre en pratique la règle de grammaire qu'ils viennent d'apprendre. Vous pouvez aussi leur demander de justifier leur choix.

Réponse

1 roulait, a couru
2 a dérapé, faisait, neigeait
3 avait, a décidé
4 n'est pas allé, n'avait plus
5 était petit, avait, a eu, est mort

3 Imaginez

Page 141

Chaque élève imagine qu'il/elle a été impliqué(e) dans un accident. Par exemple : *lors d'une promenade à cheval, vous êtes est tombé(e) et vous vous êtes cassé le bras ; lors d'une randonnée en montagne, vous avez glissé(e) et vous vous êtes cassé la jambe ; en allant au lycée à vélo, vous êtes reversé par un autobus, vous tombez et vous êtes blessé(e) à la tête.*

À l'aide du dialogue sur lequel ils ont travaillé plus tôt et en répondant aux questions sur le carnet, les élèves écrivent un dialogue entre eux et les services d'urgence, puis ils jouent ce dialogue avec un(e) camarade.

 Cahier d'exercices 11/6

Page 32

Cet exercice permet aux élèves d'élargir leur vocabulaire et de réviser celui qu'ils ont appris dans ce chapitre.

Réponse

1 **B**, 2 **A**, 3 **A**, 4 **B**

Révisions

Médecins sans frontières en action.

1 Parlez

Page 142

Avant de répondre aux questions, les élèves étudient la photo et peuvent préparer une liste du vocabulaire dont ils auront besoin pour la décrire. Pour les habituer à utiliser des phrases complexes, vous pouvez leur demander d'inclure des phrases complètes dans leurs réponses. Cet exercice leur permet d'apprendre le vocabulaire dont ils auront besoin dans leur présentation à l'examen oral.

Réponse possible

1

1 Cette photo aborde le sujet de l'aide humanitaire / des soins d'urgence.
2 Je pense que la scène se passe dans un pays d'Afrique ou bien à Haïti / dans un hôpital improvisé parce que ce n'est pas un vrai bloc opératoire…
3 Ce qui me surprend sur cette photo, c'est l'expression inquiète du visage de l'infirmière / c'est que ce n'est pas un hôpital ordinaire…
4 Au premier plan, on voit une personne malade ou blessée / une patiente allongée sur une table.
5 À l'arrière-plan, il y a le personnel médical : un infirmier, un médecin, et derrière eux, on distingue de grandes couvertures suspendues à une corde pour isoler les patients et une échelle appuyée contre le mur.

2

1 Elle vient d'examiner le pied de la patiente.
2 Elle est en train de nettoyer la blessure.
3 Elle va faire un pansement.

D'autres questions possibles :

1 Qui sont les personnes sur la photo ? (Au centre de la photo, il y a une jeune fille blessée, et autour d'elle, il y a des infirmières et un médecin.)
2 Décrivez la patiente. (C'est une jeune fille d'origine africaine. Elle a les cheveux noirs et elle porte une robe blanche. Elle est allongée sur une table et une infirmière est en train de soigner son pied blessé.)
3 À votre avis, qu'est ce qui lui est arrivé ? (Elle a peut-être été victime d'un tremblement de terre ou d'une attaque militaire.)
4 Décrivez l'homme à droite. (L'homme à droite est grand et d'un certain âge car il a les cheveux gris. Il porte un pantalon vert et un T-shirt blanc avec le logo de MSF. Il porte aussi des lunettes et il a une montre au poignet gauche. Il regarde l'infirmière qui est en train de soigner la jeune fille.)
5 À votre avis, la scène se passe à quelle saison ? (Je pense qu'elle se passe en été parce que toutes les personnes portent des vêtements à manches courtes.)

Vous pouvez ensuite demander aux élèves d'écrire une description de la photo incluant tous les détails mentionnés dans la conversation.

12 L'évolution du shopping

Thèmes et sujets	**Individu et société** Achats **Loisirs et travail** Technologie **Environnements urbains et ruraux** Ville et services
Points lexicaux	Les différents magasins Faire des achats Les fractions Les achats en ligne
Points grammaticaux	Le pronom *y* Les pronoms complément d'objet direct (COD) L'infinitif à la place de l'impératif Révision des pronoms relatifs *qui, que, où, ce qui, ce que* Révision de l'imparfait et du futur simple
Textes	**Réceptifs** Infographies, dialogues, e-mail, articles de presse **Productifs** Blog, e-mail, sketch, sondage sur les achats et article résumant les résultats pour un magazine scolaire
Coin IB	**Théorie de la connaissance** • Quel est l'impact du déplacement des magasins vers l'extérieur des villes sur la société et sur l'économie ? • Pourquoi est-ce que les braderies et les marchés aux puces sont populaires ? • Quels sont les effets positifs et négatifs de la technologie sur le shopping ? • Est-il nécessaire ou non de voir la marchandise avant de l'acheter et pourquoi ? **Travail écrit** • Comparer le centre des villes de son pays à celui d'un pays francophone • Comparer les habitudes de shopping dans son pays à celles d'un pays francophone **CAS** • Aider une personne âgée à faire son shopping • Apprendre à quelqu'un comment faire son shopping en ligne **Examen oral individuel** • Décrire un stimulus visuel représentant un centre commercial ou des personnes faisant leur shopping dans un magasin • Exprimer des opinions **Épreuve de rédaction** • Écrire un courriel à propos d'un achat fait en ligne dont on n'est pas satisfait • Écrire une page dans son journal intime à propos d'une mauvaise journée de travail dans un magasin • Écrire le dialogue d'une scène dans un magasin • Écrire un article pour le magazine du lycée pour présenter les résultats d'un sondage sur les méthodes de shopping des élèves

Ce chapitre revisite le sujet des Achats dans le thème *Individu et société* (dont certains aspects ont été couverts une première fois dans le chapitre 4) et couvre celui de la Technologie dans le thème *Loisirs et travail*, ainsi que le sujet de la Ville et ses services dans le thème *Environnements urbains et ruraux* ; tout cela dans le contexte du shopping dans différents pays francophones. D'autres aspects portant sur ces sujets seront traités dans le second livre.

Dans ce chapitre, les élèves pourront lire différents types de texte : infographies, dialogues, e-mails, articles de presse… Ils apprendront à utiliser les pronoms compléments d'objet. Ils réviseront également les pronoms relatifs, de même que l'imparfait, le futur et l'impératif. Les textes plus longs permettront aux élèves de répondre à des questions similaires à celles de l'épreuve de compréhension écrite.

Ils développeront leurs compétences productives et interactives en utilisant le vocabulaire et la grammaire appris dans différentes activités orales ou écrites.

1 Mise en route

Page 143

Avant de répondre aux questions sur l'infographie, les élèves peuvent réviser les nombres, les noms de pays et de nationalités (voir chapitre 1), ainsi que le comparatif et le superlatif des adjectifs (voir chapitre 8). Faites remarquer aux élèves que les Français appellent leur téléphone portable « un portable » ou « un mobile ».

Réponse

B

2 Écrivez et parlez

Page 143

1 Activité à deux : les élèves écrivent une liste de phrases vraies ou fausses sur l'infographie qu'ils échangent ensuite avec leur partenaire.

Voir les Fiches d'activités supplémentaires Chapitre 11, page 143

Vous pouvez aussi donner aux élèves une liste de phrases comme celle qui suit, et ils indiquent celles qui sont vraies d'après l'infographie.

A Les Indiens utilisent quatre fois plus leur mobile pour faire leurs achats que les Français.

B Les Français utilisent huit fois moins leur mobile pour faire leurs achats que les Indiens.

C Les Chinois sont ceux qui utilisent leur portable le plus pour faire leurs achats.

D Les Français sont ceux qui utilisent leur portable le moins pour faire leurs achats.

E Les Canadiens utilisent deux fois moins leur mobile pour faire leurs achats que les Anglais.

F Les Américains utilisent moins leur mobile pour faire leurs achats que les Australiens.

G Aux Pays-Bas, on utilise deux fois plus son mobile pour faire ses achats qu'en Suède.

H En Italie, on utilise deux fois moins son mobile pour faire ses achats qu'en Allemagne.

Phrases vraies : **B, D, E, F, H**

2 Les élèves disent ce qui les surprend dans les statistiques, par exemple : *Je pensais / Je croyais / Je m'imaginais que les Français utilisaient plus leur mobile pour faire leurs achats. Ce qui m'étonne, c'est de voir l'Inde en première position ; je croyais que c'était en Chine qu'on utilisait le plus son mobile pour faire ses achats.*

Les élèves peuvent ensuite essayer de trouver les raisons de ces différences. Ce genre d'exercice est une bonne préparation au Travail écrit.

3 Les élèves font un sondage dans la classe pour savoir qui utilise son mobile pour faire ses achats. Ils peuvent convertir le chiffre obtenu en un pourcentage qu'ils comparent avec les statistiques sur l'infographie. Ils peuvent ensuite discuter des raisons pour lesquelles ils font ou ne font pas de shopping en ligne.

Malika et Erouan nous parlent du shopping dans leur ville.

Avant d'entamer cette section, dans laquelle ils pourront élargir leur vocabulaire sur le shopping, les élèves devraient réviser le vocabulaire sur le shopping étudié dans le chapitre 4, soit en répondant à un quiz, soit en faisant un remue-méninges.

1 Écoutez et lisez

Page 144

Les élèves écoutent l'enregistrement et notent d'abord tous les noms de magasins mentionnés, puis les traduisent dans leur langue.

Audio

Interviewer	Malika, qu'est-ce qu'il y a comme magasins dans ta ville ?
Malika	Alors, ici, à Casablanca, il y a des magasins au centre-ville bien sûr, comme dans toutes les grandes villes : des magasins d'alimentation, de vêtements, de sport, etc. Nous, on y fait presque toutes nos courses.
Interviewer	Il y a des grandes surfaces ?
Malika	Oui, bien sûr, il y a des supermarchés en ville et des hypermarchés dans les grandes zones commerciales à l'extérieur de la ville. On y va seulement le week-end, pour faire les grandes courses.

Interviewer	Est-ce qu'il y a des marchés ?
Malika	Oui, plusieurs. Le Marché Central est super pour les fruits et légumes, le poisson et les fruits de mer. Il y a aussi des souks dans la médina, dans la vieille ville. Les touristes y vont souvent pour acheter des objets artisanaux, des tapis, des objets en cuir, des épices. Ça ouvre assez tard le matin et ça ferme au coucher du soleil. C'est pratique pour les petites courses, parce que c'est ouvert tous les jours, même les jours fériés, mais pas le vendredi après-midi, à cause de la prière.
Interviewer	Il y a aussi un centre commercial ultra-moderne à Casablanca, non ?
Malika	Oui, c'est la galerie marchande du Morocco Mall, que je n'aime pas du tout parce que c'est beaucoup trop cher. Je n'y vais pas souvent mais ma sœur y va quelquefois le dimanche. Elle adore aller à la librairie de la FNAC pour acheter des livres et des DVD, et chez Zara pour voir les vêtements.
Interviewer	Quelles sont les heures d'ouverture ?
Malika	Je crois que c'est ouvert de 10h00 à 21h00 tous les jours, sauf le vendredi et le samedi, où c'est ouvert encore plus tard, jusqu'à 23h00.
Interviewer	Merci, Malika.

Réponse

magasins d'alimentation, magasins de vêtements, magasins de sport, grandes surfaces, supermarchés, hypermarchés, marchés, souks, centre commercial, galerie marchande, librairie

Voir les Fiches d'activités supplémentaires Chapitre 12, page 144

Vous pouvez aussi faire l'activité ci-dessous. Les élèves écoutent d'abord l'enregistrement à livre fermé, puis essaient de répondre aux questions suivantes :

1 De quoi parle Malika ? (des magasins dans sa ville)

2 Où habite Malika ? (à Casablanca / au Maroc)

3 Quels types de magasins est-ce qu'on trouve à l'extérieur de la ville ? (des hypermarchés)

4 Quand est-ce que Malika fait ses grandes courses ? (le week-end)

5 Où est-ce que Malika achète des fruits et des légumes ? (au Marché Central)

6 Où est-ce que les touristes vont faire leur shopping ? (aux souks dans la médina)

7 Quel jour est-ce que les souks ferment plus tôt ? (le vendredi)

8 Est-ce que Malika aime la galerie marchande ? Pourquoi ? (non, parce que c'est trop cher)

9 Où est-ce qu'on peut acheter des DVD ? (à la FNAC)

10 À quelle heure les magasins de la galerie marchande ouvrent-ils ? (à dix heures)

11 Quels jours les magasins de la galerie marchande ferment-ils plus tard ? (vendredi et samedi)

Les élèves réécoutent l'enregistrement, puis lisent le texte pour vérifier leurs réponses.

Ils peuvent ensuite chercher dans le dictionnaire les mots dont ils n'ont pas deviné le sens.

2 Écrivez

Page 144

Les élèves créent des phrases à trous basées sur le texte qu'ils échangent avec leur partenaire.

Voir les Fiches d'activités supplémentaires Chapitre 12, page 144 (2)

Vous pouvez ensuite leur faire faire l'exercice qui suit. Les élèves remplissent les blancs dans le résumé ci-dessous en choisissant les mots exacts du texte. Ils peuvent essayer de le faire de mémoire et vérifier ensuite leurs réponses en relisant le texte.

À Casablanca, il y a beaucoup de magasins au __[1]__ où Malika fait ses __[2]__. Mais pour les grandes courses, elle va dans __[3]__ qui se trouvent à __[4]__ de la ville. Elle va au Marché Central pour acheter du poisson, des fruits de mer, des __[5]__ et des __[6]__. Dans la médina, qui se trouve dans la __[7]__ ville, il y a des souks où __[8]__ aiment faire leur shopping. Malika trouve que c'est __[9]__ pour les petites courses. La galerie marchande du Morocco Mall est un centre commercial __[10]__ qui ferme à __[11]__ deux jours par semaine, mais Malika __[12]__ y aller parce que c'est trop cher.

Réponse

1 centre-ville, 2 courses, 3 des hypermarchés, 4 l'extérieur, 5 fruits / légumes, 6 légumes / fruits, 7 vieille, 8 les touristes, 9 pratique, 10 ultramoderne, 11 23h / vingt-trois heures, 12 n'aime pas

Grammaire en contexte

Page 144

Le pronom *y*

Le pronom personnel *y* est utilisé pour remplacer un nom d'endroit qui est complément d'objet indirect du verbe, afin d'éviter une répétition : au lieu de dire *Il y a un marché tous les samedis et je vais au marché pour acheter mes fruits et mes légumes*, on peut dire *Il y a un marché tous les samedis et j'y vais pour acheter mes fruits et mes légumes* ; au lieu de dire *J'aime la France et je voudrais aller en France*, on peut dire *J'aime la France et je voudrais y aller.*

Le pronom personnel *y* est aussi utilisé pour remplacer *à* + un nom de chose : au lieu de dire *Il joue très bien au rugby et il joue au rugby tous les week-ends*, on peut dire *Il joue très bien au rugby et il y joue tous les week-ends.* Pour remplacer *à* + un nom de personne, on utilise *à* + un pronom disjoint (voir chapitre 10).

Comme les autres pronoms personnels compléments d'objet, *y* se place toujours devant le verbe dont il est le complément d'objet.

Pour consolider cette règle de grammaire, vous pouvez poser des questions aux élèves et leur demander de répondre en utilisant *y* : *Tu vas souvent au cinéma ? Oui, j'y vais souvent. / Non, je n'y vais pas souvent. Es-tu déjà allé(e) en France ? Oui, j'y suis allé(e) l'année dernière. / Non, je n'y suis jamais allé(e). Est-ce que tu vas aller en France cet été ? Oui, je vais y aller. / Non, je ne vais pas y aller.* Si vous variez les temps, cela leur permet aussi de réviser les temps qu'ils ont appris jusqu'ici.

Faites-leur remarquer que le *y* dans *il y a* fait partie de la structure idiomatique et ne remplace aucun nom.

3 Lisez

Page 144

Les élèves relèvent les pronoms *y* dans le texte et indiquent quels mots ils remplacent.

Réponse

Dans l'expression…	le mot…	se rapporte à…
Exemple : Nous, on y fait presque toutes nos courses. (ligne 4)	***« y »***	***magasins***
1 On y va seulement le week-end (ligne 8)	« y »	grandes surfaces / supermarchés / hypermarchés
2 Les touristes y vont souvent (ligne 13)	« y »	souk
3 ma sœur y va quelquefois le dimanche (ligne 22)	« y »	galerie marchande / Morocco Mall

4 Recherchez et parlez

Page 144

1 Activité à deux : les élèves recherchent d'abord d'autres noms de magasins.

2 Chaque élève donne ensuite à son/sa partenaire une définition pour qu'il/elle devine le nom du magasin. Encouragez-les à utiliser *y* dans les définitions.

Cahier d'exercices 12/1

Page 33

1 Cet exercice permet aux élèves de consolider le vocabulaire sur les magasins et de mettre en pratique le pronom personnel *y* en écrivant des définitions pour les mots croisés.

Réponse possible

1 On y achète des fruits et légumes et des produits locaux et artisanaux.

2 On y achète des produits d'alimentation générale.

3 On y achète du poisson.

4 On y achète des vêtements.

5 On y achète des livres.

6 On y achète de la viande.

7 On y achète de tout.

8 On y achète des articles pour le sport.

2 Ils complètent ensuite les lettres qui manquent pour trouver le nom d'un endroit où on peut faire du shopping.

Réponse

Galerie marchande

Les magasins à Locminé

5 Lisez et écrivez

Page 145

Cet article sur le shopping en France permettra aux élèves de faire une comparaison avec le shopping à Casablanca et de discuter du déplacement des magasins vers l'extérieur des villes.

Après la lecture du texte, les élèves comparent les magasins à Casablanca à ceux de Locminé et écrivent huit phrases qu'ils partagent avec le reste de la classe. Ils peuvent ensuite réfléchir ensemble aux différences, puis faire une comparaison avec les magasins de leur ville. Enfin, ils peuvent décrire leur centre-ville idéal.

Réponse possible

1 À Locminé, il n'y a plus beaucoup de magasins au centre-ville, alors qu'à Casablanca, il y a encore des magasins au centre.

2 À Casablanca, il y a des supermarchés en ville, mais à Locminé il n'y a qu'un petit supermarché en ville.

3 À Casablanca, les souks sont ouverts tous les jours, tandis qu'à Locminé presque tous les magasins au centre-ville sont fermés le dimanche et le lundi.

4 Les villes de Casablanca et Locminé ont toutes les deux un marché.

5 À Casablanca, les magasins restent ouverts plus tard qu'à Locminé.

6 À Locminé, les magasins ouvrent plus tôt qu'à Casablanca.

7 À Locminé, certains magasins ferment pour le déjeuner, mais pas à Casablanca.

8 Les produits sont moins chers dans les galeries marchandes près de Locminé mais pas dans la galerie marchande de Casablanca où ils sont très chers.

6 Lisez

Page 145

Avant de faire l'exercice qui suit, il serait bon de réviser les pronoms relatifs *qui* et *que*, couverts dans le chapitre 7, *ce qui* et *ce que*, couverts dans le chapitre 9 et *où*, couvert dans le chapitre 6.

pronom relatif	**exemple**
qui	*le magasin* ***qui*** *est en face de ma maison est fermé le dimanche*
que/qu'	*le magasin* ***que*** *je préfère, c'est la boulangerie*
où	*le magasin* ***où*** *je fais mes courses est dans le centre commercial*
ce qui	***ce qui*** *est bien, c'est qu'on peut y aller en bus*
ce que	***ce que*** *j'aimerais acheter, c'est un pantalon noir*

Avant de faire l'exercice qui suit, les élèves peuvent écrire une phrase sur les magasins de leur ville pour chaque pronom relatif.

Les élèves relèvent ensuite tous les pronoms relatifs dans le texte et disent à quoi ils se rapportent.

Réponse

Dans l'expression…	**le pronom relatif…**	**se rapporte à…**
Exemple : ce que je trouve (ligne 8)	***« ce que »***	***Il n'y a plus beaucoup de magasins au centre-ville***
1 Il n'y a presque plus de magasins où on peut acheter (lignes 8-10)	« où »	des magasins
2 ce qui est bien pour les gens (lignes 17-18)	« ce qui »	il y a un petit supermarché de proximité
3 les gens qui n'ont pas de voiture (ligne 18)	« qui »	les gens
4 Il y a aussi un marché, que les habitants aiment (lignes 20-22)	« que »	un marché
5 Les gens qui habitent à la campagne (lignes 26-27)	« qui »	les gens
6 la boulangerie que je préfère (lignes 34-35)	« que »	la boulangerie
7 et qui est ouverte (lignes 35-36)	« qui »	la boulangerie
8 ce qui n'est pas très pratique (ligne 38)	« ce qui »	les magasins du centre-ville sont aussi tous fermés le lundi
9 les zones commerciales que l'on peut trouver (lignes 42-43)	« que »	les zones commerciales

 Cahier d'exercices 12/2 Page 33

Cet exercice permet aux élèves de travailler davantage les pronoms relatifs.

Réponse

1 où, 2 qui, 3 ce qui, 4 où, 5 Ce que, 6 que, 7 qui, 8 Ce que, 9 Ce qui

7 Parlez Page 145

Activité à deux : en se servant de l'interview de Malika page 144 comme modèle, les élèves font l'interview d'Erouan. L'élève A est l'interviewer et l'élève B est Erouan.

8 Parlez Page 145

Les élèves peuvent ensuite jouer au jeu du « ni oui, ni non » sur les magasins dans leur ville. Par exemple, l'élève A dit : *Il y a une boulangerie à côté de la piscine* et l'élève B répond : *La boulangerie n'est pas à côté de la piscine, mais en face de la mairie*. Ils ne doivent jamais répondre en utilisant *oui* ou *non*.

Cet exercice permet de réviser les différents endroits d'une ville, les prépositions et les directions traités dans les chapitres précédents.

9 Écrivez Page 145

Les élèves mettent en pratique par écrit le vocabulaire sur les magasins, de même que les pronoms relatifs qu'ils viennent de réviser. Ils écrivent un texte pour expliquer quels magasins il y a dans leur ville, où ils vont faire leurs courses, etc. Par exemple : *Dans ma ville, il y a un marché tous les mercredis, sur la place, où l'on achète des fruits et des légumes.*

Activité supplémentaire, à deux : les élèves se posent des questions sur une ville où ils sont allés en vacances, pour réviser en même temps l'imparfait : *Est-ce qu'il y avait un hypermarché ? Non, mais il y avait un supermarché au centre-ville.*

10 Parlez Page 145

Cet exercice permet aux élèves de réfléchir et de discuter ensemble de l'impact du déplacement des magasins vers l'extérieur des villes et de faire une comparaison avec leur pays. Cet exercice pourrait devenir le sujet d'un travail écrit.

Les élèves peuvent aussi entreprendre une discussion sur les braderies et les marchés aux puces : Est-ce qu'ils existent dans leur pays ? Pourquoi sont-ils populaires ?, etc.

Comment se débrouiller pour faire des achats.

Dans cette section, les élèves apprendront les expressions courantes dont ils ont besoin pour faire des achats (acheter, essayer, payer) et faire face à un problème.

1 Écoutez et lisez Page 147

Après avoir écouté les conversations et lu le courriel une première fois, les élèves peuvent rechercher le vocabulaire nouveau. Puis, pour montrer qu'ils ont compris de quoi il s'agit dans chaque dialogue, ils choisissent la phrase de la liste qui résume le mieux chacun des dialogues. Dites-leur de faire attention car il y a plus de phrases que de dialogues.

Notez :

Vêtements : *(en) quelle taille ?* 38, 40, etc., petit, moyen, grand.

Chaussures : *(en) quelle pointure ?* 36, 38, etc.

Audio

Conversation 1

Vendeuse	Je peux vous aider ?
Cliente	Je cherche un jean.
Vendeuse	En quelle taille ?
Cliente	Je fais du 38.
Vendeuse	Vous avez regardé là-bas ? Il y a un nouveau modèle.
Cliente	Oui, mais je ne l'aime pas en bleu. Vous avez d'autres couleurs ? Vous l'avez en noir ?
Vendeuse	Ah non, je suis désolée. On a seulement ce qu'il y a là.

Conversation 2

Cliente	J'aime bien cette robe rouge. Je peux l'essayer, s'il vous plaît ?
Vendeuse	Bien sûr ! Les cabines d'essayage sont là-bas, à droite. *(Plus tard)* Ça vous va ?
Cliente	Non, ce n'est pas ma taille. Elle est trop petite. Vous avez la taille au-dessus ?
Vendeuse	Oui. Voilà. *(Plus tard)* Ça vous va ?
Cliente	Oui, ça me va très bien.
Vendeuse	Vous avez raison, elle est très jolie, cette robe ! Vous allez la prendre ?
Cliente	Oui, je vais la prendre.

Audio

Conversation 3

Vendeuse	Vous aimez les baskets bleues ? Vous allez les prendre ?
Client	C'est combien ?
Vendeuse	Ça fait 99 euros.
Client	Ouah, c'est cher ! Vous ne faites pas de remise pour étudiants ?
Vendeuse	Ah non, je regrette…
Client	Attendez, la basket gauche est un peu abîmée… vous voyez la tache, là ?
Vendeuse	Non, je ne la vois pas !
Client	Vous ne pouvez pas baisser le prix à cause de la tache ?
Vendeuse	Non, désolée. On ne marchande pas ici. Il y a des promotions de fin de saison au fond du magasin si vous préférez.

Conversation 4

Client	Où se trouve la caisse, s'il vous plaît ?
Vendeuse	Au fond, à droite. Vous la voyez ?
Client	Oui, merci. … *(À la caisse)* Bonjour.
Vendeuse	Bonjour. Alors, ça fait 32 euros. Vous payez en espèces ou par carte ?
Client	Je voudrais payer avec ma carte.
Vendeuse	Tapez votre code, s'il vous plaît.
Client	Voilà.
Vendeuse	Merci, voici votre reçu.

Conversation 5

Cliente	J'ai acheté ces chaussures de ski la semaine dernière mais elles sont vraiment trop lourdes. Est-ce que je peux les échanger ?
Vendeur	Oui, mademoiselle. Vous avez votre ticket de caisse ?
Cliente	Euh non, je l'ai perdu.
Vendeur	On ne peut pas échanger d'articles sans le ticket de caisse.
Cliente	J'ai encore le ticket de carte bleue. Est-ce que ça peut aller ?
Vendeur	D'accord, ça ira pour cette fois-ci, mais normalement il faut garder le ticket de caisse si on veut échanger un article ou être remboursé.

Réponse

1 **C**, 2 **D**, 3 **A**, 4 **B**, 5 **H**, 6 **F**

Faites remarquer aux élèves que dans la conversation 3, au lieu de dire « C'est combien ? », le garçon aurait pu aussi dire : « Elles coûtent combien ? ».

Grammaire en contexte Page 147

Les pronoms complément d'objet direct (COD)

Expliquez aux élèves que les pronoms *le / la / l' / les* sont utilisés pour éviter de répéter un nom qui est complément d'objet direct d'un verbe. Toutefois, si le COD est précédé d'un article indéfini ou partitif on utilise *en* (ceci sera traité dans le chapitre 14).

Expliquez-leur que le participe passé des verbes conjugués avec *avoir* s'accorde avec le COD quand celui-ci précède le verbe. Comme le pronom COD se place juste devant le verbe dont il est le COD, le participe passé d'un verbe conjugué avec *avoir* s'accordera avec ce pronom.

Expliquez-leur aussi que lorsque le verbe est à l'impératif positif, le pronom se place après le verbe et qu'il est relié au verbe par un tiret : *Achetez* ***cette robe*** ! *Achetez-la* !

Cependant, si le verbe est à l'impératif négatif, le pronom se place devant le verbe : *N'achetez pas* ***cette robe*** *! Ne* ***l'****achetez pas !*

2 Lisez

Page 147

Les élèves relisent ensuite les conversations et relèvent tous les pronoms personnels COD en indiquant quel mot chaque pronom remplace.

Réponse

Dans l'expression...	le pronom...	remplace le nom...
Exemple : je peux vous aider ? (Conv 1)	*« vous »*	*le (la) client(e)*
1 Je ne l'aime pas en bleu (Conv 1)	« l' »	le jean
2 vous l'avez en noir ? (Conv 1)	« l' »	le jean
3 Je peux l'essayer ? (Conv 2)	« l' »	la robe
4 Vous allez la prendre ? (Conv 2)	« la »	la robe
5 je vais la prendre (Conv 2)	« la »	la robe
6 Vous allez les prendre ? (Conv 3)	« les »	les baskets
7 je ne la vois pas (Conv 3)	« la »	la tache
8 Vous la voyez ? (Conv 4)	« la »	la caisse
9 Est-ce que je peux les échanger ? (Conv 5)	« les »	les chaussures de ski
10 je l'ai perdu (Conv 5)	« l' »	le ticket de caisse
11 je l'ai reçue (E-mail)	« l' »	la pochette
12 ce que je dois faire pour l'échanger (E-mail)	« l' »	la pochette

Cahier d'exercices 12/3

Page 34

Cet exercice permet aux élèves de travailler les pronoms personnels COD.

Réponse

1 les, 2 l', 3 l', 4 la, 5 la, 6 le, 7 les, 8 le

3 Lisez et parlez

Page 147

Les exercices qui suivent permettent aux élèves de travailler le vocabulaire nouveau et de réviser le vocabulaire appris dans les chapitres précédents. Dans les exercices 1, 3, 4, 6 et 8, les élèves répondent aux questions sur les textes ; dans les exercices 2, 5 et 7, ils jouent une conversation à deux.

2 Les élèves jouent à deux la conversation 1. Ils en inventent ensuite d'autres semblables, après avoir révisé le vocabulaire du chapitre 2 sur les couleurs et les vêtements.

5 Les élèves jouent la conversation 3, puis inventent des conversations semblables, mais en suggérant d'autres façons d'avoir une remise.

7 Les élèves expliquent le problème dans leur langue à un(e) camarade, puis inventent et jouent des conversations similaires, où un client veut échanger un article.

Réponse

1 1 Je peux vous aider ? 2 je cherche, 3 je suis désolée, 4 je fais du, 5 Quelle taille ?

3 1 une robe, 2 ce n'est pas sa taille / elle est trop petite, 3 une robe plus grande, 4 oui, 5 de la prendre

4 1 s'il y a une remise pour étudiants, 2 qu'il y a une basket tachée, 3 non, 4 qu'il regarde les promotions de fin de saison

6

1 **VRAI** (Où se trouve la caisse, s'il vous plait ?)

2 **FAUX** (Ça fait 32 euros.)

3 **FAUX** (Vous payez en espèces ou par carte ?)

4 **VRAI** (Je voudrais payer avec ma carte.)

5 **VRAI** (Tapez votre code, s'il vous plaît.)

8

1 Il a acheté une pochette pour sa tablette.

2 Il l'a achetée le 20 novembre en ligne.

3 Il l'a reçue ce matin.

4 Il y a une égratignure sur le cuir.

5 Il voudrait se faire rembourser.

4 Écrivez

Page 147

Les élèves peuvent maintenant mettre en pratique à l'écrit tout ce qu'ils ont appris jusqu'ici en composant un courriel à propos d'un achat qu'ils ont fait en ligne et dont ils ne sont pas satisfaits.

Il peuvent aussi imaginer que ce sont les vacances et qu'ils travaillent dans un magasin ; après avoir eu une mauvaise journée au travail, en rentrant chez eux le soir, ils écrivent une page dans leur journal intime pour raconter ce qui s'est passé et pourquoi cette journée a été difficile.

 Cahier d'exercices 12/4 Page 34

Les élèves doivent remettre les conversations dans le bon ordre. Ils peuvent ensuite les jouer à deux.

Réponse

Conversation 1

1 **E**, 2 **C**, 3 **F**, 4 **A**, 5 **G**, 6 **D**, 7 **B**

Conversation 2

1 **F**, 2 **B**, 3 **H**, 4 **C**, 5 **G**, 6 **A**, 7 **D**, 8 **E**

5 Imaginez ! Page 147

Activité à deux : les élèves écrivent et jouent un petit sketch dans un magasin. Encouragez-les à réutiliser le vocabulaire des conversations page 146, et à y ajouter une touche originale.

Les technologies évoluent vite et elles changent notre façon de faire du shopping.

1 Compréhension Page 148

Les textes qui suivent dans cette section permettent aux élèves d'élargir leur vocabulaire sur les différentes façons de faire du shopping et d'exprimer une opinion, tout en révisant les temps, notamment l'imparfait, de même que les pronoms personnels COD. Après avoir lu les textes, les élèves peuvent rechercher le vocabulaire qu'ils ne connaissent pas. Ensuite, ils répondent aux questions qui testent leur compréhension des détails du texte.

Réponse

1

1 dans les magasins du centre-ville, 2 parce que les vendeuses aidaient les clients à trouver l'article idéal, 3 parce que les commerçants connaissaient bien les clients et s'occupaient bien d'eux, 4 C'est pratique mais elle n'aime pas trop parce qu'on ne voit pas ce qu'on achète, elle ne sait pas si ça lui va ni si elle va aimer, et elle a peur de faire des erreurs.

2

1. c'est plus facile, c'est simple, c'est rapide, c'est moins cher que dans les magasins, on peut faire de bonnes affaires, c'est facile de comparer les prix et de trouver des codes de réduction
2. sur Twitter, pour demander leur avis et avoir les meilleurs plans
3. sur Internet, parce que c'est moins cher et qu'on n'a pas besoin de faire la queue pour payer
4. c'est plus pratique et plus rapide, on est moins tenté par ce qu'on voit et on dépense moins

Vous pouvez ensuite demander aux élèves de relever tous les verbes à l'imparfait dans le premier texte et d'expliquer pourquoi on l'a utilisé (parce que c'est une description, une action répétée, une action interrompue). Ils peuvent ensuite relever tous les pronoms personnels COD et dire quel mot chaque pronom remplace. Par exemple : *si on ne le trouvait pas* → *le* remplace *l'article idéal...*

2 Écrivez Page 148

1. Les élèvent notent les points avec lesquels ils sont d'accord ou pas d'accord.
2. Activité à deux : avec un(e) partenaire, les élèves puisent (dans les textes mais aussi d'après leur expérience personnelle) et notent d'autres arguments pour et contre le shopping en ligne.

3 Parlez Page 148

Les élèves discutent en classe des effets positifs et négatifs de la technologie sur le shopping. Encouragez-les à expliquer comment cela se passait auparavant (*Quand ma grand-mère était jeune, il n'y avait ni hypermarchés ni ordinateurs ; elle faisait donc ses courses dans les petits magasins près de chez elle.*), à anticiper comment on fera les courses dans l'avenir (*Dans 20 ans, il n'y aura plus de magasins car tout le monde fera son shopping en ligne.*) et à décrire leur façon préférée de faire leur shopping. Ils peuvent aussi donner leur avis sur la nécessité ou non de voir la marchandise avant de l'acheter et expliquer pourquoi.

Cahier d'exercices 12/5 Page 34

Cette activité permet aux élèves de continuer à réviser les temps. Vous pouvez aussi leur demander de justifier leur choix de temps.

Réponse

1 faisais, 2 a acheté, 3 vais, 4 peut, est, 5 étaient, allaient, connaissaient, 6 a trouvé, a dépensé

4 Compréhension Page 149

Les élèves montrent qu'ils ont compris l'infographie en répondant aux questions. Cependant, avant de commencer l'exercice, dites-leur de consulter le vocabulaire nouveau dans l'encadré et de vérifier qu'ils ont la notion des fractions et des pourcentages.

Réponses

1. **VRAI** (53%)
2. **VRAI** (70%)
3. **FAUX** (seulement 14%)
4. **FAUX** (seulement un tiers / 31%)
5. **VRAI** (3%)

5 Écrivez et parlez

Page 149

Les élèves écrivent une liste de questions qu'ils poseront ensuite à leurs camarades pour savoir comment ils font leur shopping. Ils peuvent également leur demander pourquoi ils préfèrent une méthode plutôt qu'une autre.

6 Écrivez

Page 149

Les élèves écrivent ensuite un article pour le magazine du lycée afin de présenter les résultats de leur sondage. Ils peuvent aussi expliquer quelle méthode ils recommandent. Encouragez-les à utiliser des fractions et des pourcentages quand c'est possible.

Comment acheter sans risque sur Internet.

Dans cette section, les élèves pourront répondre à des questions du même type que celles de l'épreuve de compréhension écrite de l'examen, exprimer des opinions et donner des conseils en ce qui concerne la sécurité sur Internet.

Grammaire en contexte

Page 150

L'infinitif à la place de l'impératif

Expliquez aux élèves que, pour donner des conseils, on utilise généralement l'impératif (appris dans le chapitre 5), mais que dans certains cas, notamment dans une liste de conseils (voir exercice 1), on peut également utiliser l'infinitif.

Petit guide du shopping en ligne

1 Lisez

Page 150

Les élèves donnent d'abord un titre à chaque paragraphe pour montrer qu'ils ont compris le sens général du texte. Dans les exercices 2, 3 et 4, ils doivent faire preuve d'une compréhension plus approfondie du texte, tout en s'exerçant à répondre aux types de questions qu'ils auront à l'examen.

Avant de commencer les exercices, vous pouvez leur poser quelques questions orales pour les aider à mieux comprendre le texte. Par exemple :

Pourquoi un ordinateur est-il vulnérable ? (parce qu'un virus peut l'attaquer)

Pourquoi faut-il s'assurer que le site donne un numéro de téléphone, une adresse postale et une adresse e-mail ? (pour les contacter en cas de problème)

Lors d'une transaction, qu'est-ce qu'il faut éviter de faire ? (laisser un site garder en mémoire des coordonnées bancaires)

Que faut-il faire avant de lancer sa commande ? (bien la vérifier)

Pourquoi, après un achat, la boutique envoie-t-elle un e-mail ? (pour confirmer la commande)

Qu'est-ce qu'il faut faire avec l'e-mail ? (Il faut l'imprimer et le garder.)

Qu'est-ce qu'il faut vérifier sur l'e-mail ? (que les transactions effectuées en ligne ont été correctement débitées)

Réponse

1 1 **A**, 2 **C**, 3 **D**, 4 **B**

2 **B**

3 **B, E**

4

Dans l'expression…	le pronom…	se rappporte à…
Exemple : vous devez le protéger (paragraphe 1)	***« le »***	***ordinateur***
1 N'oubliez pas de les mettre à jour régulièrement (paragraphe 1)	« les »	les antivirus, antispywares, antispam et un bon pare-feu
2 *Ils* sont garants (paragraphe 2)	« Ils »	un certificat SSL et un petit cadenas sur la fenêtre du navigateur
3 vérifiez-la bien (paragraphe 4)	« la »	la commande
4 sont-ils corrects…? (paragraphe 4)	« ils »	les détails
5 Imprimez-le et gardez-le. (paragraphe 4)	« le »	l'e-mail de confirmation

2 Parlez

Page 150

Les élèves comparent le vocabulaire employé en français pour parler de la sécurité sur Internet à celui utilisé dans leur langue. Ils peuvent ensuite créer un petit lexique des mots techniques.

Ils peuvent aussi exprimer leurs opinions sur les conseils donnés dans le texte et proposer d'autres conseils.

Pour plus d'informations : le Forum des Droits sur l'Internet (FDI) édite un guide pratique pour réaliser ses achats virtuels en toute sécurité. « Achat en ligne, suivez le guide… » est téléchargeable gratuitement et donne en 16 pages de bons conseils pour chaque étape de la commande. La Fédération de l'e-commerce et de la vente à distance (Fevad) publie sur son site différents documents relatifs à l'achat sur Internet (réglementation, codes déontologiques, etc.).

Comment fera-t-on ses achats à l'avenir ?

Dans cette section, les élèves continuent à élargir leur vocabulaire tout en répondant à des questions du même type que celles de l'examen. Ils font également des comparaisons.

Le shopping virtuel, c'est l'avenir !

1 Lisez

Page 151

1 En lisant le texte, les élèves peuvent noter les mots qu'ils ne comprennent pas et les chercher ensuite dans le glossaire ou le dictionnaire. Ils choisissent aussi un titre pour chaque paragraphe dans la liste. Cet exercice permet de tester leur compréhension du sens général du texte.

2 Les élèves indiquent quel mot chaque pronom remplace.

3 Les élèves répondent aux questions.

Réponse

1 1 **C**, 2 **A**, 3 **B**

2

Dans l'expression…	le pronom…	remplace…
Exemple : des supermarchés entièrement virtuels où des photos (lignes 3–4)	***« où »***	***des supermarchés entièrement virtuels***
1 vous passerez la commande qui sera livrée (ligne 9)	« qui »	la commande
2 C'est ce que vous pourrez faire avec le *Twitter mirror* (ligne 19)	« ce que »	avoir l'avis de vos amis
3 sur la tablette que le vendeur apportera (lignes 21–22)	« que »	la tablette
4 ce qui évite d'avoir à le renvoyer (lignes 25–26)	« ce qui »	un livreur apportera l'article chez vous et attendra pendant que vous essaierez votre vêtement
5 quels footballeurs les portent (lignes 33–34)	« les »	les chaussures de foot

3

1 (sur les murs) dans les gares, les stations de métro et autres lieux de passage

2 on scannera le code QR avec son mobile, on passera la commande qui sera livrée

3 dans un magasin ou autre lieu public

4 *Twitter mirror* enverra l'image sur réseau social en un clic

5 Un livreur ira livrer l'article, on pourra l'essayer et le garder ou le rendre immédiatement

6 des écrans interactifs tactiles (ou à navigation à distance) dans les magasins, et on pourra lire, sur les réseaux sociaux, l'opinion des clients qui ont acheté les nouveaux produits

Vous pouvez aussi demander aux élèves de comparer le shopping en ligne et le shopping dans un magasin virtuel.

Le shopping en ligne	Le shopping dans un magasin virtuel
avec un ordinateur	avec un mobile
chez soi	dans un magasin virtuel
on voit une photo de la marchandise	on peut manipuler la marchandise virtuellement
on ne peut pas essayer avant d'acheter	on peut essayer virtuellement et avec le *Twitter mirror*, on peut envoyer son image sur son réseau social pour demander l'avis de ses amis.
si le vêtement ne va pas, il faut le renvoyer par la poste	si le vêtement ne va pas, on le rend au livreur

Activité à deux : les élèves discutent de leur façon préférée de faire du shopping et expliquent pourquoi.

2 Écrivez

Page 151

Les élèves utilisent quelques expressions du texte et des verbes au futur pour expliquer comment, à leur avis, on fera nos achats dans 20 ans.

Révisions

Votre opinion sur le shopping.

1 Lisez Page 152

Les élèves lisent les phrases dans les bulles et donnent leur opinion sur chaque phrase.

2 Parlez Page 152

Ils partagent ensuite leurs opinions avec un(e) camarade et les justifient.

3 Écrivez Page 152

Les élèves préparent d'autres opinions par écrit, qu'ils discutent ensuite en classe.

Les élèves peuvent aussi rédiger (seul ou en groupe, selon leurs compétences) un article intitulé « Le shopping à travers les âges », dans lequel ils racontent comment leurs grands-parents faisaient leurs courses, comment leurs parents font leur shopping, comment ils font leur propre shopping et comment ils pensent que leurs petits-enfants feront leurs achats à l'avenir. Ils peuvent terminer en disant quelle méthode ils préfèrent et pourquoi, tout en donnant les avantages et les inconvénients de chacune de ces méthodes d'achat.

13 Nous, les jeunes

Thème et sujet	**Individu et société** Relations
Points lexicaux	Les jeunes dans la société Les droits et les devoirs Les amitiés Les préjugés et les stéréotypes
Points grammaticaux	Les expressions avec *avoir* Les verbes suivis d'un infinitif Les pronoms complément d'objet indirect (COI) La négation : *ne… personne*, *ne… que* La conjonction *si*
Textes	**Réceptifs** Page courrier des lecteurs, quiz, micro-trottoir, citations, articles de presse, dialogue / conversation **Productifs** Message à un réseau social, lettre au courrier des lecteurs, résumé, article court, page de blog
Coin IB	**Théorie de la connaissance** • À quels problèmes les jeunes d'aujourd'hui doivent-ils faire face ? Ces problèmes sont-ils universels ou diffèrent-ils selon les pays et les cultures ? • Avantages et inconvénients du service militaire • La Journée Défense et Citoyenneté : une bonne ou une mauvaise idée ? **Travail écrit** • Comparer les droits et les devoirs des jeunes dans son pays à ceux des jeunes dans un pays francophone • Comparer les préjugés dans son pays à ceux dans un autre pays francophone • Comparer la condition de la femme en France à celle de son pays **CAS** • Aider des jeunes avec des problèmes dans sa communauté ou son lycée **Examen oral individuel** • Décrire un stimulus visuel représentant un groupe de jeunes en train de boire et de fumer • Exprimer une opinion sur les préjugés et les stéréotypes dont sont victimes les jeunes **Épreuve de rédaction** • Écrire un e-mail à un(e) ami(e) ou un article pour le magazine du lycée sur les droits et les devoirs des jeunes en France • Écrire un message au courrier des lecteurs d'un magazine pour expliquer le problème d'un(e) ami(e) • Écrire dans son blog un argument pour ou contre quitter l'école à 15 ans / relever l'âge pour acheter de l'alcool à 25 ans / faire descendre l'âge du permis de conduire à 15 ans

Ce chapitre couvre le sujet Relations dans le thème *Individu et société*, et, plus spécifiquement, il a trait à la question des jeunes dans la société : les droits et les devoirs des jeunes, leurs relations avec les autres, les préjugés et les stéréotypes dont ils sont victimes.

Dans ce chapitre, les élèves pourront aussi lire différents types de texte : page courrier des lecteurs, quiz, micro-trottoir, citations, articles de presse, dialogue / conversation…

Ils apprendront à utiliser des expressions idiomatiques avec *avoir* (à ajouter à celles apprises dans le chapitre 11), les mots de négation : *ne… personne* et *ne… que*, les pronoms personnels complément d'objet indirect, et les phrases avec la conjonction *si*. Ils découvriront également quels verbes sont directement suivis d'un infinitif et quels verbes ont besoin d'une préposition.

De plus, les textes choisis permettront aux élèves de répondre à des questions similaires à celles de l'épreuve de compréhension écrite.

1 Mise en route Page 153

Avant de faire l'exercice, les élèves essaient de deviner le sens des mots sur les images. Vous pouvez aussi demander à ceux qui comprennent la signification de ces mots plus vite que les autres de les mimer de façon caricaturale au reste de la classe. Puis, vous pouvez leur demander s'ils connaissent d'autres adjectifs pour exprimer des émotions et ils les ajoutent à leur liste.

Ils donnent ensuite leur opinion sur l'image. Ils peuvent chercher d'autres adjectifs dans le dictionnaire pour décrire les émotions de la jeune personne de l'image, par exemple : *ennuyé, malheureux, préoccupé, content, triste*. Demandez-leur d'expliquer leur compréhension du mot stéréotype et de donner des exemples pour illustrer leur définition.

Ils peuvent aussi mimer des expressions faciales que les autres doivent décrire avec des adjectifs appropriés, ou exprimer dans quelles circonstances ils ressentent les émotions de la jeune personne sur l'image, par exemple : *Je suis complexé quand j'ai plein de boutons sur le visage.*

2 Recherchez Page 153

Activité à deux : les élèves trouvent d'autres adjectifs pour décrire les images positives et négatives des jeunes. Ils auront la possibilité d'élargir un peu plus leur vocabulaire sur ce sujet à la page 160 et dans l'exercice 13/5 du cahier d'exercices.

3 Écrivez Page 153

Les élèves dressent leur portrait par écrit en utilisant les adjectifs de leur liste. Encouragez-les à employer des adverbes de quantité et de fréquence pour rendre les phrases plus intéressantes.

Les droits et les devoirs des jeunes Français.

Dans cette section, les élèves apprendront le vocabulaire nécessaire pour parler des droits et des devoirs des jeunes et pour exprimer leurs opinions à ce sujet.

1 Compréhension Page 154

Les élèves relient les photos aux textes. Pour mettre en pratique le vocabulaire nouveau, ils répondent aux questions en formant des phrases complètes et en utilisant différentes structures : *À 14 ans, on peut travailler / on a le droit de travailler / les jeunes Français peuvent travailler / les jeunes Français ont le droit de travailler.*

Réponse

A 18 ans (On a le droit de se marier ou de se pacser.)

B 14 ans (On a le droit de conduire un cyclomoteur.)

C 18 ans (On a le droit d'acheter du tabac et de l'alcool.)

D 16 ans (On peut apprendre à conduire une voiture si on est accompagné.) ou 18 ans (On a le droit de conduire seul une voiture, un camion ou une moto.)

E 18 ans (On a le droit de voter.)

F 13 ans (On peut être arrêté et aller en prison.)

Ils peuvent ensuite travailler à deux : l'élève A dit une activité ⊠ *on a le droit de travailler* et l'élève B en donne l'âge légal ⊠ à 14 ans. Puis, ils inversent les rôles ; ils peuvent aussi faire cette activité à livre fermé.

2 Lisez et parlez Page 154

Activité à deux : l'élève A pose six questions sur les âges légaux en France et l'élève B y répond. Ils inversent ensuite les rôles.

3 Écrivez Page 154

Les élèves mettent en pratique ce qu'ils viennent d'apprendre en écrivant un e-mail à un(e) ami(e) français(e) sur ce qu'on peut faire à différents âges. Il serait bon avant d'entreprendre cette tâche de réviser les verbes *devoir*, *pouvoir* et *vouloir*, couverts dans les chapitres 9 et 10, puis d'encourager les élèves à les utiliser.

4 Lisez Page 155

Les textes qui suivent permettent aux élèves de consolider ce qu'ils viennent d'apprendre et de faire des comparaisons avec d'autres pays francophones.

Avant de répondre aux questions qui testent leur compréhension des textes plus en détail, les élèves pourraient essayer de trouver un titre pour chaque texte, par exemple : texte 1 – la majorité, texte 2 – le permis de conduire, texte 3 – le mariage, texte 4 – l'achat de tabac.

Réponse

1 21 ans

2 18 ans

3 élever l'âge où l'on peut passer son permis de conduire à 18 ans

4 Non, il pense que les vieux conducteurs sont plus dangereux que les jeunes.

5 16 ans

6 non, parce que ce n'est pas logique si on peut s'engager dans l'armée à 17 ans

7 en Belgique

8 parce qu'à cet âge, on est assez mûr pour savoir si on veut fumer ou boire

Voir les Fiches d'activités supplémentaires Chapitre 13, page 155

Vous pouvez ensuite demander aux élèves d'associer les phrases suivantes aux pays correspondants mentionnés dans les bulles.

1 On est majeur à 21 ans. (Côte d'Ivoire)
2 On peut acheter du tabac à 18 ans. (France)
3 On peut se marier à 18 ans. (France)
4 On peut passer son permis de conduire à 18 ans. (Tunisie)
5 On est majeur à 18 ans. (France)
6 On peut s'engager dans l'armée à 17 ans. (France)
7 On peut se marier à 16 ans. (Québec)
8 On peut acheter du tabac à 16 ans. (Belgique)

5 Parlez

Page 155

Activité à deux ou en groupe : les élèves disent s'ils sont d'accord ou non avec les opinions d'Akissi, Ali, Sabine et Noah et pourquoi.

6 Recherchez et écrivez

Page 155

Les élèves font une liste des droits et des devoirs dans leur pays en incluant l'âge légal pour chacun.

7 Écrivez et parlez

Page 155

Les élèves composent un texte pour comparer les droits et les devoirs des jeunes Français à ceux des jeunes dans leur pays ; ils peuvent ajouter ce qu'ils pensent de ces droits et devoirs et indiquer s'ils les changeraient ou s'ils en ajouteraient d'autres.

Pour obtenir plus d'informations à ce sujet, ils peuvent consulter le site du journal *Le Monde* en tapant les mots : A QUEL AGE un mineur a-t-il le droit de… ? Ils peuvent développer le sujet davantage en discutant du service militaire, puis exprimer leurs opinions sur la Journée Défense et Citoyenneté.

Pour plus d'entraînement, les élèves peuvent aussi rédiger un e-mail à un(e) ami(e) qui se prépare à aller vivre en France pour lui dire ce qu'ils ont appris sur les droits et les devoirs des jeunes Français et donner leur opinion. Ils pourraient aussi écrire un article pour le magazine du lycée sur les droits et les devoirs des jeunes en France, dans lequel ils indiquent ce qui les surprend et ce qu'ils approuvent.

Ceci est une bonne préparation au Travail écrit pour les élèves intéressés par ce sujet.

La vie des jeunes n'est pas toujours facile. Quels sont leurs problèmes ?

Dans cette section, les élèves vont apprendre le vocabulaire nécessaire pour décrire et résoudre des problèmes. Les exercices qui suivent permettent de tester la compréhension des textes et de travailler des questions semblables à celles de l'épreuve de compréhension écrite.

Chère Danièle

1 Compréhension

Page 156

Les questions permettent de tester la compréhension globale du texte.

Réponse

1 **A**
2 Lucas **C**, Romane **A**, Gabriel **B**, Maëlys **D**, Mathis **E**

Voir les Fiches d'activités supplémentaires Chapitre 13, page 156

Vous pouvez ensuite donner l'exercice suivant :

Relevez dans la liste les phrases qui sont vraies.

1 Lucas veut aller en vacances en Italie avec sa famille.
2 Les parents de Lucas lui permettent d'aller à l'étranger avec ses amis.
3 Les parents de Lucas pensent qu'il sera en danger s'il va en Italie avec ses amis.
4 Lucas s'entend bien avec son grand-père.
5 Romane aimerait travailler pour son père.
6 Romane voudrait être indépendante.
7 Romane reçoit déjà de l'argent de poche.
8 Romane préfèrerait gagner son argent.
9 Gabriel a pris de mauvaises habitudes.
10 Gabriel aime boire et fumer.
11 Gabriel se drogue pour faire comme ses copains.
12 Gabriel ne veut pas qu'on se moque de lui.
13 Maëlys adore aller au lycée.
14 Les professeurs de Maëlys lui donnent beaucoup d'encouragements.
15 Maëlys travaille assez bien au lycée.
16 Les parents de Maëlys sont satisfaits de son travail.
17 Mathis a peur d'aller à l'université.
18 Mathis veut aller à l'université parce qu'il ne veut plus vivre avec ses parents.
19 Mathis est un garçon très indépendant.
20 La mère de Mathis a une opinion positive sur l'avenir de son fils.

Réponses vraies : 3, 4, 6, 8, 9, 11, 12, 15, 17, 20.

Vous pouvez ensuite demander aux élèves de relever les verbes dans un ou plusieurs paragraphes et d'indiquer à quel temps ils sont conjugués.

Grammaire en contexte Page 156

Les expressions avec *avoir*

Rappelez aux élèves qu'ils ont déjà rencontré certaines expressions avec *avoir* dans le chapitre 11 (page 137 du livre de l'élève).

2 Lisez Page 157

Les élèves notent toutes les expressions avec *avoir* dans les textes et les traduisent dans leur langue.

Réponse

1 ils ont peur, j'ai l'impression qu', je n'ai pas le droit de partir

2 je n'ai pas besoin d'argent, j'ai de la chance, j'ai envie d'être

3 je n'avais pas l'habitude de faire, j'ai horreur du tabac, avoir l'air idiot, J'ai tort

4 j'en ai marre du lycée, J'ai envie de tout laisser tomber

5 j'ai très peur, Elle a sans doute raison

Cahier d'exercices 13/1 Page 35

Cet exercice permet de mettre en pratique les expressions idiomatiques avec le verbe *avoir* étudiées dans ce chapitre et de réviser le verbe *être*. Vous pouvez aussi demander aux élèves de justifier leur choix de temps.

Réponse

1 suis, 2 avez / aviez, est, 3 ont, ont, 4 étais, avais, 5 avons eu, sommes, 6 est, a, 7 était, avait, 8 ai, ai

3 Lisez Page 157

Cet exercice permet aux élèves d'élargir leur vocabulaire.

Réponse

1 J'essaie de montrer que je suis…

2 je n'ai pas le droit de…

3 je n'avais pas l'habitude de faire…

4 ils se moqueront de moi

5 je n'arrive pas à discuter avec eux

6 ils ne s'intéressent pas à mes problèmes

7 je vais trouver difficile de…

8 Que faire ?

Grammaire en contexte Page 157

Les verbes suivis d'un infinitif

Certains verbes peuvent être directement suivis d'un infinitif. Il n'est pas nécessaire que les élèves apprennent tous les verbes dans les listes qui suivent. C'est à vous de choisir et de leur donner à apprendre ceux dont ils auront le plus besoin.

Voir les Fiches d'activités supplémentaires Chapitre 13, page 157

Verbe + infinitif : exemples

adorer, affirmer, aimer, aller, apercevoir, avouer, compter, courir, croire, déclarer, descendre, désirer, détester, devoir, écouter, emmener, entendre, entrer, envoyer, espérer, faire, laisser, monter, paraître, partir, penser, pouvoir, préférer, prétendre, se rappeler, reconnaître, regarder, rentrer, retourner, revenir, savoir, sembler, sentir, sortir, souhaiter, venir, voir, vouloir

D'autres verbes doivent être suivis de la préposition *à* ou *de* devant l'infinitif.

Verbe + *à* + infinitif : exemples

s'accoutumer à, aider à, amener à, s'amuser à, s'appliquer à, apprendre à, arriver à, s'attendre à, autoriser à, avoir à, chercher à, commencer à, condamner à, conduire à, consentir à, consister à, continuer à, se décider à, encourager à, s'engager à, enseigner à, s'essayer à, s'exercer à, forcer à, s'habituer à, hésiter à, inciter à, s'intéresser à, inviter à, jouer à, se mettre à, obliger à, parvenir à, penser à, persister à, se plaire à, pousser à, se préparer à, renoncer à, rester à, réussir à, servir à, songer à, tenir à, travailler à

Verbe + *de* + infinitif : exemples

arrêter de, accepter de, accuser de, achever de, s'agir de, s'arrêter de, attendre de, cesser de, choisir de, commander de, conseiller de, continuer de, convaincre de, craindre de, décider de, défendre de, demander de, se dépêcher de, dire de, douter de, s'efforcer de, empêcher de, essayer de, s'étonner de, être obligé de, éviter de, (s')excuser de, faire semblant de, se fatiguer de, finir de, se hâter de, interdire de, manquer de, menacer de, mourir de, obliger de, s'occuper de, offrir de, oublier de, pardonner de, permettre de, persuader de, se plaindre de, prendre soin de, se presser de, prier de, promettre de, proposer de, punir de, se rappeler de, refuser de, regretter de, remercier de, rêver de, rire de, risquer de, se souvenir de, souffrir de, soupçonner de, suggérer de, tâcher de, tenter de

Cahier d'exercices 13/2 Page 35

Cet exercice permet de mettre en pratique le point de grammaire ci-dessus. Rappelez aux élèves les contractions de l'article défini et des prépositions *à* et *de*.

Réponse

1 à, de, 2 à, de, 3 de, à, 4 de, 5 aux, 6 au, des

4 Lisez et écrivez

Page 157

Cet exercice vise aussi à consolider le point de grammaire ci-dessus.

Réponse

1 à, 2 d', 3 à, 4 à, 5 de, 6 de

5 Parlez

Page 157

Activité en groupe : les élèves suggèrent des solutions aux problèmes des jeunes évoqués dans les textes (ou à d'autres problèmes auxquels les jeunes d'aujourd'hui doivent faire face).

6 Imaginez

Page 157

Pour mettre en pratique par écrit ce qu'ils viennent d'apprendre, notamment les expressions avec *avoir* et les verbes suivis d'un infinitif avec ou sans préposition, les élèves écrivent soit une lettre au courrier des lecteurs d'un magazine pour expliquer le problème de leur ami(e), soit un message à propos d'un problème personnel.

7 Parlez

Page 157

Activité en groupe : les élèves discutent des problèmes auxquels les jeunes doivent faire face dans leur pays et ailleurs.

L'amitié : un besoin universel ?

Cette section traite de l'importance de l'amitié chez les jeunes et les élèves apprendront à utiliser les pronoms personnels COI.

Vos amis – à quel point sont-ils importants pour vous ?

1 Lisez et écrivez

Page 158

1. Cet exercice permet aux élèves d'élargir leur vocabulaire.
2. Après avoir écrit leurs listes, les élèves les comparent entre eux et parlent des différentes stratégies qu'ils ont utilisées pour trouver le sens des mots inconnus.

Les élèves trouveront les explications des résultats du quiz au bas de la page.

Grammaire en contexte

Page 159

Les pronoms complément d'objet indirect (COI)

Faites remarquer que les pronoms personnels COI ne remplacent que des noms de personnes, et que *lui* et *leur* peuvent remplacer un nom féminin ou masculin.

Rappelez aussi aux élèves que le pronom personnel complément d'objet se place devant le verbe dont il est le complément d'objet, sauf quand le verbe est à la forme affirmative de l'impératif (voir chapitre 12 pour les pronoms personnel COD, page 147 du livre de l'élève, page 157 du livre du professeur).

2 Lisez

Page 159

Les élèves font une liste de tous les pronoms dans le quiz et indiquent quels mots ils remplacent.

Réponse

Dans l'expression...	le mot...	se rapporte à...
on vous dit (question 1)	« vous »	vous-même (c'est-à-dire le/la lecteur/trice)
vous lui téléphonerez (question 1)	« lui »	votre ami
vous lui achetez (question 1)	« lui »	votre ami
le/la voir (question 1)	« le/la »	votre ami
Vous lui téléphonez pour lui parler (question 1)	« lui »	votre ami
Une université française vous offre (question 2)	« vous »	vous-même
que vous leur raconterez tout (question 2)	« leur »	vos amis
vos amis vous manqueront trop (question 2)	« vous »	vous-même
ses parents ne lui donnent pas (question 3)	« lui »	votre ami
Qu'est-ce que vous lui dites ? (question 3)	« lui »	votre ami
quand ils te permettront (question 3)	« te »	votre ami
je vais lui demander (question 3)	« lui »	le père de votre ami
je te raconterai (question 3)	« te »	votre ami
Vous lui faites confiance (question 4)	« lui »	votre ami
vous ne l'imaginez pas (question 4)	« l' »	votre ami
Vous ne lui parlez plus (question 4)	« lui »	votre ami
Vous lui posez la question (question 4)	« lui »	votre ami
vous lui dites (question 4)	« lui »	votre ami
vous le/la soutiendrez (question 4)	« le/la »	votre ami
Votre oncle vous demande (question 5)	« vous »	vous-même (c'est-à-dire le/la lecteur/trice)
Vous lui proposez (question 5)	« lui »	votre oncle
pour l'aider (question 5)	« l' »	votre oncle
Vous lui dites (question 5)	« lui »	votre oncle
pour lui trouver (question 6)	« lui »	une de vos amies
Vous lui souhaitez (question 6)	« lui »	une de vos amies
quand vous la voyez (question 6)	« la »	une de vos amies
Vous lui offrez (question 6)	« lui »	une de vos amies
Vos copains vous proposent (question 7)	« vous »	vous-même
vous leur dites (question 7)	« leur »	vos copains
Vous leur suggérez (question 7)	« leur »	vos copains
Vous leur dites (question 7)	« leur »	vos copains

3 Lisez et parlez

Page 159

Activité à deux : l'élève A lit les questions du quiz et l'élève B y répond en justifiant sa réponse et vice versa.

Micro-trottoir : Qui sont les personnes les plus importantes dans votre vie ?

4 Lisez et écoutez

Page 159

Voir les Fiches d'activités supplémentaires Chapitre 13, page 159 (1)

Avant de faire faire cet exercice aux élèves, vous pouvez leur donner des phrases courtes et leur demander de remplacer le nom COI par le pronom personnel approprié.

1 J'ai offert des fleurs à ma mère. → Je lui ai offert des fleurs.

2 Je vais demander à mes amis de m'accompagner. → Je vais leur demander de m'accompagner.

3 Paul ne parle plus à Marie. → Paul ne lui parle plus.

4 Le professeur a oublié de donner les cahiers aux élèves. → Le professeur a oublié de leur donner les cahiers.

5 Elle téléphonera à sa sœur demain. → Elle lui téléphonera demain.

6 Pierre a envoyé une carte à Cécile et moi. → Pierre nous a envoyé une carte.

7 Envoie un e-mail à ton frère ! → Envoie-lui un e-mail !

8 Qu'est-ce qu'il a dit aux élèves ? → Qu'est-ce qu'il leur a dit ?

9 Le professeur a donné une bonne note à Luc et toi. → Le professeur vous a donné une bonne note.

10 N'envoie pas ce message à ta copine ! → Ne lui envoie pas ce message !

Les élèves complètent les réponses au micro-trottoir avec les pronoms personnels complément d'objet indirect appropriés. Puis, ils réécoutent l'enregistrement pour vérifier.

Il serait bon de conseiller aux élèves de noter tout nouveau verbe intransitif qu'ils rencontrent dans leur carnet de vocabulaire avec la préposition qui suit ce verbe. Ici, vous pouvez donc leur faire noter et apprendre tous les verbes suivis de la préposition *à* + un nom, par exemple : *obéir à*, *dire à*, *faire confiance à*, *parler à*, *répondre à*, *écrire à*, *donner à* + *quelqu'un*.

Audio

Fatou Je suis d'origine sénégalaise. Pour moi, mes parents sont les personnes les plus importantes : je dois les respecter et leur obéir. Je parle beaucoup à ma mère même si je ne lui dis pas tout. Je me confie plus à mes copines. Je leur dis tout et je peux leur faire confiance. Elles aussi me parlent quand elles ont des problèmes.

Arthur Vous voulez savoir qui est important pour moi ? Je peux vous dire que j'ai 928 amis sur ma page perso, que je leur réponds quand ils m'écrivent des messages mais que ce ne sont pas de « vrais » amis. La personne la plus importante pour moi, c'est mon cousin, Alex. Il est mon héros : je lui parle toujours quand j'ai un problème et il sait toujours me donner de bons conseils.

Réponse

Fatou : 1 leur, 2 lui, 3 leur, 4 leur, 5 me

Arthur : 6 vous, 7 leur, 8 m', 9 lui, 10 me

Voir les Fiches d'activités supplémentaires Chapitre 13, page 159 (2)

Pour travailler davantage les pronoms personnels de ces textes, les élèves peuvent ensuite remplir la grille ci-dessous :

Dans l'expression...	le mot...	se rapporte à...
1 je dois les respecter	« les »	(mes) parents
2 je ne lui dis pas tout	« lui »	(ma) mère
3 Je leur dis tout	« leur »	(mes) copines
4 Elles aussi me parlent	« me »	je / Fatou
5 je leur réponds	« leur »	(928) amis
6 ils m'écrivent	« m' »	je / Arthur
7 je lui parle	« lui »	Alex / (mon) cousin
8 il sait	« il »	Alex / (mon) cousin

 Cahier d'exercices 13/3 Page 35

Cet exercice permet aux élèves de continuer à travailler les pronoms personnels COD et COI.

Réponse

1 me, lui, lui, lui, leur, me, me

2 les, leur, leur, lui, la, l', lui, m', me

Vous pouvez aussi leur demander de souligner le(s) mot(s) que chaque pronom personnel remplace et de relever d'autres verbes suivis de la préposition à, puis de les ajouter à leur liste dans leur carnet de vocabulaire.

5 Écrivez et parlez Page 159

Activité à deux : les élèves écrivent six phrases « vrai / faux » sur les messages de Fatou et Arthur et les lisent à un(e) camarade.

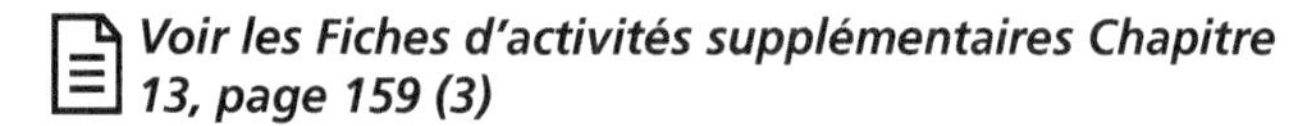

Voir les Fiches d'activités supplémentaires Chapitre 13, page 159 (3)

Vous pouvez aussi donner aux élèves cette liste de phrases et leur demander d'identifier celles qui sont vraies d'après les messages.

A La famille de Fatou est sénégalaise.

B Fatou obéit toujours à ses parents.

C Fatou se confie plus à sa mère qu'à ses amis.

D Fatou ne fait pas confiance à ses amis.

E Arthur a un grand nombre de vrais amis.

F Arthur répond aux messages de ses amis.

G Alex est un membre de la famille d'Arthur.

H Arthur donne toujours de bons conseils à son cousin.

Réponses vraies : A, B, F, G.

6 Recherchez Page 159

Pour élargir leur vocabulaire, les élèves cherchent d'autres mots de vocabulaire utiles pour parler de leurs relations avec les gens importants dans leur vie.

Cahier d'exercices 13/4 Page 36

1 Cet exercice permet de consolider le vocabulaire appris dans ce chapitre et d'identifier des phrases positives et négatives.

2 Les élèves créent ensuite leurs propres phrases positives et négatives.

Réponse

positives : **A, C, D, F, I, L,** négatives : **B, E, G, H, J, K**

7 Écrivez Page 159

Les élèves écrivent des bulles semblables à celles qu'ils viennent de lire pour parler des personnes les plus importantes dans leur vie. Encouragez-les à utiliser des pronoms personnels COI et COD.

Les jeunes sont-ils victimes de préjugés ?

Dans cette section qui traite des préjugés dont sont victimes les jeunes, les élèves vont élargir leur vocabulaire et exprimer leurs opinions sur ce sujet.

1 Lisez et écrivez Page 160

Les élèves trouvent dans les citations les mots et expressions qui ont le même sens que les expressions données.

Réponse

1 méchants = malfaisants, 2 qui ne veulent pas travailler = paresseux, 3 impolie = mal élevée, 4 un moment dangereux = un stade critique, 5 leurs expériences privées = les détails de leur vie intime, 6 les personnes âgées = la vieillesse, 7 toute pression = toute contrainte, 8 intolérable = insupportable

2 Lisez et parlez Page 160

1 Les élèves résument les citations dans leur langue.

2 Ils essaient ensuite de déterminer quelles citations sont modernes et lesquelles sont anciennes, puis vérifient s'ils ont bien deviné en regardant les réponses à la page 164.

3 Ils donnent leur opinion sur chacune des citations.

Réponse

Citations modernes (et anonymes) : **B, D, F**

Citations anciennes : **A, C, E, G, H**

Renseignements donnés à la page 164 :

A inscription sur une poterie dans les ruines de Babylone datant de plus de 3 000 ans

C Socrate, grand philosophe de la Grèce ancienne

E un prêtre égyptien – 2 000 ans avant Jésus-Christ

G Pierre l'Hermitte, religieux français du XIème siècle

H Hésiode, poète grec, 720 ans avant Jésus-Christ

3 Écrivez et parlez Page 160

1 Activité en groupe : les élèves écrivent deux listes, l'une contenant les clichés négatifs sur les jeunes dans leur pays et une autre répertoriant toutes les qualités des jeunes selon eux.

2 Puis, ils discutent ensemble des raisons de ces préjugés tout en se demandant si les jeunes méritent vraiment leur mauvaise réputation.

Cahier d'exercices 13/5 Page 37

Cet exercice permet aux élèves de consolider et d'élargir le vocabulaire qu'ils viennent d'apprendre.

Réponse

Une image positive : enthousiaste, actif, sociable, travailleur, débrouillard, entreprenant, généreux, joyeux, poli, énergique, curieux

Ils peuvent ensuite ajouter d'autres mots positifs à cette liste, puis trouver le contraire ou l'équivalent négatif de chaque mot. Pour vous assurer qu'ils n'ont pas oublié la formation de la forme féminine, demandez-leur de donner également le féminin des adjectifs.

4 Écrivez Page 160

Les élèves écrivent un article pour le site *Stop aux clichés*, dans lequel ils résument leur discussion. Encouragez-les à utiliser les connecteurs de l'encadré ainsi que le vocabulaire appris jusqu'à maintenant.

Les stéréotypes sexistes existent-ils chez les ados ?

Cette section aborde le sujet de l'égalité des sexes et permet aux élèves de continuer à élargir leur vocabulaire et à exprimer leurs opinions.

Des stéréotypes sexistes au Québec et en France

1 Lisez et parlez Page 161

Cet exercice teste la compréhension détaillée du texte et encourage les élèves à formuler des réponses plus longues pour justifier leurs réponses.

Réponse

1 Oui. L'égalité des sexes est loin d'exister dans les mentalités, même chez les jeunes.

2 Ils attachent beaucoup d'importance aux images et aux rôles stéréotypés de l'homme et de la femme qu'ils voient souvent à la maison ou à l'école et qui sont renforcés par les médias.

3 Réponses possibles : l'homme est fort / la femme est douce, l'homme n'exprime pas ses émotions / la femme est émotive, l'homme est assez agressif / la femme est diplomatique, l'homme aime le sport et l'action / la femme aime les arts et la mode.

4 Le droit de vote (1944) et la parité hommes-femmes au gouvernement (2000).

5 Non, il n'y a qu'une femme sur cinq élue à l'Assemblée Nationale.

6 Le stéréotype de la femme qui s'occupe des enfants.

Grammaire en contexte Page 161

La négation : *ne... personne, ne... que*

Avant d'introduire *ne... personne* et *ne... que*, révisez les formes négatives couvertes dans les chapitres précédents (en vous reférant surtout à la page 139 du livre de l'élève). Vous pouvez ensuite leur demander de relever toutes les formes négatives dans le texte.

2 Lisez Page 161

Pour montrer qu'ils ont compris le texte et en même temps travailler les adverbes négatifs, les élèves choisissent dans chaque phrase l'option qui se rapporte au texte.

Réponse

1 sont, 2 affecte, 3 influencent les jeunes, 4 ne parlent pas, 5 a besoin de quelqu'un, 6 Il y a moins de femmes que d'hommes, 7 mieux, 8 sans réaliser que

3 Parlez Page 161

Activité de groupe d'abord en français, puis dans la langue d'instruction du lycée si les élèves désirent approfondir le sujet.

Ceux qui sont particulièrement intéressés par ce sujet pourraient le choisir pour leur travail écrit et approfondir leurs recherches pour faire une comparaison entre les préjugés dans leur pays et ceux dans un autre pays francophone.

4 Écrivez Page 161

Les élèves écrivent une réponse à la question finale de l'article : « Alors, comment faire évoluer la société pour éviter les stéréotypes sexistes qui continuent à influencer les jeunes ? »

Pour aller plus loin, les élèves peuvent comparer la condition de la femme en France à la condition de la femme dans leur pays ou même choisir ce sujet pour leur travail écrit.

Ados aujourd'hui, adultes demain.

Le vote à 16 ans ? Pourquoi pas ?

Cette section continue à traiter le sujet des droits des jeunes dans différents pays ; elle permet aux élèves de faire des comparaisons et de répondre à des questions semblables à celles de l'épreuve de compréhension écrite.

Faites remarquer que dans le passage *Certains pays, comme le Brésil, ont opté pour le vote à 16 ans. En France et au Canada, on y* pense pour les élections municipales*, le pronom *y* ne remplace pas un nom de lieu mais une phrase précédée de la préposition *à*. Au lieu de dire : *En France et au Canada, on pense à opter pour le vote à 16 ans pour les élections municipales,* on a dit : *En France et au Canada, on y* pense pour les élections municipales* afin d'éviter une répétition.

1 Lisez

Page 162

1 Le premier exercice vise à tester la compréhension globale du texte. Vous pouvez aussi demander aux élèves de justifier leur choix de réponse.

Justification possible : d'après l'article, la maturité d'une personne ne dépend pas forcément de son âge et s'ils avaient le droit de vote, les ados s'intéresseraient peut-être plus à la politique. Selon l'auteur, baisser l'âge du droit de vote semble plutôt logique parce que les jeunes de 16 ans sont considérés suffisamment mûrs pour commencer à apprendre à conduire.

2 Le deuxième exercice permet aux élèves d'élargir leur vocabulaire.

3 Le troisième exercice est une bonne préparation à l'épreuve de compréhension écrite.

Réponse

1 **A**

2

A la plupart

B les adolescents

C conducteur

D abaisser

E être le cas

F une enquête

3

1 **F**, 2 **I**, 3 **A**, 4 **G**, 5 **D**, 6 **E**

2 Écoutez et lisez

Page 163

Cet enregistrement permet aux élèves d'apprendre le vocabulaire nécessaire pour présenter et expliquer un point de vue ou un désaccord. Il donne aussi l'occasion aux élèves de se familiariser avec l'accent canadien en écoutant deux jeunes Québécois parler de l'abaissement de l'âge du droit de vote.

1 Après avoir lu et écouté la conversation, les élèves répondent à la question.

2 Ils expriment ensuite leur point de vue.

Réponse

1 Emma est pour, Cheng est contre.

Audio

Emma	En ce moment, si on a 17 ans, on ne peut pas voter dans toutes les élections. À mon avis, il faut abaisser l'âge du droit de vote à 16 ans pour toutes les élections, pas seulement les élections municipales.
Cheng	Ah oui ? Pourquoi ?
Emma	Tout d'abord, parce que beaucoup de jeunes s'intéressent à la politique et sont aussi capables de voter que les adultes. Moi, par exemple, j'ai déjà des idées politiques précises et je veux pouvoir exprimer mon point de vue. Si à 16 ans on a le droit de se marier, il faut aussi avoir le droit de donner son avis politique, non ?
Cheng	Ah non, je ne suis pas du tout d'accord avec toi. Moi, je suis complètement contre cette idée. À 16 ans, je trouve qu'on n'a pas assez d'expérience. En ce qui me concerne, je ne connais rien aux différents partis politiques et franchement, je m'en fiche. Je ne pense pas être le seul. Avec mes amis, on ne parle jamais de politique.
Emma	Je comprends ton point de vue mais tu ne penses pas qu'avec le droit de vote, on se sentirait plus impliqués ? Et après tout, on n'est pas obligés de voter si on ne veut pas.
Cheng	Peut-être, mais on est encore trop influençable à 16 ans. Tu crois vraiment qu'à cet âge-là, on peut faire un choix différent de celui des copains et des parents ?
Emma	Oui, à mon avis, à 16 ans, on est capable de s'informer et de contribuer à la société.
Cheng	Je ne pense pas ! Moi, je crois que si on abaisse le droit de vote, très peu de jeunes de 16 ans feront l'effort de s'intéresser à la politique et très peu iront voter. Tu as beaucoup de copains qui lisent le journal ou regardent les infos à la télé, toi ? Moi pas.
Emma	Tu es pessimiste, je crois qu'il faut faire confiance aux jeunes !
Cheng	Tu as sans doute raison ! Mais chacun est libre d'avoir son opinion…

3 Lisez Page 163

Cet exercice permet aux élèves d'élargir leur vocabulaire.

Réponse

1 donner mon avis, 2 je m'en fiche, 3 impliqués, 4 faire un choix, 5 l'avis, 6 s'informer, 7 tu es pessimiste, 8 est libre d'avoir son opinion

Voir les Fiches d'activités supplémentaires Chapitre 13, page 162

Pour qu'ils approfondissent leur compréhension du texte, vous pouvez demander aux élèves de faire l'exercice suivant :

Qui exprime cette opinion ? Emma ou Cheng ?

1 Le droit de vote à 16 ans, c'est trop tôt. (Cheng)
2 Les jeunes s'intéressent à la politique. (Emma)
3 Les jeunes ne s'intéressent pas aux informations. (Cheng)
4 Le vote n'est pas obligatoire. (Emma)
5 Les jeunes contribueraient mieux à la société s'ils pouvaient voter à 16 ans. (Emma)
6 À 16 ans, les jeunes se laissent influencer par les autres. (Cheng)
7 On doit faire confiance aux jeunes. (Emma)
8 Il faut être optimiste. (Emma)
9 Les jeunes manquent d'expérience à l'âge de 16 ans. (Cheng)
10 À 16 ans, les jeunes aiment faire la même chose que leurs copains. (Cheng)

4 Lisez et parlez Page 163

Cette activité à deux permet aux élèves d'apprendre et de mettre en pratique le vocabulaire et les structures utilisés dans les discussions ou les débats. Les élèves peuvent aussi rechercher d'autres expressions similaires à celles de l'encadré.

Grammaire en contexte Page 163

La conjonction *si*

La conjonction *si* peut avoir un sens hypothétique ou non hypothétique. Il faut noter l'élision de *si* devant les pronoms *il* et *ils*, par exemple : *s'ils ont le droit de vote, ils ne voteront pas.*

 Cahier d'exercices 13/6 Page 37

Les élèves mettent en pratique le point de grammaire qu'ils viennent d'apprendre en inventant des séquences logiques de phrases avec la conjonction *si.*

5 Écrivez Page 163

Les élèves discutent en groupe de chaque thème, puis en choisissent un et écrivent un argument pour ou contre dans leur blog. Encouragez-les à utiliser le vocabulaire qu'ils ont appris dans ce chapitre, de même que des propositions avec *si*.

Révisions

Faire face au harcèlement.

Les activités qui suivent sont une bonne préparation à l'épreuve orale de l'examen.

1 Parlez Page 164

Après avoir répondu aux questions concernant la photo, les élèves peuvent imaginer qui sont ces jeunes, où ils sont, pourquoi ils se sont réunis et ce qu'ils vont faire.

Réponse possible

1 J'imagine que l'action se passe en ville pendant le week-end.
2 Un groupe de jeunes est sorti en ville pour la soirée. Ils rencontrent un garçon qui ne fait pas partie de la bande.
3 Ils tiennent des bouteilles d'alcool. Ils ont sans doute l'intention de s'enivrer.
4 Le garçon avec la bouteille a l'air agressif et assez violent. / La fille blonde avec le t-shirt noir n'a pas l'air gentil.
5 un sentiment de malaise / il va se passer quelque chose de violent
6 Le harcèlement, ce n'est pas seulement au lycée.
7 Le harcèlement existe mais n'est pas un gros problème / c'est un problème grave, etc.

2 Imaginez Page 164

Activité en groupe : les élèves imaginent la conversation entre les jeunes sur la photo et chaque élève joue le rôle de l'un de ces jeunes.

Réponse

Exemple de scénario possible :

– Toi, tu es nul. Pourquoi est-ce que tu ne veux jamais boire ? Tu as peur de maman-papa ?

– Non, mais je n'ai pas envie de boire. Je n'aime pas ça…

14 Le français dans le monde

<table>
<tr><td>Thèmes et sujets</td><td>Environnements urbains et ruraux
Géographie physique ; Météo ; Questions mondiales
Individu et société
Renseignements personnels, apparence et caractère ; Habitudes quotidiennes</td></tr>
<tr><td>Points lexicaux</td><td>L'historique de la francophonie
La vie quotidienne des jeunes francophones</td></tr>
<tr><td>Points grammaticaux</td><td>Le pronom en
Révision des temps des verbes
Révision des verbes pouvoir, vouloir, devoir (au présent, au futur simple et au conditionnel)
Révision des comparaisons</td></tr>
<tr><td>Textes</td><td>Réceptifs
Fiches info, articles de magazine, messages sur un forum Internet, quiz, interview, résumé d'une étude sur la vie des jeunes, affiche, citation
Productifs
Profil personnel pour site web, profil d'un pays francophone, questions pour un quiz, interview, texte avec des comparaisons</td></tr>
<tr><td>Coin IB</td><td>Théorie de la connaissance
• Dans l'Histoire, qu'est-ce qui a motivé les Français à coloniser d'autres pays ?
• Quels étaient les avantages pour les colons français ? Et quels étaient les inconvénients pour les pays colonisés ?
• Pourquoi certaines anciennes colonies ont-elles choisi de garder la langue française ?
• La francophonie est-elle un phénomène important dans le monde ?
• Le but de la francophonie est-il de permettre à la France de conserver une certaine influence dans le monde ou est-ce tout simplement un espace de partage culturel ?
• Votre pays a-t-il été colonisateur ou colonisé ? Selon vous, quel impact cela a-t-il eu sur votre pays ?
• Est-ce une bonne d'idée d'avoir des Jeux de la Francophonie ? Pourquoi ?
• Quels sont les avantages à être bénévole pendant des événements comme les Jeux de la Francophonie?
• « La francophonie est une maison pas comme les autres, il y a plus de locataires que de propriétaires. » Tahar Ben Jelloun
Travail écrit
• Comparer sa vie à celle des jeunes Antillais
CAS
• Aider pendant un événement sportif
• Examen oral individuel
• Décrire et interpréter une affiche
Épreuve de rédaction
• Écrire son profil pour un site de rencontres
• Écrire la carte d'identité d'une ancienne colonie française
• Écrire une page dans son journal intime après avoir assisté aux Jeux de la Francophonie
• Écrire un article sur la francophonie</td></tr>
</table>

Ce chapitre se rapporte aux thèmes *Individu et société* et *Environnements urbains et ruraux* : il traite des jeunes dans la société, de l'historique de la francophonie, des Jeux de la Francophonie et de la vie quotidienne de certains jeunes francophones. Il permet aux élèves d'élargir leurs connaissances culturelles de la francophonie et de revoir certains points lexicaux (comme les renseignements personnels, les habitudes, les pays, les continents et le climat) et grammaticaux (comme les temps, les comparaisons et les formes des verbes *pouvoir, vouloir* et *devoir*) traités dans les chapitres précédents. Les élèves apprendront aussi à utiliser le pronom personnel *en*. Des textes plus longs permettront aux élèves de faire des exercices de compréhension similaires à ceux de l'épreuve de compréhension écrite de l'examen de même que des exercices écrits similaires à ceux de l'épreuve de rédaction. Les élèves pourront aussi se préparer à l'épreuve orale en décrivant une affiche, et au travail écrit en comparant leur vie quotidienne à celle des jeunes Antillais.

1 Mise en route Page 165

Les activités de cette page ont pour but de faire réviser les sujets et points lexicaux couverts dans les chapitres 1, 2 et 7. Faites remarquer aux élèves qu'on parle aussi français au Vietnam et dans certaines parties de l'Inde.

Lorsque les élèves auront répondu aux questions, encouragez-les à écrire des phrases sur chacune des personnes mentionnées en utilisant les notes données. Ils peuvent aussi rechercher sur Internet des sites francophones de rencontres.

Réponse

1 en commun : ils sont tous bilingues ou multilingues ; ils parlent tous le français

2 réponse personnelle

2 Écrivez Page 165

Après avoir écrit leur profil pour un site de rencontres, les élèves peuvent travailler à deux et se poser des questions pour obtenir des informations personnelles sur l'un et l'autre, afin de réviser la forme interrogative. Ils peuvent ensuite se mettre dans la peau de l'une des personnes sur les photos et répondre en se servant de leurs notes. Ils peuvent aussi écrire le profil de la personne qu'ils aimeraient rencontrer.

Pourquoi parle-t-on français un peu partout dans le monde ?

La francophonie en chiffres

1 Compréhension Page 166

Les élèves regardent l'infographie et les deux textes, puis identifient dans la liste le sujet qui n'y est pas mentionné. Demandez-leur ensuite de faire correspondre les sujets aux différents articles.

Réponse

D

Une fois que les élèves ont lu les textes et fait l'exercice de compréhension générale, expliquez-leur que la notion de « francophonie » date de 1880. Le géographe Onésime Reclus a regroupé sous ce terme l'ensemble des régions et des populations utilisant la langue française. Ce n'est qu'à partir de 1930 que l'adjectif « francophone » apparaît dans les dictionnaires. La francophonie regroupe toutes les personnes et toutes les institutions qui parlent français dans le monde ; toutefois, dans un certain nombre de ces pays, le français n'est pas la langue officielle et représente l'héritage d'un passé colonial.

Il existe aussi l'Organisation internationale de la francophonie (OIF), créée en 1970, qui regroupe 77 États et gouvernements (57 membres et 20 observateurs) dont la mission est d'encourager une solidarité active entre les différents pays membres.

Faites aussi remarquer que Puducherry s'appelait Pondicherry avant 2006.

Vous pouvez demander aux élèves de réfléchir, puis d'avoir une discussion sur les statistiques concernant les apprenants du français dans le monde (par exemple : ce qui les surprend, s'ils peuvent trouver le nom des pays où on parle français pour chaque continent, les raisons possibles pour lesquelles le français est plus parlé dans les régions de l'Afrique subsaharienne et de l'océan Indien, et pourquoi il est moins parlé en Asie ou en Océanie).

2 Lisez Page 166

Cet exercice permet aux élèves d'approfondir leur compréhension des textes.

Réponse

1 220 millions de personnes parlent français dans le monde. Le français est la langue officielle de 57 états. Dans 29 pays ou régions, le français est la langue officielle unique.

2 Non, on parle aussi français dans les écoles et les médias.

3 Non, il y a plus de personnes en Afrique (44% du nombre total) qu'en Europe (23,4% du nombre total) qui apprennent le français.

4 C'était une colonie française / la France a occupé ce pays (du 16ème au 19ème siècles).

5 Non, la Belgique n'était pas une colonie française, mais les frontières ont changé au cours de l'Histoire et auparavant, la France s'étendait jusqu'au sud de la Belgique.

Voir les Fiches d'activités supplémentaires Chapitre 14, page 166 (1)

Vous pouvez ensuite leur demander de faire les exercices qui suivent.

1 Trouvez dans le premier texte ce que les chiffres suivants représentent : 220 000 000 ; 2ème ; 57 ; 29 ; 5. (Encouragez les élèves à faire des phrases complètes pour les habituer à manipuler la langue et à utiliser les pronoms relatifs.)

Réponse

220 000 000 = le nombre de personnes qui parlent français dans le monde

2ème = la position occupée par le français comme langue de communication sur cinq continents

57 = le nombre d'états où le français est la langue officielle

29 = le nombre de pays ou régions où le français est l'unique langue officielle

5 = le nombre de langues officielles dans le territoire de Puducherry, et aussi le nombre de continents comprenant des pays où le français est la deuxième langue de communication

2 Trouvez dans le premier texte les synonymes des mots suivants : pays, quelques-uns, près, la France, seule, les établissements scolaires, beaucoup de.

Réponse

pays – états, quelques-uns – certains, près – proches, la France – la métropole, seule – unique, les établissements scolaires – les écoles, beaucoup de – un grand nombre de

Voir les Fiches d'activités supplémentaires Chapitre 14, page 166 (2)

3 Dites si les phrases suivantes sur l'infographie sont vraies ou fausses ; justifiez vos réponses.

1 C'est en Afrique du Nord/Moyen-Orient que l'on parle le plus la langue française. (**FAUX**. C'est en Afrique subsaharienne/océan Indien – 44%.)

2 C'est en Asie et en Océanie que l'on parle le moins le français. (**VRAI**. 2%)

3 On parle plus le français en Amérique et aux Caraïbes qu'en Europe. (**FAUX**. 8% en Amérique/Caraïbe contre 23,4% en Europe.)

4 Il n'y a pas beaucoup de différence entre le nombre de personnes qui parlent français en Europe et le nombre de personnes qui parlent français en Afrique du Nord / au Moyen Orient. (**VRAI**. 22,6% en Afrique du Nord / au Moyen Orient et 23,4% en Europe)

5 On parle moins le français en Amérique et aux Caraïbes qu'en Asie et en Océanie. (**FAUX**. 8% en Amérique/Caraïbe contre 2% en en Asie / Océanie.)

Les élèves peuvent ensuite travailler à deux et inventer des phrases similaires.

4 Trouvez dans le deuxième texte à quoi se réfèrent les mots suivants :

Dans l'expression…	**le mot…**	**se rapporte à…**
Elle y a imposé	« y »	(des pays / le Sénégal, Madagascar et Haïti)
sa langue et sa culture	« sa »	(de la France)
et à l'utiliser	« l' »	(le français)
Des frontières qui ont changé	« qui »	Des frontières

Gros plan sur la Côte d'Ivoire

Le texte et les exercices qui suivent permettent aux élèves d'élargir leurs connaissances sur l'un des nombreux pays francophones et d'approfondir leur compréhension du texte.

3 Compréhension — Page 167

Réponse

C

4 Lisez — Page 167

Réponse

1 **C**, 2 **F**, 3 **J**, 4 **A**, 5 **E**

5 Lisez — Page 167

1 Cet exercice permet aux élèves de réviser les temps de l'indicatif qu'ils ont appris jusqu'ici. Vous pouvez aussi leur demander de dire pourquoi un temps a été utilisé plutôt qu'un autre : *La Côte d'Ivoire est un pays important d'Afrique de l'Ouest* → action présente ; *En 1893, le pays est devenu* → action passée terminée car elle a eu lieu en 1893 ; *qui était le gouverneur* → description dans le passé.

Réponse

1 Présent : La Côte d'Ivoire est un pays important ; la Côte d'Ivoire reste la première économie ; le français y est encore la seule langue officielle.

2 Passé composé : le pays est devenu une colonie française ; a donné son nom ; les négociants sont arrivés ; ils ont trouvé ; Ils les ont exportés ; Le pays a obtenu ; est devenu une république

3 Imparfait : qui était le premier gouverneur français ; où ces matières premières étaient nécessaires

Cahier d'exercices 14/1 — Page 38

Cet exercice permet de travailler davantage les différents temps de l'indicatif révisés dans l'exercice précédent. Vous pouvez aussi demander aux élèves de justifier leur choix. Rappelez aux élèves la structure grammaticale *depuis* + présent qu'ils ont apprise dans ce chapitre.

Réponse

1

1 forment, est, parle, sont

2 sommes arrivés, a raconté, sont arrivés, sont venus, sont devenues

3 faisait, C'était, aimaient

2 1 étaient, 2 comprenaient, 3 a changé, 4 partagent, 5 travaillent, 6 est, 7 réintroduit, 8 a donné, 9 diffuse

6 Parlez — Page 167

Activité à deux sur le texte *Gros plan sur la Côte d'Ivoire* : l'élève A doit répondre aux questions de l'élève B sans jamais dire *oui* ou *non*, puis ils inversent les rôles. Ils peuvent faire ensuite la même chose en utilisant le texte sur les Seychelles à la page 38 dans le cahier d'exercices.

Vous pouvez ensuite demander aux élèves de trouver des renseignements sur une autre ancienne colonie française (l'Algérie, le Cambodge, l'île Maurice, la Louisiane, etc.) et d'écrire sa carte d'identité. Ils peuvent ensuite faire une présentation à la classe. Cette tâche permet aux élèves de développer leur curiosité naturelle en faisant des recherches sur un sujet nouveau et ainsi faire preuve d'une certaine autonomie dans l'apprentissage de la langue française et de la culture francophone. Elle permet aussi de réviser les points lexicaux et grammaticaux des chapitres 5 et 6.

Les élèves plus doués peuvent écrire un petit article d'environ 200 mots en français sur l'histoire de ce pays, ses liens avec la France et le statut de la langue française aujourd'hui. Ils pourraient ensuite avoir une discussion plus approfondie sur le sujet dans la langue d'instruction du lycée et aborder également les questions suivantes :

- Au cours de l'Histoire, qu'est-ce qui a motivé les Français à coloniser d'autres pays ?
- Quels étaient les avantages pour les colons français aux Antilles ? Et quels étaient les inconvénients pour les Antillais ?
- Pourquoi certaines anciennes colonies ont-elles choisi de garder la langue française ?

7 Recherchez et écrivez Page 167

Cette tâche permet aux élèves de développer leur curiosité naturelle en faisant des recherches sur un sujet nouveau et ainsi faire preuve d'une certaine autonomie dans l'apprentissage de la langue française et de la culture francophone. Elle permet aussi de réviser les points lexicaux et grammaticaux des chapitres 5 et 6.

Pourquoi est-il important d'appartenir à la francophonie ?

1 Lisez Page 168

Ces textes permettent aux élèves d'approfondir leur compréhension de la francophonie en lisant les opinions de jeunes francophones sur ce concept.

Réponse

1 non, Abou est négatif.

2

1 Djimon

2 Cristina

3 Clémence

4 Abou

5 Faria

6 Idriss

2 Parlez Page 168

Cet exercice permet de vérifier que les élèves ont bien compris les textes.

Réponse

1 parce qu'au Canada, on parle surtout anglais.

2 parce qu'on peut communiquer avec d'autres pays, échanger sur les réseaux sociaux en français et s'informer

3 l'ONU, les Jeux olympiques

4 parce qu'il y a une vingtaine de langues (et les gens préfèrent parler leur langue).

5 Elle peut voyager, connaître des jeunes francophones (échanges scolaires) et découvrir la littérature, le cinéma et la musique français.

6 Le français est une langue imposée à l'école primaire. Les langues maternelles ne sont pas valorisées, le français ne reflète pas la culture de sa famille, ça reste la langue d'une culture de colonisation.

3 Lisez Page 168

Cet exercice permet de réviser quelques éléments langagiers appris dans les chapitres 9 et 10, parmi lesquels les verbes *devoir*, *pouvoir* et *vouloir* au présent et au conditionnel.

Réponse

Clémence : on doit (*devoir*, présent) protéger le français ; on peut (*pouvoir*, présent) garder notre identité culturelle

Faria : on peut (*pouvoir*, présent) communiquer

Idriss : je veux (*vouloir*, présent) parler français ; je pourrais (*pouvoir*, conditionnel) peut-être plus tard trouver un emploi ; ce que je voudrais (*vouloir*, conditionnel) faire

Abou : Nous devrions (*devoir*, conditionnel) les parler

Djimon : Nous ne voulons (*vouloir*, présent) pas rester en marge ; nous pouvons (*pouvoir*, présent) élargir notre vision

Cristina : je veux (*vouloir*, présent) absolument parler; que j'ai pu (*pouvoir*, passé composé) avoir

Voir les Fiches d'activités supplémentaires Chapitre 14, page 168

Pour consolider leur compréhension du texte, les élèves peuvent aussi faire l'exercice suivant :

Parmi les affirmations **A** à **O**, choisissez les sept qui sont correctes selon le texte.

A Clémence vit en France.

B Au Canada, on parle plus français qu'anglais.

C La langue française donne une identité aux Québécois.

D Le français est la langue officielle en Tunisie.

E La majorité des Tunisiens parlent français.

F Idriss parle deux langues.

G Le français permettra à Idriss de trouver un emploi dans son pays.

H Abou est heureux d'avoir appris le français à l'école.

I Abou pense que sa langue maternelle est plus importante que le français.

J Le français fait partie de la culture de la famille d'Abou.

K La majorité de la population du Bénin parle français.

L Au Bénin, le français permet aux gens de progresser et de se développer.

M Dans le lycée de Cristina, il y a deux langues d'instruction.

N Grâce au français, Cristina peut participer à des échanges scolaires.

O Cristina ne s'intéresse pas beaucoup à la culture francophone.

Réponse

C, E, F, I, L, M, N

Cahier d'exercices 14/2

Page 39

1 Cet exercice permet de consolider la connaissance des temps des verbes *devoir*, *pouvoir* et *vouloir*.. Vous pouvez aussi demander aux élèves de justifier leur choix.

2 Les élèves écrivent quelques phrases pour exprimer d'autres raisons d'apprendre une langue étrangère.

Réponse

1 pourrai, 2 peux, pourras, 3 voudront, 4 veulent, pourront, 5 devions, 6 pourra

4 Parlez

Page 168

Si les élèves désirent approfondir les sujets de la francophonie et de la colonisation, ils peuvent continuer leur discussion dans la langue d'instruction du lycée.

Quiz : Y a-t-il un petit coin de France près de chez vous ?

Le but de ce quiz est d'introduire le pronom personnel *en*.

Grammaire en contexte

Page 169

Le pronom *en*

Expliquez aux élèves que le pronom personnel *en* peut avoir deux fonctions :

1 Il remplace un nom complément d'objet direct précédé d'un article partitif, d'un article indéfini ou d'une expression de quantité. Par exemple :

Tu bois ***du vin*** ? Oui, *j'****en*** *bois. / Non, je n'****en*** *bois jamais.*

Entends-tu souvent ***des chansons*** *en français à la radio ? Oui, j'en entends quelquefois. / Non, on n'****en*** *entend jamais.*

Y a-t-il ***un restaurant*** *français près de chez toi ? Oui, il y* ***en*** *a deux.* / Non, il n'y ***en*** *a pas.*

As-tu lu beaucoup ***de livres*** *français ? Oui, j'****en*** *ai lu beaucoup.* / Non, *je n'****en*** *ai jamais lu.*

Vas-tu voir ***des films*** *français au cinéma ? Oui, je vais* ***en*** *voir souvent.* / Non, je ne vais jamais ***en*** *voir.*

2 Il peut aussi être complément d'objet indirect quand il remplace un nom précédé de la préposition *de*. Par exemple :

Tu joues ***de la guitare*** ? Oui, *j'****en*** *joue.*

As-tu besoin ***de ce livre*** ? Oui, *j'****en*** *ai besoin.*

Expliquez aux élèves que le pronom *en* se place devant le verbe, sauf quand le verbe est à l'impératif à la forme affirmative ; dans ce cas uniquement, le pronom *en* se place alors après le verbe. Par exemple : *Buvez de l'eau ! Buvez-en !* Soulignez que *en* est ici relié au verbe par un trait d'union (voir livre 2).

Lorsque le verbe est au passé composé, le participe passé du verbe ne s'accorde jamais avec le pronom personnel COD *en* : *As-tu acheté des tomates ? Oui, j'en ai acheté.*

Rappelez aussi aux élèves que *en* peut être une préposition : *Il habite* ***en*** *France.* ***En*** *été, on va souvent à la plage* ***en*** *voiture.*

Cahier d'exercices 14/3

Page 39

Ces exercices permettent aux élèves de consolider l'usage du pronom personnel *en*.

Réponse

1

1 Vous désirez en boire ?

2 Les Français en mangent souvent le matin.

3 Je n'en connais pas.

4 On peut en acheter dans les grands magasins.

5 Nous avons dû en acheter.

6 J'en ai écouté à la radio de temps en temps.

2

1 Oui, on en vend, par exemple des Renault. / Non, on n'en vend pas.

2 Oui, j'en connais, par exemple… / Non, je n'en connais pas.

3 Oui, j'aimerais en visiter, par exemple… / Non, je n'aimerais pas en visiter.

4 Oui, j'en ai consulté, par exemple… / Non, je n'en ai pas consulté.

5 J'en parle… par exemple…

1 Parlez Page 169

Cette activité à deux permet aux élèves de réviser le vocabulaire portant sur les aliments et les boissons couvert dans le chapitre 4 et d'utiliser le pronom personnel *en* dans une conversation.

2 Lisez et parlez Page 169

Cette activité à deux permet aux élèves de consolider l'usage du pronom personnel *en*.

3 Imaginez Page 169

Les élèves continuent à consolider l'usage du pronom personnel *en* en inventant d'autres questions pour le quiz.

Les Jeux de la Francophonie

Ce texte plus long permet aux élèves d'approfondir davantage le sujet de la francophonie ; les exercices qui suivent leur donnent l'occasion de s'entraîner à des exercices de compréhension similaires à ceux de l'épreuve de compréhension écrite de l'examen.

1 Compréhension Page 170

Réponse

1 **B**, 2 **A** (L'ambiance est vraiment très sympa, C'est super, passionnants, enrichissants)

2 Lisez et écrivez Page 171

Réponse

1 **FAUX** (Il faut avoir entre 18 et 35 ans, mais certaines disciplines sont réservées au moins de 20 ans)

2 **FAUX** (mais aussi des compétitions culturelles)

3 **FAUX** (les sports collectifs et individuels)

4 **VRAI** (la chanson, la danse, la littérature)

5 **VRAI** (Des sportifs français comme le judoka David Douillet, et l'athlète Marie-José Pérec ont participé aux Jeux de la Francophonie avant de devenir des champions olympiques)

6 **FAUX** (dans un esprit de fête et d'échange)

7 **VRAI** (les Jeux peuvent permettre de promouvoir la paix et la solidarité internationales)

3 Lisez Page 171

Réponse

1 1 **D**, 2 **A**, 3 **C**, 4 **B**

2 Réponses personnelles (Exemple de réponse : Les artistes de rue sont très populaires.)

4 Lisez Page 171

Réponse

1 **C**, 2 **A**, 3 **B**

5 Écrivez Page 171

Réponse

Dans l'expression…	le mot…	se rapporte à…
Exemple : comme il y en avait (ligne 19)	***« en »***	***des compétitions culturelles***
1 qui étaient des jeux (ligne 20)	« qui »	Jeux Olympiques dans l'Antiquité
2 il y en a huit (ligne 23)	« en »	disciplines sportives
3 il y en a sept (ligne 34)	« en »	disciplines culturelles
4 pays où la vie (ligne 55)	« où »	pays
5 ce qui est vraiment sympa (ligne 75)	« ce qui »	les échanges ne se font pas uniquement entre les compétiteurs mais aussi avec le public
6 comment les décririez-vous (ligne 88)	« les »	les Jeux (de la Francophonie)

6 Écrivez et parlez Page 171

Cet exercice où les élèves écrivent des questions qu'ils posent ensuite à un(e) camarade, leur permet d'améliorer leurs compétences écrites et orales.

7 Parlez

Page 171

Dans cette activité à deux, l'élève A joue le rôle du reporter et l'élève B celui de la personne interviewée sur les Jeux de la Francophonie. Cet exercice permet de tester la compréhension du texte de manière plus approfondie car les élèves doivent avoir mémorisé le contenu général du texte et en parler en utilisant leurs propres mots. On ne s'attend pas à ce que les élèves répètent mot à mot ce qu'il y a dans le texte. Ceux pour qui cet exercice s'avèrerait un peu difficile peuvent écrire leurs réponses et ensuite les lire.

8 Parlez

Page 171

Cette activité de classe incite les élèves à échanger leurs impressions sur les Jeux de la Francophonie et le bénévolat. Cette discussion peut tout d'abord se faire à un niveau simple en français, puis à un niveau plus approfondi dans la langue d'instruction du lycée.

9 Imaginez

Page 171

Cet exercice permet aux élèves d'être créatifs, de mettre en pratique le vocabulaire qu'ils viennent d'apprendre et de se préparer à l'une des tâches-type de l'épreuve de rédaction de l'examen. Rappelez-leur que ce genre de tâche doit toujours commencer par une salutation telle que *Cher journal* ou par une date et qu'elle doit être écrite à la première personne du singulier. Encouragez-les aussi à faire des paragraphes et à employer des mots de liaison. Cet exercice permet également de travailler les temps du passé.

La vie des adolescents aux Antilles.

Portraits d'ados

Ce texte plus long permet aux élèves de revoir les sujets de la famille, la maison, les loisirs, la vie quotidienne et scolaire, ainsi que de faire des exercices de compréhension similaires à ceux de l'épreuve de compréhension écrite de l'examen.

1 Lisez

Page 172

Cet exercice permet de vérifier que les élèves comprennent le sens général du texte.

Réponse

A 6 Leur famille

B 5 Leur maison

C 1 Leurs études

D 7 Leur routine quotidienne

E 3 Leurs occupations

F 2 Leurs addictions

2 Lisez et écrivez

Page 172

Réponse

Dans l'expression…	le mot…	se rapporte à…
Exemple : ***il*** ***participe rarement à l'éducation (ligne 4)***	***« il »***	***le père***
1 la moitié d'entre elles (ligne 19)	« elles »	les familles
2 les relations avec les camarades sont très bonnes (ligne 22)	« bonnes »	les relations
3 ne veulent pas les continuer (ligne 34)	« les »	études
4 Un quart d'entre eux en font une de deux heures ou plus. (ligne 39)	« en »	sieste
5 Certains prennent aussi un goûter (ligne 49)	« certains »	adolescents

3 Lisez

Page 173

Faites remarquer aux élèves que dans ce genre d'exercice, il faut toujours donner une justification pertinente en reprenant les mots exacts du texte.

Réponse

1 **FAUX** (les maisons sont grandes)

2 **VRAI** (les relations avec les camarades sont très bonnes / en général, les élèves s'entendent bien avec les professeurs)

3 **FAUX** (les deux tiers ne veulent pas les continuer après le bac. Ils préfèrent trouver un travail)

4 **FAUX** (La majorité des adolescents dorment huit heures par nuit et la moitié fait une sieste.)

5 **VRAI** (en grande majorité, ils ne prennent pas de petit déjeuner)

6 **VRAI** (ils s'investissent beaucoup plus dans la religion / ils y consacrent en moyenne deux heures par semaine)

7 **FAUX** (Un jeune Antillais sur dix consomme de l'herbe et de la cocaïne.)

8 **FAUX** (ils jouent … souvent encouragés par leur famille)

4 Lisez et parlez

Page 173

Cet exercice prépare bien les élèves aux questions du travail écrit. Vous pouvez leur demander de réfléchir aux raisons pour lesquelles de telles différences et / ou similarités existent entre eux et les jeunes Antillais.

Voir les Fiches d'activités supplémentaires Chapitre 14, page 172 (1)

Pour approfondir davantage la compréhension du texte, les élèves peuvent faire les exercices qui suivent.

1 Trouvez dans les sections **A** et **B** les mots qui ont un sens opposé aux mots suivants :

Mot de l'exercice	Réponse : mot du texte
Exemple : minorité	***majorité***
1 présent	absent
2 souvent	rarement
3 plus	moins
4 beaucoup	peu
5 mal	bien

2 Trouvez dans la section **C** les mots qui ont le même sens que les mots suivants :

Mot de l'exercice	Réponse : mot du texte
Exemple : contents	***satisfaits***
1 rapports	relations
2 copains	camarades
3 enseignants	professeurs
4 lycée	établissement
5 premièrement	d'abord

Voir les Fiches d'activités supplémentaires Chapitre 14, page 172 (2)

3 Remplissez les blancs dans le résumé suivant ***en utilisant les mots exacts*** de la section **D**. ***Exemple : [-X-] = huit heures***

La plupart des adolescents ont [-X-] de sommeil chaque [-1-] et certains dorment aussi un peu [-2-]. Beaucoup d'élèves disent qu'ils [-3-] pendant les leçons parce qu'ils [-4-]. Le matin, beaucoup d'élèves ne mangent pas de [-5-] et certains ne [-6-] pas le midi. Les élèves peuvent manger leur déjeuner dans la cour, dans des fast-foods ou à [-7-], mais le soir, la majorité des élèves [-8-] avec leur famille.

Réponse

1 nuit, 2 l'après-midi, 3 s'endorment, 4 sont fatigués, 5 petit déjeuner, 6 déjeunent, 7 la cantine, 8 dînent.

4 Parmi les affirmations 1 à 8, choisissez les quatre qui sont correctes selon les sections **E** et **F** du texte.

1 Les jeunes Antillais font beaucoup de sport chaque jour.

2 Les jeunes Antillais préfèrent regarder la télé que faire du sport.

3 Les jeunes Antillais préfèrent regarder les informations sur Internet.

4 Les jeunes Antillais participent beaucoup à la vie de leur communauté.

5 Les jeunes Antillais consacrent plus de temps à la religion qu'au sport.

6 Les jeunes Antillais consomment plus de tabac que de drogue.

7 La majorité des jeunes Antillais consomment de l'alcool tous les jours.

8 Les jeunes Antillais jouent régulièrement aux jeux d'argent.

Réponse

2, 6, 7, 8

5 Parlez

Page 173

Le but de cet exercice est d'apprendre et de mettre en pratique les différentes manières de faire des comparaisons, ce qui leur sera utile dans la deuxième partie du travail écrit.

Cahier d'exercices 14/4

Page 40

Cet exercice permet aux élèves de consolider les expressions de comparaison.

Réponse

1 plus, 2 plus, 3 autant, 4 moins, 5 plus, 6 moins, 7 moins, 8 autant

6 Parlez et écrivez

Page 173

Ici, les élèves révisent les sujets traités dans les chapitres 3, 9 et 13 et continuent à travailler les comparaisons.

Point info

Page 173

Depuis la réforme constitutionnelle de 2003, les DOM (Départements d'outre-mer) sont devenus des DROM ou DOM-ROM (Département et région d'outre-mer) et les TOM (sauf pour les Terres australes) sont devenus des COM (Collectivité d'outre-mer). La Polynésie française et la Nouvelle-Calédonie sont maintenant des POM (Pays d'outre-mer) au sein de la république.

Mayotte, Saint-Pierre-et-Miquelon, Saint-Barthélemy et Saint-Martin sont des COM (collectivités d'outre-mer), qui bénéficient d'un statut particulier disposant d'une certaine autonomie.

Révisions

Le monde francophone.

1 Parlez

Page 174

Cet exercice, où les élèves doivent faire la description d'un stimulus visuel, est une bonne préparation à l'épreuve orale de l'examen.

Réponse possible

1 Dans la cour d'un collège ou d'un lycée (parce que les filles portent un uniforme et un cartable), dans un pays africain (il y a des palmiers et les jeunes filles sont africaines).

2 C'est dans un pays africain francophone.

3 L'éducation est très importante ; il faut travailler et être discipliné si on veut réussir.

4 Deux lycéennes, elles sont assises dans la cour, sans doute pendant la récréation.

5 La fille à gauche porte un chemisier rose à manches courtes, une cravate bordeaux et une veste bordeaux. La fille à droite porte un chemisier rose à manches longues, un gilet bordeaux et une jupe bordeaux.

6 On voit une pelouse avec un palmier, et derrière le palmier, il y a un bâtiment moderne qui est leur lycée.

7 D'autres lycéennes. À droite de l'affiche, la fille de gauche est grande et mince. Elle porte un foulard blanc sur la tête, un chemisier rose, une cravate rouge, une veste et une longue jupe rouges. La fille de droite est petite et mince. Elle porte un chemisier rose, une cravate, une veste et un pantalon rouges. Elles ont toutes les deux un cartable noir et elles ont l'air heureux car elles sourient. Je pense qu'elles sont en train d'aller au lycée. Ce sont les mêmes filles à gauche de l'affiche mais elles sont en train de discuter ; c'est peut-être la récréation.

8 Les filles peuvent choisir entre une jupe et un pantalon. Les filles musulmanes peuvent porter une jupe longue et un foulard.

9 réponse personnelle

10 réponse personnelle

Pour aller plus loin, vous pouvez demander aux élèves d'imaginer ce que les jeunes filles de l'affiche ont fait avant la récréation, ce qu'elles feront après la récréation, de quoi elles parlent, ce qu'elles ont dans leur cartable, le temps qu'il fait, pourquoi on a mis une telle affiche dans un établissement scolaire, mais aussi d'exprimer ce qu'ils pensent de l'uniforme des élèves de l'affiche, etc.

Ils peuvent également créer une affiche semblable pour leur lycée et/ou discuter du contenu d'une telle affiche.

2 Parlez

Page 174

Cette discussion dans la langue d'instruction du lycée donne la possibilité aux élèves d'approfondir le sujet de la Francophonie.

3 Imaginez

Page 174

Cet exercice permet aux élèves de récapituler tout ce qu'ils ont appris sur la francophonie et de donner leurs opinions personnelles sur le sujet tout en s'exerçant au type de tâche auquel ils seront confrontés à l'épreuve de rédaction de l'examen.

Appendice : Jeux

Au début surtout, les élèves ont besoin de beaucoup de répétitions : les jeux en classe peuvent les aider à consolider et à mémoriser ce qu'ils apprennent tout en leur donnant la confiance dont ils ont besoin pour s'exprimer oralement. Voici donc quelques exemples de jeux qui peuvent être adaptés pour couvrir la plupart des sujets traités.

Avec des nombres

1. Demandez aux élèves de faire correspondre des nombres écrits en lettres avec des chiffres.
2. Jouez au loto. Les élèves choisissent huit nombres de 1 à 20 ou de 1 à 30, etc., les écrivent dans une grille et les barrent au fur et à mesure que vous les annoncez (dans n'importe quel ordre). Le gagnant est celui qui a barré tous ses nombres le premier. Ce jeu peut se faire également avec des mots de vocabulaire à mémoriser. Exemple de carte de loto :

1	8	20	17
4	12	15	28

3. Faites faire aux élèves des exercices de calcul mental en français.
4. Comptez tout haut en omettant les chiffres pairs, puis en omettant les chiffres impairs, etc.
5. Donnez à chaque élève une carte avec un chiffre entre 0 et 9. Annoncez des nombres au hasard de 1 à 1 000 et chaque fois que le chiffre attribué à l'élève se trouve dans le nombre annoncé, celui-ci doit lever sa carte avec le chiffre (par exemple : 89 ; les élèves qui ont 8 et 9 lèvent leur carte). S'ils oublient de lever leur carte, ils sont éliminés ; même chose s'ils lèvent une carte dont le chiffre ne figure pas dans le nombre annoncé.
6. Dictez des numéros de téléphone, des codes postaux, des numéros d'immatriculation, etc.
7. Chantez ensemble des chansons avec des chiffres. Vous pouvez consulter ***Text Link™ 11-16 French*** ou inventer des chansons avec des chiffres. Les comptines sont aussi utiles pour ce genre d'exercice, par exemple :

   Un kilomètre à pied, ça use, ça use, un kilomètre à pied ça use les souliers. Deux kilomètres à pied, ça use, ça use, deux kilomètres à pied ça use les souliers. Trois kilomètres à pied, etc.

   Un, deux, trois, nous irons au bois. Quatre, cinq, six, cueillir des cerises. Sept, huit, neuf, dans mon panier neuf. Dix, onze, douze, elles seront toutes rouges.

Avec des lettres

1. Faites écrire aux élèves des mots que vous leur épelez.
2. Demandez aux élèves d'épeler tout haut leur nom ou celui de leur camarade.
3. Choisissez un sujet et demandez aux élèves de trouver un mot se rapportant à ce sujet pour chaque lettre de l'alphabet, dans un temps limité. Par exemple, pour les fruits : abricot, banane, cerise,… Selon leur niveau, ils peuvent faire ce jeu avec ou sans dictionnaire.
4. Écrivez au tableau un certain nombre de lettres au hasard et demandez aux élèves, seuls ou en équipes, de créer des mots en utilisant ces lettres dans un temps limité. Par exemple : a, b, c, e, g, l, m, o, r, u, x → Luxembourg, Maroc ; a, c, e, h, i, l, m, n, o, p, s, t → pantalon, chemise.
5. Dans un contexte précis, donnez aux élèves des mots dont les lettres sont dans le désordre pour qu'ils essaient de retrouver le bon mot. Par exemple, si la leçon porte sur les noms de pays : quelgebi → Belgique.
6. Mots croisés. Vous pouvez demander aux élèves d'en créer pour mettre en pratique le vocabulaire appris durant la leçon.
7. Jouez au pendu. Il faut un crayon et un papier par groupe de deux. L'élève A choisit en secret un mot (dans le contexte de l'étude de vocabulaire particulier), puis écrit autant de tirets qu'il y a de lettres dans le mot. Par exemple, si le mot, est *Belgique*, il y aura huit tirets : _ _ _ _ _ _ _ _. L'élève B doit deviner le mot : il suggère une lettre, et si cette lettre figure dans le mot, l'élève A remplacera l'un des tirets par cette lettre. Par exemple, si l'élève B dit *e*, l'élève A remplacera les deuxième et dernier tirets par cette lettre _ *E* _ _ _ _ _ *E*. Si la lettre ne figure pas dans le mot, l'élève A commence à dessiner une partie de la potence.

L'élève B continue à suggérer des lettres. Le gagnant est l'élève B s'il trouve le mot avant que le dessin du pendu ne soit terminé, ou l'élève A si le dessin du pendu est terminé avant que l'élève B ne devine le mot choisi.

Avec des verbes

1. Demandez aux élèves de créer un paquet de cartes avec, sur chaque carte, un verbe à l'infinitif dont ils ont appris la conjugaison. Ils mettent les cartes sur la table, face cachée. Ils ont aussi besoin d'un dé. Chaque chiffre sur le dé correspond à une personne : 1 = je, 2 = tu, 3 = il/elle, 4 = nous, 5 = vous, 6 = ils/elles. À tour de rôle, les élèves retournent une carte, lancent le dé et conjuguent le verbe au temps que vous leur avez indiqué, à la personne déterminée par le dé. Par exemple, pour le présent, *finir* + 2 = *tu finis*. Vous pouvez aussi demander à l'élève dont c'est le tour de former une phrase avec le verbe qu'il / elle vient de conjuguer. Par exemple : *tu finis tes devoirs*. Les autres élèves doivent s'assurer que la réponse est correcte, soit en regardant dans leur manuel, soit en vérifiant avec le professeur.
2. Demandez aux élèves d'écrire la conjugaison d'un verbe dans une grille, avec un mot par carreau, de découper ensuite les carreaux, de les mélanger pour ensuite faire correspondre les pronoms personnels avec la bonne forme verbale. Ensuite, à deux, les élèves peuvent essayer une version plus difficile : les cartes sont toutes posées face cachée sur la table.

À tour de rôle, chaque élève retourne deux cartes ; si la forme verbale et le pronom correspondent, l'élève garde les cartes ; s'ils ne correspondent pas, il les remet à leur place, face cachée. Le gagnant est l'élève avec le plus de cartes à la fin de la partie.

3 Écrivez un verbe à l'infinitif au tableau, puis annoncez un pronom. Les élèves doivent soit dire, soit écrire la forme verbale correcte. Ou vous pouvez faire l'inverse, c'est-à-dire leur donnez la forme verbale et ils doivent fournir le pronom correct. Accélérez le rythme pour consolider la mémorisation (et pour rendre la tâche plus difficile).

4 Une fois que les élèves connaissent le passé composé, le présent et le futur (simple ou immédiat), vous pouvez diviser la classe en trois équipes, chacune représentant un temps. Si l'équipe présent commence, elle dit une phrase, par exemple : *Je mange du poulet* et les deux autres équipes doivent transformer la phrase au temps qui leur correspond. Ainsi, l'équipe passé composé devra dire *J'ai mangé du poulet* et celle du futur dira *Je mangerai / Je vais manger du poulet.*

5 Chasse au trésor. Après la lecture d'un texte, demandez aux élèves de trouver, par exemple, tous les verbes au présent, au futur, à la première personne du pluriel, à l'infinitif, ou encore les verbes en *-er*, en *-ir*, ou en *-re*. Vous pouvez également utiliser ce jeu pour leur faire trouver des adjectifs, des noms féminins ou masculins, etc.

6 Trouvez l'erreur. Écrivez au tableau des phrases avec un certain nombre d'erreurs et demandez aux élèves de les trouver, puis de les corriger.

7 Bataille navale. Dans ce jeu à deux, l'élève A doit conjuguer le verbe pour trouver la position du bateau de l'élève B sur la grille. Un exemple est donné dans le chapitre 2 du livre du professeur, page 32 et dans les fiches d'activités supplémentaires, Chapitre 2. Vous pouvez aussi exploiter ce jeu de bataille navale pour d'autres points étudiés. (Voir par exemple le jeu 4 dans la section Vocabulaire ci-après.)

Avec des mots de vocabulaire

1 Jacques a dit. Chaque fois que le professeur annonce *Jacques a dit…* suivi d'une instruction, les élèves doivent faire l'action demandée ; ceux qui ne font pas l'action sont éliminés. Par contre, si le professeur ne précède pas son instruction de *Jacques a dit*, les élèves ne doivent pas faire l'action demandée et sont éliminés s'ils la font. Par exemple, lorsque vous dites : *Jacques a dit montrez le nez*, les élèves doivent mettre leur doigt sur leur nez, mais ceux qui oublient ou se trompent sont éliminés. Cependant, si vous dites simplement : *Montrez le nez* sans précéder votre instruction de *Jacques a dit,* les élèves ne doivent rien faire et ceux qui mettent leur doigt sur leur nez sont éliminés. Continuez ainsi avec les autres parties du visage et du corps, jusqu'à ce qu'il ne reste qu'un seul élève, le gagnant.

2 Répétitions. L'élève A commence une phrase. L'élève B la répète et ajoute d'autres mots. L'élève C répète ce que les élèves A et B ont dit et ajoute encore d'autres mots et ainsi de suite... Par exemple, l'élève A dit : *Je suis allé au marché et j'ai acheté un melon.* L'élève B continue : *Je suis allé au marché et j'ai acheté un melon et un kilo de pommes.* L'élève C poursuit : *Je suis allé au marché et j'ai acheté un melon, un kilo de pommes et une livre de champignons*, etc.

3 Mimes. Un élève mime une activité, un métier, un sport, etc. et les autres doivent deviner le mot en français.

4 Bataille navale. Chaque élève essaie de trouver la position du bateau de l'autre élève sur sa grille, en formant des phrases correctes. Par exemple, sur la première rangée horizontale, il y a dans chaque case l'image ou le nom d'une pièce dans la maison et dans la première colonne verticale, il y a des verbes (ou des images) pour des activités comme *regarder la télé*, *manger*, *dormir* ; l'élève A dit : *Tu manges dans la cuisine* et si la croix de l'élève B est à l'intersection de *cuisine* et *manger*, l'élève B répond *oui* et l'élève A continue à poser des questions. Si la croix de l'élève B n'est pas à cette intersection, il dit *non* et c'est au tour de l'élève B. Vous trouverez des exemples de grilles parmi les fiches d'activités supplémentaires.

5 Écrivez des phrases dans le désordre au tableau, sur un sujet que les élèves viennent d'étudier et demandez-leur de les reconstituer individuellement ou par équipes, dans un temps limité.

6 Chaîne de mots. L'élève A dit un mot, par exemple, *se laver*, et l'élève B a cinq secondes pour dire un autre mot qui se rapporte à *se laver – les cheveux.* Ensuite, l'élève C a cinq secondes pour dire un autre mot qui se rapporte aux *cheveux – courts*, et ainsi de suite.

7 Pour que les élèves mémorisent le vocabulaire, vous pouvez les encourager à utiliser la technique *regardez*, *lisez à haute voix*, *couvrez*, écrivez, *vérifiez*.

8 Encouragez régulièrement les élèves à décrire des images.

9 Histoire à continuer. L'élève A commence et dit quelques mots, par exemple : *Hier j'ai regardé la télé.* L'élève B continue et ajoute : *et j'ai vu un film d'horreur*, puis l'élève C dit *mais je n'ai pas eu peur*, et ainsi de suite.

10 Trouvez l'intrus. Les élèves doivent trouver l'intrus dans une liste de mots et justifier leur réponse. Par exemple : *le chat, le chien, le lapin, le lion, le cheval.* L'intrus est *le lion – ce n'est pas un animal domestique.*

11 Morpion. À deux ou en groupes, les élèves peuvent jouer au morpion avec une grille contenant des images : avant de pouvoir mettre une croix ou un cercle sur une case, l'élève doit dire le mot que l'image représente ou former une phrase correcte incluant le mot que l'image représente.

12 Les remue-méninges en début de leçon permettent de vérifier ce dont se souviennent les élèves.

13 Trouvez des mots de la même famille, par exemple :

verbe	**nom**	**adverbe**	**adjectif**
chauffer réchauffer	la chaleur le chauffage	chaudement chaleureusement	chaud chaleureux

14 Ni oui ni non. Dans ce jeu, une personne pose des questions personnelles ou des questions sur un texte à une autre personne qui doit répondre sans utiliser les mots *oui* ou *non* ; à la place, elle doit utiliser des phrases complètes, à la forme affirmative ou négative. L'élève qui répond *oui* ou *non* est éliminé. Par exemple, dans le contexte des descriptions personnelles, l'élève A dit :*Tu es paresseuse ?* et l'élève B répond : *Pas du tout, je ne suis pas paresseuse* ou *Je suis très paresseuse.* Variante, pour travailler le vocabulaire des magasins et des aliments : formez des groupes ; dans chaque groupe, un élève prend le rôle d'un commerçant et les autres élèves du groupe doivent deviner quel commerçant il est en lui posant des questions. Par exemple : *Est-ce que vous vendez du pain ?* Le commerçant doit répondre aux questions sans jamais utiliser les mots *oui* ou *non* : *Je vends du pain / Ah désolé(e), je ne vends pas de pain.*

15 Les dictées peuvent aussi aider les élèves à mémoriser les nouveaux mots de vocabulaire.

16 Distribuez aux élèves une carte de loto vierge comme celle ci-dessous.

Entrée			
Plat principal			
Légumes			
Dessert			
Boisson			

Chaque élève remplit sa carte avec trois mots appropriés par ligne. Vous annoncez ensuite ce que vous avez mangé et bu pour votre repas, et les élèves barrent sur leur carte chaque aliment que vous mentionnez. L'élève qui a barré le plus de mots sur sa carte est le gagnant. Ensuite, il dit à la classe ce qu'il a mangé et bu hier, et les élèves utilisent la même carte mais une couleur différente pour barrer les mots qu'ils entendent.

17 Chaque élève se présente (nom et prénom) et dit deux aliments qu'il a achetés hier. Le but du jeu est d'en trouver la règle tout en pratiquant les noms d'aliments et le passé composé. Si l'élève dit, par exemple : *Je m'appelle* ***P****aul* ***R****enard et j'ai acheté du* ***p****ain et du* ***r****iz,* le professeur dira : *Oui, c'est vrai* et l'élève marquera un point. Si l'élève dit : *Je m'appelle Paul Renard et j'ai acheté de la salade et des tomates*, le professeur dira : *Non c'est faux* et l'élève ne marquera pas de point. La règle du jeu est que les premières lettres des aliments choisis doivent être les mêmes que les initiales de l'élève, mais au début, l'élève ne connaît pas la règle du jeu ; il doit la deviner. Ce jeu encourage les élèves à réfléchir et à participer car ils veulent découvrir la règle du jeu. Vous pouvez leur donner un exemple au début : *Je m'appelle Martine Petit et j'ai acheté un melon et du poulet, mais je n'ai acheté ni tomates ni spaghetti.*

18 Le cadavre exquis est un jeu poétique collectif, inventé par les surréalistes. Les participants complètent des phrases (un élément de la phrase est prédéterminé) chacun à leur tour, sans savoir ce que les autres ont écrit ou vont écrire. Le nom du jeu vient de la première phrase générée par les surréalistes (Prévert, Duhamel, Tanguy), inventeurs de ce jeu : « Le cadavre / exquis / a bu / le vin / nouveau ». Pour jouer au cadavre exquis, un(e) élève ou le professeur écrit le premier élément de la phrase sur une feuille puis replie le papier, de façon à cacher ce qui est écrit, et le passe à la personne suivante, qui écrit alors le second élément de la phrase et ainsi de suite jusqu'au dernier élément. Par exemple, si vous voulez travailler les verbes au futur simple (chapitre 8), l'élève A écrit : *L'été prochain, j'irai en Antarctique.* Puis, l'élève B continue : *Je partirai le 25 décembre.* L'élève C poursuit : *Je dormirai dans un camping.* L'élève D termine : *D'abord, j'irai à la plage*. La feuille est ensuite dépliée et un(e) élève ou le professeur lit ce qu'il y est écrit.

Tous les jeux mentionnés ci-dessus sont des activités qui peuvent être adaptées selon le sujet étudié et le niveau des élèves. Ils rendront l'apprentissage de la langue plus vivant et plus amusant.

Remerciements

Pour leur autorisation de reproduction tous nos remerciements à :

Coverture : jeremyculpdesign – Fotolia.com, arieliona – Fotolia.com, pink candy – Fotolia.com, godfer – Fotolia.com. jpg, Galina Barskaya – Fotolia, © Parc Astérix, Dominique LUZY – Fotolia.com, luisapuccini – Fotolia.com, illustrez-vous – Fotolia.com, Yuri Arcurs - Fotolia.com.

p79 – bounford.com

Terms and conditions of use for the CD-ROM

This End User License Agreement ('EULA') is a legal agreement between 'You' (which means the individual customer) and Cambridge University Press ('the Licensor') for Panorama Francophone 1 Teacher's Book CD-ROM published by Cambridge University Press ('the Product'). Please read this EULA carefully. By continuing to use the Product, You agree to the terms of this EULA. If You do not agree to this EULA, please do not use this Product and promptly return it to the place where you obtained it.

1 Licence

The Licensor grants You the right to use the Product under the terms of this EULA as follows:

a You may only install one copy of this Product (i) on a single computer or secure network server for use by one or more people at different times, or (ii) on one or more computers for use by a single person (provided the Product is only used on one computer at one time and is only used by that single person).

b You may only use the Product for non-profit, educational purposes.

c You shall not and shall not permit anyone else to: (i) copy or authorise copying of the Product, (ii) translate the Product, (iii) reverse-engineer, disassemble or decompile the Product, or (iv) transfer, sell, assign or otherwise convey any portion of the Product.

2 Copyright

a All content provided as part of the Product (including text, images and ancillary material) and all software, code, and metadata related to the Product is the copyright of the Licensor or has been licensed to the Licensor, and is protected by copyright and all other applicable intellectual property laws and international treaties.

b You may not copy the Product except for making one copy of the Product solely for backup or archival purposes. You may not alter, remove or destroy any copyright notice or other material placed on or with this Product.

c You may edit and make changes to any material provided in the Product in editable format ('Editable Material') and store copies of the resulting files ('Edited Files') for your own non-commercial, educational use, but You may not distribute Editable Materials or Edited Files to any third-party, or remove, alter, or destroy any copyright notices on Editable Materials or Edited Files, or copy any part of any Editable Material or Edited Files into any other file for any purpose whatsoever.

3 Liability

a The Product is supplied 'as-is' with no express guarantee as to its suitability. To the extent permitted by applicable law, the Licensor is not liable for costs of procurement of substitute products, damages or losses of any kind whatsoever resulting from the use of this Product, or errors or faults therein, and in every case the Licensor's liability shall be limited to the suggested list price or the amount actually paid by You for the Product, whichever is lower.

b You accept that the Licensor is not responsible for the persistency, accuracy or availability of any URLs of external or third-party internet websites referred to on the Product and does not guarantee that any content on such websites is, or will remain, accurate, appropriate or available. The Licensor shall not be liable for any content made available from any websites and URLs outside the Product or for the data collection or business practices of any third-party internet website or URL referenced by the Product.

c You agree to indemnify the Licensor and to keep indemnified the Licensor from and against any loss, cost, damage or expense (including without limitation damages paid to a third party and any reasonable legal costs) incurred by the Licensor as a result of your breach of any of the terms of this EULA.

4 Termination

Without prejudice to any other rights, the Licensor may terminate this EULA if You fail to comply with any of its terms and conditions. In such event, You must destroy all copies of the Product in your possession.

5 Governing law

This agreement is governed by the laws of England and Wales, without regard to its conflict of laws provision, and each party irrevocably submits to the exclusive jurisdiction of the English courts. The parties disclaim the application of the United Nations Convention on the International Sale of Goods.

Notes

Notes

Notes

Notes

